······ den Freunden erzählt ········

Karlheinz · · · · · · sein Leben · · ·

Billy Hutter

KARLHEINZ

...Roman

WALDE+GRAF
bei METROLIT

Ludwigshafen hat auch schöne Ecken.

ein Gast

Wer schreibt, der bleibt.

Skatspruch

Erstes Kapitel, ··

···············**erfährt**

···· man etwas über Entrümpelungen···

·· in dem ····

Schluss mit Karlheinz!

Viele Jahre lang habe ich die Hinterlassenschaft eines Fremden mit mir herumgeschleppt: ein halbes Dutzend ramponierter Koffer, ein paar Kartons und einen sperrigen Wäschekorb, der nur noch an einer Seite einen Griff hat.

Die Möbel sind schon lange verkauft. Der große Eichenschrank, spätes Biedermeier um 1850, mit einem rätselhaften schwarzen Fleck in einer der Türfüllungen – ich stelle mir einen spektakulären Christbaumbrand vor –, steht jetzt bei einer Familie Kleber in Mutterstadt. Der Küchentisch aus den Zwanzigerjahren, weiß lackiert und mit grüner Linoleumplatte, wird von Helmut zum Malen benutzt und ist heute mit einer dicken Kruste aus Gips und Farbe bedeckt. Auf dem dazu passenden Stuhl sitze ich.

Wenn ich euch jetzt einlade, mit mir zusammen Koffer und Kisten zu öffnen, Karlheinz auszupacken, wünschte ich mir, wir stünden am Beginn eines großen Abenteuers.

Etwa so: Die Schatzinsel. Das ist Billy Bones Kiste: Ein paar Stangen Kautabak, eine alte spanische Uhr, fünf oder sechs westindische Muscheln, unter dem alten Bootsmantel ein Segeltuchbeutel, in dem es nach Gold klingt, zuletzt ein in Wachsleinwand eingeschlagenes Bündel: Flints Karte. Draußen im Nebel – *tock, tock, tock* – klappert schon der Stock des blinden Pew. »Wann segeln wir? Wir segeln morgen!«

Aber das ist Karlheinz' Kiste. Sie enthält eine rechteckige Blechdose der Feurich-Keks AG München. Darin liegt ein vor vielen Jahren dort deponiertes, mit drei Mandeln verziertes, ganz trauriges Lebkuchenherz, das in Zellophan eingepackt ist. In der hölzernen Zigarrenkiste der Marke »Deutsche Arbeit« verbirgt sich eine weitere Zigarrenschachtel mit dem Aufdruck »Mano«, und darin wiederum eine noch kleinere, fast nur noch streichholzschachtelgroße Packung der Firma Ligner. »Laxin – das wohlschmeckende und milde Konfekt zur Regelung des Stuhlgangs und zur Vermeidung von Verstopfung für Erwachsene und Kinder«, ist darauf zu lesen. In der sich aber kein »Laxin«-Konfekt mehr befindet, sondern mehrere, ganz winzige, zylindrische Plastikdöschen

mit Zirkel- und Bleistiftminen, in einem davon ein zusammengeroll-
ter Papierstreifen mit der handschriftlichen Botschaft: »**Ludwigshafen =
passend wenn zusammengezwickt.**«

Kein Gedanke an Sansibar, an die Inseln hinter dem Wind.

»Auf den Müll mit dem Kram!«, wäre damals die vernünftigste
Entscheidung gewesen. Aber ich habe mich darauf eingelassen, habe
aus Neugierde und aus freien Stücken eine mittlerweile zur Last gewordene Verbindung aufgenommen, die Nähe gesucht, Intimität hergestellt.

Warum kniet sich einer in ein fremdes Leben?

Weil das eigene leer erscheint.

Meine Tochter ist mit Karlheinz groß geworden, hat schon als Drei-
jährige auf der Suche nach Buntstiften in meinen/seinen Unterlagen
gewühlt – eine Vermischung hat sich nicht ganz vermeiden lassen –,
den abgelaufenen grauen Personalausweis aus der Plastikhülle gezogen
und gebrabbelt: »*Kalleinz.*«

Als die Familienstrukturen noch stabiler waren, gab es den Typus
des unangenehmen Verwandten, den Onkel, den niemand mochte, der
trotzdem bei jeder Familienfeier dabei war, den man nicht loswerden
konnte, weil er nun mal dazugehörte. Diese Rolle mag er im Fühlen meiner kleinen Tochter eingenommen haben. »*Ich hasse Karlheinz*«, hat sie,
ob seiner nervenden Allgegenwart in unserer Zwei-Zimmer-Wohnung,
irgendwann gerufen. Sie hasste auch den Fluss, nachdem ich ihr erzählt
hatte: »Da irgendwo hat man ihn gefunden.«

»*Der Mensch ist nicht viel – ein paar Aktentaschen voll Fleisch*«,
gab der Massenmörder Haarmann zu Protokoll. Um den Rest, was
ansonsten von ihm übrigbleibt, um die Dinge, mit denen der Mensch
sich umgibt, die er braucht oder zu brauchen glaubt, die er kauft und
sammelt, die er anhäuft, hortet und rafft, kümmere ich mich, der im
Leben nicht viel mehr erreicht hat, als Entrümpler zu werden.

Der einzelne Mensch in Deutschland – in den anderen reichen Ländern wird es nicht anders sein – hinterlässt im Durchschnitt etwa 15 bis
20 Kubikmeter Restmüll. Nicht eingerechnet sind Autos – in Karlheinz'
Fall wird das anders sein –, wertvolle Briefmarkensammlungen, Meiß-
ner Porzellan und Barrengold. Gemeint sind vielmehr die Gegenstände,

die mögliche Erben nicht haben wollen, weil sie selbst bereits ähnliche, meist aktuellere oder qualitativ bessere besitzen.

Unsere Firma durchsucht die Hinterlassenschaften der Verstorbenen nach Verwertbarem, zerlegt Möbel in handliche Stücke, transportiert Glas, Metall und Sondermüll an die dafür eingerichteten Sammelstellen und bringt den Rest zur örtlichen Müllverbrennungsanlage. Darüber hinaus betreiben wir eine Werkstatt und einen Laden, wo wir alte Möbel aufarbeiten und dann verkaufen. Die Kunden kommen gerne in die Werkstatt, sie genießen den Anblick alter Arbeit. Hölzerne Werkbänke, Stechbeitel, Hobel und Sägen versetzen sie in eine romantische Stimmung. Und der Geruch nach frischem Holz, Knochenleim und Wachs und Öl; die Hobelspäne hinter den Maschinen, die schmutzigen Hände, machen sie melancholisch. So würden sie auch gerne arbeiten, sagen sie.

Spätestens zur Jahrtausendwende kam das Geschäft mit den Entrümpelungen, so wie wir es betrieben haben, allmählich zum Erliegen. Besonders die steigenden Müllgebühren trieben die Preise für eine komplette Räumung in die Höhe und die Leute entsorgten die Reste ihrer Verwandtschaft lieber selbst oder überließen den Job der wachsenden Schar von deklassierten Flohmarkthändlern, die plötzlich mit »Entrümpelung kostenlos!« annoncierten. Was uns blieb, waren die Problemfälle: völlig vermüllte Wohnungen – ehemaliger Frischkäse zwischen der Bettwäsche –, die keiner mehr betreten wollte, Aufträge seitens der Arbeiterwohlfahrt oder durch Angehörige, die trotz langjähriger Antipathie plötzlich in die Pflicht genommen wurden, weil der schreckliche Selbstmord des Verwandten sie für die Entsorgung von dessen Restmüll verantwortlich machte.

Aber meistens ist es so: Die Wohnung steht, bis auf eine überdimensionale Couchgarnitur, die irgendwann einmal durch die Eingangstür gepasst hatte, leer und der Schwiegersohn kann die Schrankwand (Eiche-Imitat) nicht alleine demontieren.

Unberührte Wohnungen, besser gesagt fast unberührte Wohnungen, denn nach dem Sparstrumpf hat immer schon jemand gesucht, sind so selten wie unentdeckte Grabkammern im Tal der Könige. Volle

Wohnungen machen mich kribbelig. Ich gerate in Goldgräberstimmung. (»*Hoher Baum, Schulter vom Kieker, Peilung ein Strich N zu NNO. Skelettinsel OSO zu O. Zehn Fuß.*«) Ich rieche die Schätze, die in den Schubladen stecken. Ich eile beschwingt durch die Zimmer, öffne die Schränke, frage nach Keller und Speicher, wo zwischen dem Gebälk und nahe den Fundamenten das Verborgene liegt.

Der Blick ist zunächst professionell: verwertbare Möbel bis 1930, schicke Fünfziger- oder Siebzigerjahre-Sachen sind rar und fallen in eine andere Kategorie, Vollhölzer also, mittlerweile auch besser gearbeitete Tischlerplattenmöbel, solange man noch irgendwie »Art déco« oder »Zwanzigerjahre« sagen kann. Ein alter Kollege erzählt gerne die Geschichte, dass früher die Wanduhren – Gründerzeit – zerschlagen wurden, um die Innereien – Messing vor allem – an den Altmetallhändler verkaufen zu können. Ich suche nach Glas, Porzellan, Büchern, Gemälden, altem Spielzeug und Christbaumschmuck, auch nach Wäsche aus Leinen. Liegt die Wohnung in der Innenstadt, sind Vorkriegsmöbel selten. Im Zweiten Weltkrieg zerstörte Wohnungen = 80 Prozent. Zugespachtelte und dann überstrichene Brandspuren an den Weichholzschränken, die nach dem Ablaugen sichtbar werden, finden sich immer wieder.

All die Wohnungen, die wir geleert haben, verbinden sich in meiner Vorstellung zu einem gewaltigen Labyrinth aus Wohn-, Schlaf- und Esszimmern; kilometerlange Flure und endlose Treppen führen in Dachkammern und durch Lattengestelle unterteilte Kellerverschläge. Ein immer weiter wucherndes, monströses und unüberschaubares Museum der Alltagskultur. Ein piranesisches Gewölbe.

Man beginnt zu kategorisieren. Alter Haushalt, neuer Haushalt, Heiratsjahr der ehemaligen Bewohner, damit verbundene Datierung der Anschaffungen. Einteilung nach sozialen Schichten, Übereinstimmungen in Stil und Geschmack. Die feinen Unterschiede. An den Wänden in Öl gemalte Gebirge, in den Regalen die Ausgaben vom Bertelsmann Lesering und Deutschem Bücherbund: John Knittel, »So grün war mein Tal, Und ewig singen die Wälder«. Völkisches, Vesper und Blunck. In den Kisten unter dem Dach, gut versteckt und längst vergessen, die Führerfiguren aus Elastolin mit beweglichem Arm, dieser fast immer beschädigt.

Die Stadt ist eine Arbeiterstadt. Es ist meine Stadt. Hier dominiert leider ein schlechter Geschmack.

Für Leute, die mit alten Dingen handeln, stellt sich stets das Problem der Einlagerung. Man muss warten können. Das Aufbegehren einer Generation gegen die vorhergehende äußert sich auch in der Abneigung gegen Hölzer. Sattgesehen haben sich Töchter und Söhne an rötlicher amerikanischer Kiefer und schwarz gebeizter Eiche, die von den Enkeln wiederum sentimental verklärt und begehrt werden. So träumt der Entrümpler von der riesigen Halle, in der die Dinge konserviert werden können, bis ihre Zeit wieder reif ist.

Die könnte sein: Eine ehemalige Auspufffabrik im Hessischen, in der ich, während eines vor Urzeiten abgebrochenen Studiums der Politischen Wissenschaften, als Nachtwächter gearbeitet habe. Dort, in der Lagerhalle, die nachts nur spärlich von einigen Neonröhren und dem huschenden Strahl meiner Taschenlampe beleuchtet war, türmten sich in langen Fluren Gitterboxen aus Metall bis in 5 oder 6 Meter Höhe. Nicht ohne Grauen, so erinnere ich mich, bin ich durch diese Gänge gelaufen, auch manchmal zusammengezuckt beim Anlaufen der Kompressoren oder wenn irgendwo ein Blech verrutschte, mit gespenstischem Scharren. Ein schlecht bezahlter, dafür vollkommen harmloser Job ist das übrigens gewesen. Ohne die Verpflichtung, eine Dienstuniform zu tragen, wurde er im Laufe der Jahre nur von zwei Zwischenfällen getrübt. Einmal zwei abgeschnittene Finger in der Spätschicht – ein Unfall an der Stanzmaschine, dem Nachtwächter oblag auch die Versorgung mit Heftpflaster, Kopfschmerztabletten und einem alkoholhaltigen Getränk gegen Magenverstimmung. Der Mann hielt die Hand hoch und schrie: »*Ich kann nimmer schaffe!*« Der Wächter wusste immerhin die Notrufnummer. Ein anderes Mal, am nicht bewachten Wochenende, das wurde anschließend geändert, ein Einbruch mit geringfügigem Schaden – aufgebrochene Getränkeautomaten –, vermutlich von einem ehemaligen Betriebsangehörigen verübt, denn der Täter hinterließ, als hilfloses Zeichen seiner Rache, einen Kothaufen auf dem Schreibtisch des Obermeisters. Danach viele lustige Bemerkungen hinter vorgehaltener Bildzeitung.

In diese Halle würde ich an den Wänden entlang Großmöbel stellen, Kleiderschränke, Küchenschränke, Vitrinen und Büffets, davor in langer Reihe all die noch gefüllten Nachtkästchenpaare. Die aus mit Bierlasuren gestrichener Tanne neben die Nussbaum furnierten mit und ohne Marmorplatten, niedrige mit Glaseinsätzen stünden Seite an Seite mit den Schleiflackschränkchen, deren gespreizte Beine Schatten auf den Boden werfen. Dann könnte ich mit einer Studie über geschlechtsspezifische Inhalte von Nachtkästchen beginnen; Sockenpaare, zerbrochenen Schmuck, Kölnisch Wasser, Medikamente, Schokolinsen, Rosenkränze, Münzen und Glücksbringer einem selbst erfundenen Untersuchungsverfahren unterziehen, um mir die Zeit zu vertreiben.

Wenn ich mich auf das Wesentliche einer Auflösung konzentriere, auf die besonderen Gegenstände, die die Individualität einer Wohnung und ihrer ehemaligen Bewohner ausmacht, so würde mir meist eine der Gitterboxen genügen, um die Dinge aufzubewahren, die eine klare Sprache sprechen.

»Dinge, die reden«, ein Beispiel: Ein Mann, von ferne angereist, ein wenig grau schon, Musiker, beauftragt uns, das Haus seines verstorbenen Vaters zu räumen. Für uns ist nicht viel zu holen. Die Wohnzimmereinrichtung besteht aus gut gearbeiteten skandinavischen Möbeln, eigentlich ist es schade, dass wir sie in den Container werfen, aber dafür gibt es zu jener Zeit keinen Markt. Auf der einen Seite des Zimmers ein helles Klavier, das wir im Auftrag des Kunden verkaufen werden. Auf der anderen Seite bleibt noch ziemlich lange eine Anrichte aus Birkenholz stehen, auf die zur Dekoration ein Segelschiff aus schwarzem Plastik, vermutlich ein Urlaubsmitbringsel, gestellt worden ist. Das Schiff wird irgendwann von jedem prüfend in die Hand genommen, aber niemand will es haben – es ist wertlos und von geringem ästhetischen Reiz. Später am Tag liegt es draußen auf einem Hocker neben dem Container. Schließlich landet es doch in der Mulde. Ich beobachte, wie der Auftraggeber es wieder herausnimmt, es in den Händen dreht und lange betrachtet, dann legt er es behutsam wieder zurück in den Müll. Im Keller finden wir eine Reihe von Metallkoffern mit vielen hundert Dias, die ich mit nach Hause nehme. Beim Betrachten der Bilder entdecke ich neben den üblichen Urlaubsserien – »Spanien 1958«, »Ostern in Meran« – und der vollständigen Dokumentation des Hausbaus, ein langsam groß werdendes, einsames Kind. Oft das Wohnzimmer mit den skandinavischen Möbeln. Viele Bilder aus den 1960er Jahren. Der Junge an Weihnachten, der Junge beim Essen, Hausaufgaben machend, beim Klavierspiel. Auf der Anrichte, unmittelbar vor seinen Augen, ist immer das schwarze Plastikschiff zu sehen. Eine Seeräuberdschunke, die wilde Märchen erzählt, beladen mit Gold. Blut an der Reling.

Natürlich müsste dieses Schiff zusammen mit einigen der Dias aufbewahrt werden, ebenso die Schäferhundesammlung eines alten Ehepaars (Bierkrüge mit lithographierten Schäferhunden, Leistungsschauplaketten, Porzellanhündchen), die historisch wertvollen Gesundheitsheftchen eines anderen, die Pornos und die Liebesbriefe aus der Gefangenschaft, die Schuhschachteln mit den Familienfotos und der orthopädische schwarze Stiefel eines gewissen Herrn Sack. Dazu noch allerlei Kleidungsstücke, Kissen mit besonderen Bezügen, gehäkelte mit dicken aufgesetzten Rosen. Weihwasserkesselchen. Die vermutliche Lieblingstasse (»Erwins Tasse«) aus dem Schrank.

In Wirklichkeit ist nur wenig erhalten geblieben. Einige Bruchstücke aus den Leben des Architekten Alfred Schmidt und des Mannheimer Amateurfotografen Fröhlich liegen in einem feuchten Raum im Stadtteil Hemshof, in einem Winkel, den ich hochtrabend »das Archiv« nenne. Es gibt noch, abgetippt und gebunden, die Briefe von Dr. Walter Sonntag, einst Arzt im Konzentrationslager Ravensbrück.

Das sind erbärmliche Überreste, mit denen ich meinen eigenen, schrägen Blick auf die Vergangenheit konstruiere.

Karlheinzens Gitterbox dagegen ist voll bis zum Rand, das ist nicht mehr als die Folge einer spontanen Laune, und nur deshalb ist das seine Geschichte.

Karlheinzens Schatz

Meine Erinnerung an die Entrümpelung beginnt sich allmählich aufzulösen. Ein langer Schritt hinein in ein fast leeres Zimmer:

14

das Schlafzimmer der Eltern, die meisten Möbel hat sich ein Nachbar geholt. Der nach Süden führende Balkon mit den gestapelten Jahrgängen der Lokalzeitung. Die Sauerkrautbüchsen, dreißig oder vierzig Stück, die einzigen Lebensmittel, die er auf Vorrat gekauft hat – Verdauungsprobleme? Skorbut? – und vor denen wir uns in der Abstellkammer hinter der Küche staunend versammeln. »Hast du das Sauerkraut gesehen?« Die Frau, die uns bezahlt und die ich nunmehr als eines von »drei kleinen Kindern« identifizieren kann, die nervös ist, und die wir wegschicken. Auf einem Schemel stehend ziehe ich aus einem überquellenden Wandschrank eine Porzellankopfpuppe der Marke »Armand Marseille«. Im Keller von Rost überzogene Fahrräder. Der mottenzerfressene Wandbehang mit der Darstellung eines Papageis. Ein Gestell mit überlagertem Pfalzwein. Ein Schrank gefüllt mit leeren Zigarrenkistchen. In Regale sortierte Pakete, sorgsam in Packpapier geschlagen und mit Schnüren verknotet; hundert Pakete, die Schätze versprachen. Später beim Auspacken die Ernüchterung: Meist nur Schachtel in Schachtel in Schachtel, dann Holzwolle, ein blöder Kindergeburtstagsscherz, denn im Kern der Kokons oft nichts als einzelne Holzscheite.

Der Eindruck, der in meiner Erinnerung vorherrscht, ist der von nur noch mühsam aufrechterhaltener Ordnung – eine erste Kolonie von Silberfischen hat sich im Bad eingenistet. Schon gänzlich aufgelöst hat sie sich in Karlheinz' Zimmer. Dort Berge von Papier; man sagt das ja gerne einmal – »Berge von Papier« – und meint damit eine größere Menge, dort auf dem Schreibtisch aber wahrhaftig ein meterhohes Gebirge, eine aufrecht stehende Lampe – Eisenfuß mit grünem Schirm – kommt erst später zum Vorschein. Papier, das wir in Wäschekörbe füllen und zum Container bringen. Die Sichtung des übriggebliebenen Materials, das ich später nach Datum sortiere, lässt vermuten, dass die oberste, von uns roh abgetragene und danach vernichtete Schicht die Siebziger- und Achtzigerjahre des letzten Jahrhunderts betraf. Ich vermute das, weil durch das Schaufeln von Paaren geöffneter Hände Erdrutsche ausgelöst wurden, die einige Dokumente aus dieser Zeit zur Seite beförderten, so dass wir in dem Moment, als jemand »Halt!« rief, die Form eines zur Hälfte ausgehöhlten Kegels mit mächtigem Stumpf vor uns hatten –

Kindheit und Jugend –, mit immer dünner werdenden Seitenwänden im oberen Bereich.

Es gab diesen Bruch, ein Innehalten, ausgelöst durch den Fund einiger Münzen im Inneren des Kegels, mit der Folge, dass wir den zweiten Container in die alte Lkw-Werkstatt umlenkten, die wir damals als Lager nutzten, um mehr Zeit zu gewinnen.

Im Hof der Schanzstraße stehen wir am Abend und zerfleddern den Nachlass, zerreißen den Rest. Als es zu regnen beginnt, packe ich was mir wichtig erscheint in Karlheinzens eigene Koffer. Der größere Teil geht unwiederbringlich verloren, windet sich am kommenden Tag schon als Rauch durch den hohen Schlot der Müllverbrennungsanlage, schlägt sich – ein wenig Pathos ist angebracht – als Schmutz wieder nieder auf den Dächern unserer gemeinsamen Heimatstadt.

Zweites Kapitel, ..

····· **vorgestellt werden**

und ein Kind

··· **in dem eine Stadt,** ···· **eine Fabrik und** ···

Bei uns in Ludwigshafen

»Als sie Gesicht und Hände abgetrocknet hatte und wieder die neue Stadt vor sich sah, überwallte sie der Zorn: ›Nein, da bleibe ich nicht, da gefällt es mir nicht.‹«

Adam Ritzhaupt: Jungschmied Fasolt

»Mannheim und Ludwigshafen sind fast wie eine Stadt zusammen. Bloß, wissen Sie, bloß Mannheim das gehört zu Baden-Württemberg und Ludwigshafen zu Rheinland-Pfalz. Zehn Minuten über die Rheinbrücke und schon ist man von Mannheim in Ludwigshafen.«

Dietmar Kracht in »Die Bettwurst« (Rosa von Praunheim, 1970)

Deutschaufsatz Karlheinz

Entwurf auf Konzeptpapier

1946 oder 1947

Kann uns die Großstadt zur Heimat werden?
Bevor wir uns dieser Frage zuwenden, wollen wir zunächst die Begriffe Großstadt und ins besonders Heimat klären. Als Heimat bezeichnet man ganz wörtlich den Ort, an dem man sein Heim hat, und an dem man wohnt. Hier ist man geboren und hat die ganze Kinder- und Jugendzeit verbracht, hier wohnten auch einstmals die Eltern. Man ist mit der Umgebung verwachsen. Wir kennen in der unmittelbaren Umgebung jeden Straßenzug und jedes Haus. Überall hat man Bekannte. Man geht hier in frühester Jugend in die Volksschule, später vielleicht in die höhere Schule. Dann kommt die Zeit der Berufsausbildung. Man hat hier auch seine Arbeitsstätte. Jeden Tag geht man zur Arbeit und auf dem Arbeitsweg wird jede Veränderung wahrgenommen. Kommt man von diesem Ort fort und sieht ihn vielleicht während des Lebens nicht mehr, fühlt man meist eine gewisse Sehnsucht. Dieser Wechsel der Heimat ist natürlich

bei den Menschen verschieden. Es gibt Leute, die sind mit der Scholle so verwachsen, daß sie, falls sie an einen anderen Ort verziehen, unglücklich sind. Anderen dagegen gefällt es wieder an anderen Orten besser; ihnen gefällt die Abwechslung. Das ist natürlich bei den einzelnen Menschen und Rassen verschieden.

Deuten wir den Begriff Großstadt ganz wörtlich, so verstehen wir darunter eine Stadt, die sich besonders durch ihre Größe auszeichnet. Eine Großstadt ist gewöhnlich auch eine Fabrikstadt, denn sonst wäre ja kein Grund vorhanden, daß eine solche Stadt überhaupt entstehen konnte. Durch die Fabriken werden die Leute angezogen, in ihnen finden sie Arbeit und erhalten dadurch ihr täglich Brot. Es entstehen dann nach und nach immer mehr Geschäftshäuser. Andererseits vergrößern die Fabriken ihre Betriebe und so wird langsam aus einer kleinen Stadt eine immer größere und schließlich eine Großstadt. Eine Großstadt zeichnet sich besonders durch ihren regen Verkehr aus, der ganz besonders in der Hauptgeschäftsstraße zu sehen ist. Um diesen Verkehr erleichtern zu helfen, wird fast jede Straße von einer Straßenbahn befahren. Charakteristisch für eine Großstadt, zugleich aber auch nachteilig, ist die mit Staub und Ruß erfüllte schlechte Luft. Es riecht meistens nach Fabriken und durch den Fabrikrauch werden auch die Häuser in Kürze rußig und schwarz.

Eine Großstadt kann uns zur Heimat werden, denn der Mensch ist gewissermaßen ein »Gewohnheitstier«; er kann sich meistens an alles gewöhnen. Die Großstadt hat natürlich sowohl Vorteile, als auch Nachteile.

Wir sind in Ludwigshafen. Das Gesicht unserer Stadt wird von Besuchern – gerade diese Woche wieder ein Kulturwissenschaftler aus Zürich und eine Lehrerin aus Berlin –, von heimgekehrten Söhnen und Töchtern und in den Erinnerungen hier Geborener in Form von teils verächtlichen, teils erschrockenen Bemerkungen beschrieben. Diese Urteile sind in jene zu unterteilen, die Bezug auf die Blütezeit der industriellen Ära nehmen, auf den Schmutz, den Rauch, den Gestank, das Ungeplante ihrer Bebauung, und die das proletarische Wesen ihrer Bewohner in den Vordergrund stellen. Die anderen beschreiben die Endphase der industriellen Zeit. Jetzt ist es der Beton, der abstößt, die Hochstraßen, die über die Stadt führen. In jüngerer Zeit wird der negative Eindruck verstärkt durch die allgegenwärtigen Spuren von Verwahrlosung.

Karlheinz und ich haben mit diesen abwertenden Urteilen nichts gemein. Wir beide sind nicht weggegangen. **»Der Mensch ist gewissermaßen ein Gewohnheitstier«**, schreibt er, und so stehen wir zu unserer Stadt; ja wir vermissen sogar ihren alten, nun beinahe vollständig verlorengegangenen Geruch, der sie, den größten Teil von Karlheinzens Leben über und bis in meine Kindheit hinein, unverwechselbar gemacht hat. Vor den Errungenschaften des Umweltschutzes entwich den Schloten ein einheitlicher schwerer Odem, der in den Straßen lag, und den die Eingeborenen als Ganzes nicht mehr wahrnahmen und den sie erst bei der Rückkehr aus dem Urlaub, etwa aus der gesunden Luft der Alpen, als den Geruch von Heimat wiedererkannten. Wenn sie damals sagten: »Es stinkt«, meinten sie nicht diesen alltäglichen und allgegenwärtigen, sondern von ihm abweichende Gerüche, die auf Grund technischer Zwischenfälle, oder ihrer lokalen Begrenzung wegen aus dem Ganzen herausragten. So die Ausdünstungen der Chemischen Fabrik von Dr. Raschig, die wie die rosafarbene Herpessalbe rochen, die meine Mutter mir auf die Lippen schmierte, oder der Ammoniakgestank, der auf dem Schulweg dem Abluftschacht einer Klitsche in der Jägerstraße entwich. Wer darauf vorbereitet war, konnte einige Schritte davor die Luft anhalten oder die Straßenseite wechseln und am Viadukt entlanggehen, dort war nur der Geruch von Pisse.

Die Innenstadt hat die Form einer unvollendeten Schlinge, deren offene Seite der Rhein bildet. Ihr könnt auch an ein kurzes, zufällig auf den Tisch geworfenes Stück Wolle denken oder an ein deformiertes Hufeisen. Diese Form kommt durch die Errichtung eines nicht mehr vorhandenen Kopfbahnhofs an einem nicht mehr vorhandenen Hafen

am Nordende der heutigen City zustande und durch die Notwendig-
keit, Gleiskörper und Bahndamm in südliche Richtung in einem großen Bogen zu der dem Mannheimer Schloss gegenüberliegenden Rheinbrücke zu führen. Diese frühe Fehlplanung – die pfälzische Eisenbahn
nebst Bahnhof wurde 1847 in Betrieb genommen, zwanzig Jahre später
wurde eine Eisenbahnbrücke am falschen Ende erbaut – hemmte aus
planerischer Sicht die Entwicklung der Stadt in alle Richtungen. Hatten sich zunächst noch einige Industriebetriebe innerhalb der Schlaufe
angesiedelt, die Chemische Fabrik der Brüder Giulini beispielsweise
dort, wo heute Arbeitsamt, Museum und Philharmonie stehen, erwarb
die für die weitere Entwicklung der Stadt so dominante »Badische Anil-
in- & Soda-Fabrik« 1865 ihr Gelände jenseits des Bahnhofs, im Norden, am Rhein.

Nimmt man einen der aktuelleren Stadtpläne aus Karlheinz' Besitz
zur Hand, etwa die »Freizeitkarte Ludwigshafen mit Rad- und Wander-
wegen in einer menschlichen Stadt – überreicht durch die SPD-Stadt-
ratsfraktion zur Kommunalwahl am 10. Juni 1979«, und hängt die Karte
mit ein paar Reißzwecken an die Wand, so stellt sich die Topographie so
dar: Sandfarbene Felder. Ganz hellblaue Streifen und Flecken, die Rhein,
Neckar, Hafenbecken und Baggerseen abbilden. Verschiedene Grüntöne
verweisen auf Parks, Naherholungsgebiete und Friedhöfe sowie die wenigen Freiflächen, welche die spät eingemeindeten Dörfer noch voneinander trennen. Es überwiegt aber das bebaute Terrain, das in einem Ton
dargestellt wird, der mit auberginefarben wohlwollend umschrieben ist.
Durchzogen wird es von den kräftigen gelben Linien der Hauptverkehrs-
wege, den weißen der einfachen Straßen, den kaum noch zu erkennenden
roten Linien der Radwege. Schwarze Einsprengsel markieren die wichtigen Bauwerke. Das Areal der BASF auf dem oberen rechten Teil der Karte
nimmt eine Fläche ein, die um einiges größer ist als der gesamte Bereich
der Stadtteile Mitte, Nord und Friesenheim. Auch das ist dicht bebau-
tes Gebiet, wiederum durch den Rhein begrenzt, der, durch den Friesenheimer Durchstich begradigt, auf dieser Strecke eine kerzengerade
Linie bildet. Dieses ansonsten unförmige Gebilde zeigt eine Reihe von
Ausbuchtungen, deren stärkste, etwa zwischen den Ortsteilen Friesen-

heim und Oppau gelegen, eine Tiefe von circa 2 Kilometern aufweist. Das Werk erscheint hier als ein von einem weißen Raster durchzogenes graues Areal. Keine Werksstraße ist auf diesem Plan namentlich vermerkt, keine der wichtigen Produktionsanlagen bezeichnet.

Habt ihr einmal die Gelegenheit, auf eines der Dächer der drei in der Stadtmitte gelegenen Hochhäuser zu gelangen – geeignet ist auch das Hauptverwaltungsgebäude der Fabrik –, wird euch klar, dass ihr euch am tiefsten Punkt der großen Rheinebene befindet (ehedem sumpfiger Boden – heute versiegelt, Schnakenplage biologisch bekämpft, die Malaria erst 1920 besiegt), die auf beiden Seiten von Pfälzer Wald und Odenwald eingefasst ist. Jenseits des Flusses liegt Mannheim: Schloss, Wasserturm, Jesuitenkirche. Älter, größer und im brüderlichen Konkurrenzkampf seit jeher weit überlegen.

In einer vom Pfälzischen Fremdenverkehrsverband e. V. mit Sitz in Ludwigshafen Ende der 1930er Jahre herausgegebenen Broschüre – »Deutschland – Die Pfalz am Rhein« – (von Karlheinz mehrfach unbeherrscht mit »1939« bestempelt) werden im Abschnitt Ludwigshafen unter dem Punkt Sehenswürdigkeiten im Wesentlichen der großartige Schiffsverkehr auf dem Rhein, die Werke der I.G. Farbenindustrie und der Blick auf Mannheim genannt.

Gewicht des Vaters

Im Archiv:

Notizbuch des Dr. Christian Naksch

Zwischen dem 24. November 1931 und dem 18. Dezember 1936 führt Karlheinzens Vater Buch über das eigene Gewicht. Gewogen wird einmal wöchentlich zwischen halb drei und halb vier Uhr am Nachmittag. Notiert werden Datum, Gewicht, Gewichtsveränderung zur Vorwoche und die Differenz zum Ausgangsgewicht.

Der Vater wiegt am 24. November 1931 91¾ Kilogramm (ohne Gurt, Weste und Überzieher, mit Sommeranzug und Sommerunterkleidern). 84,0 Kilogramm am 16. Dezember

1933 (niedrigstes Gewicht im Beobachtungszeitraum) und
92,3 Kilogramm am 18. Dezember 1936.
Um ein genaues Messergebnis zu erzielen, wiegt der Vater
auch seine Kleidung.
Das Gewicht der Kleidung des Vaters beträgt:
    Sommeranzug komplett: 1970 Gramm
    Winteranzug komplett: 2230 Gramm
    Unterkleidung und Schuhe: 2530 Gramm
    Weste: 275 Gramm.

Am Ersten Weltkrieg hat er als Artillerieoffizier teilgenommen.
Auf fünfzig erhaltenen, großformatigen Glasnegativen ist sehr häufig
ein Trupp Uniformierter zu sehen, der sich an einer mächtigen, geradezu
mittelalterlich anmutenden Kanone zu schaffen macht oder die Kanone
mit einem Pferdegespann vorwärts bewegt. Wie oft beim Betrachten
alter Negative, hat man im ersten Moment den Eindruck, eine winterli-
che Landschaft wahrzunehmen, bis es gelingt, die Bilder positiv zu denken. Aus Kostengründen konnte ich nur wenige Fotos entwickeln lassen, habe dabei darauf geachtet den Vater selbst – in der Regel dürfte er
der Fotograf gewesen sein – aufzuspüren. Auf einem Abzug steht er im
Mittelpunkt einer Sechsergruppe von Soldaten, die offenbar eben noch
mit Schanzarbeiten beschäftigt waren, aber anlässlich der fotografischen
Aufnahme eine Pause eingelegt haben. Einer kniet in einem ausgeho-
benen Unterstand, ein anderer hält einen starken, aus einem Ast oder
einem dünnen Baumstamm geschnittenen Schlegel ins Bild. Ein dritter,
der auf einer primitiven Bank sitzt und ganz schlammverkrustete Stiefel trägt, umfasst mit beiden Armen eine dicke Drahtrolle, von der Leut-
nant Naksch mit einem Bolzenschneider ein Stück abknipst oder nur
so tut, als würde er knipsen, denn die Aufnahme ist ganz gewiss gestellt
und der spätere Chemiker scheint eine symbolische Handlung vorzuneh-
men, ähnlich der, wie ihr sie vielleicht von der Einweihung von Auto-
bahnabschnitten noch im Gedächtnis habt.
Ein schwäbischer Militariasammler erklärte mir – ich hatte zunächst auf Fernmeldedrähte getippt –, der Draht habe zur Herstellung

von Verhauen, die im Stellungskrieg im Vorfeld der Schützengräben üblich waren, gedient.

Im Archiv:

Braune Papprolle mit mehreren Ausfertigungen
einer Promotionsurkunde

Die philosophische Fakultät der Friedrich-Alexander-Universität verleiht unter dem Rektorat des Professors Dr. med. Friedrich Jamin durch diese Urkunde Herrn Christian Naksch aus Schwabach auf Grund seiner Abhandlung »Ueber Meta-Oxypyryliumsalze und ihre Pseudobasen« nach sehr gut bestandener Prüfung Titel und Würde eines Doktors der Philosophie.

Erlangen, den 22. Juni 1921.

Es muss Mitte der Zwanzigerjahre gewesen sein, als der Vater, er stammt wie seine Frau aus Franken, Anstellung in der »Badischen Anilin- & Soda-Fabrik« gefunden hat, in den wenigen Jahren der Stabilität, die man die »Goldenen« nennt. Die Unruhen der ersten Nachkriegszeit sind vorbei: die Oppauer Katastrophe von 1921, der große Streik von 1922, die Separatistenzeit, die Hyperinflation, der Kampf um den 8-Stunden-Tag 1924. In der BASF herrscht Carl Bosch, der die Stickstoffsynthese zur technischen Reife gebracht hat und unter dessen Regie während des Krieges in Leuna bei Merseburg ein mächtiges neues Werk gebaut worden ist. Bosch ist es auch, der jetzt den Zusammenschluss der namhaften deutschen Chemiefirmen zu den I.G. Farben vorantreibt. Ein weiteres großes Syntheseprojekt ist in greifbarer Nähe, kostspieliger als Indigo, umfassender als Ammoniak – die Hydrierung der Kohle zu Leuna-Benzin.

1925 zählt die Stadt erstmals über hunderttausend Einwohner.

1928, ein Jahr vor Karlheinzens Geburt, arbeiten in der BASF, in den Werken der I.G. Farben Ludwigshafen und Oppau, wie sie nun heißt, 26.000 Menschen. Dr. Naksch, von Haus aus ein Anorganiker, ein Mann der Salze und Säuren, ist einer von ungefähr dreihundert promovierten

Chemikern, die hier beschäftigt sind. Man stellt etwas dar als BASF-Doktor in Ludwigshafen und der Pfalz; man hat es zu etwas gebracht.

1928 beträgt die Zahl der in Ludwigshafen gemeldeten Personenkraftwagen 766; unter ihnen der »Hudson Essex« des Chemikers Naksch. Im Todesjahr seines noch ungeborenen Sohnes, um einen weiten Bogen vom Anfang zum Ende zu schlagen, wird diese Zahl ganz genau – ich will damit sowohl die Akribie der weiteren Recherche, als auch das Ausmaß einer Veränderung unterstreichen – 75.170 betragen.

Der Stammhalter wird fotografiert

Der Tisch ist für die Wohnung, die ich nach einer Trennung provisorisch bezogen habe, zu groß. Er bietet Platz für die zweihundert Fotos. Ich entnehme sie einem Schuhkarton, den jemand ungeschickt mit einer dicken mit Weinblattmotiven bedruckten Tapete beklebt hat.

Ich bin ein paar Tage nach der Entrümpelung, mit dem Kind auf dem Arm, noch einmal hinübergegangen. Es ist ja nicht weit. Seine Wohnung lag oben, im vierten OG. Also den Kopf in den Nacken gelegt, ein paar Schritte zurück und überlegt: Was ist da oben geschehen?

Wir sind im Spätjahr, es ist Mittag, aber ich denke mir Abend. Keine gute Beleuchtung, eine Stehlampe eher, am Strom hat er sicher gespart. Der Karton hat auf dem Schreibtisch des Vaters gestanden. Da war auch eine Uhr. Da war eine Tasse. Ich bin, das muss ich sagen, ganz von Mitgefühl frei; meine Vorgehensweise ist rein kriminalistisch: Indiziensuche und Schlussfolgerung.

Vielleicht war es so: Er kommt aus seinem Zimmer (ein Chaos), er geht in die Küche, er geht durch den Flur. Er sitzt am Schreibtisch des Vaters. Eine Tasse hinterlässt einen Rand auf dem Lack. Ein Wasserfleck blüht zu einem weißen, nebligen Kreis auf, den der Restaurator später vorsichtig abflammen wird. Das spielt keine Rolle. Egal!

Vielleicht eher so (das ist simpel und passt ins Konzept): Er blättert durch Kinderfotografien und betrachtet die festgehaltenen Momente, an die wir uns im Nachhinein zumeist so erinnern, als wäre es das richtige Leben gewesen. Das Kind hat in den Wicken gelegen.

Wie kann man sich das vorstellen? Ein Brausen im Kopf. So ein Unterdruck, der einem die Ohren zufallen lässt. Keine Luft. Was denkt Einer, bevor er hinausgeht, und zum letzten Mal die Tür hinter sich ins Schloss fallen lässt? Hat er unten, späterer Einfall, noch einmal nach dem treuen Auto gesehen?

Daheim sitze ich selbst da, mit denselben gewölbten Fotografien, die Hälfte davon Landschaftsaufnahmen. Ich breite sie auf dem Tisch aus und beginne zu ordnen. Patience. Das wird dauern. Methodische Fragen: Am Anfang stehen die Dinge, dann kommen die Bilder, dann das Papier. Die einfachste Methode ist die der Chronologie.

Aus dem Merkbuch des Vaters (1929)

Geburt: 24.6. 11 Uhr 25	**Gewicht: 3100 g**
Länge: 51 cm	**Kopfumfang: 34 cm**
Brustumfang: 32 cm	**Schulterumfang: 39 cm**

Stellt euch einmal einen Bildbetrachter in Form eines kleinen Fernsehers vor, wie man sie früher in Andenkenläden kaufen konnte. Haltet ihn gegen das Licht, es macht klick, wenn ihr aufs Knöpfchen drückt und das erste Bild erscheint.

Schwarz-Weiß-Fotografie, 11,5 × 8 cm

Den Hintergrund bildet eine verschwommene Landschaft mit Fluss – es kann der Neckar sein. Die Mutter im eleganten schwarzen Wintermantel, Kragen und Ärmel mit Pelzbesatz. Ein hoher schwarzer Hut, den man aus Stummfilmtagen kennt und der die Augen beschattet. In der linken Hand eine Kinderhandtasche. Daneben die Schwester: hübsch, lachend, mit hellem Filzhut und offener Jacke. Vorn steht ein Sport-Kinderwagen auf hohen Rädern. Karlheinz ist etwa ein Jahr alt. Er sitzt aufrecht. Er trägt eine weiße Bommeljacke und eine weiße Mütze. Er hat die Augen geschlossen.

Klick.

Familienporträt im Wald. Rechts, leicht abgesetzt, die Schwester, in einem schon etwas zu knapp gewordenen Kleid, auf dem Kopf eine große, helle Schleife. Schnürstiefel. Sie hält ein Blumensträußchen in den Händen. Karlheinz, jetzt zweijährig, sitzt zwischen Vater und Mutter, beide sind ihm zugewandt. Den Mund hat er halb geöffnet, auf seinen nackten Knien steht die Tasche der Mutter. Der Vater: Glatze, randlose ovale Brille, den Bart wird mancher zu dieser Zeit schon Hitlerbärtchen nennen. Dunkler Anzug mit weißem Hemd und Krawatte. Die Mutter in sportlichem Kleid und Rüschenbluse. Die Haare sehr kurz geschnitten.
Klick.

Weihnachten 1931. Dieses Bild befindet sich mit einigen anderen nun tatsächlich in einem Bildbetrachter in Form eines kleinen schwarzen Fernsehers. Man kann sie, in diesem Fall waren sie Teil eines von mir initiierten Kunstprojekts, von einer Nürnberger Firma anfertigen lassen (Auflage 300 Exemplare). Hinten, unscharf geraten, ein prachtvoller Weihnachtsbaum. Im Vordergrund ein Tisch mit weißer Decke; das Foto schließt direkt mit der Tischkante ab. Auf der Tischplatte ist eine Spielzeugeisenbahn aufgebaut. Zu sehen ist eine Lok mit Tender sowie ein Personenwagen (Aufzugmodell), die Gleise ergeben ein Oval. Karlheinz sitzt inmitten des Parcours. Er trägt Strumpfhosen und einen Strickanzug mit kurzen Beinen. Die Jacke ist am Bund mit Sternchen und am Kragen mit Bommeln verziert. An seinem Bauch lehnt eine ungefähr 20 cm große Puppe. In der linken Hand hält er einen zweiten Personenwagen. Seine Haare sind fast noch flauschig, halblang und zerzaust. Ausgeprägt sind schon die starke Unterlippe und das Grübchen am Kinn.
Klick.

Und wieder im Wald. Laubbäume, die das Sonnenlicht reflektieren. Aufs Neue abgerückt die Schwester, hier im sommerlich kurzen, ärmellosen Kleid. Karlheinz, drei Jahre alt, sitzt zwischen Vater und Mutter. Der Mann mit weißem Hemd, Krawatte und Anzugweste hat die Fäuste geballt. Die Frau mit weißer Mütze und Jackenkleid schmiert Brote, und hat ein Tuch über ihrem Schoß ausgebreitet. Dem Sohn haben sie eine Serviette um den Hals gebunden; in einer Hand hält er ein Brot, mit der anderen gestikuliert er lebhaft.
Klick.

Das Bild zeigt den nun Fünfjährigen in einem Strickpullover. Das Haar ist schulterlang, an den Seiten gelockt, an der Stirn zum Pony geschnitten. Die Gesichtszüge – dominant ist wie stets die Mundpartie – hinterlassen einen wehmütigen Eindruck. Die Augen fast geschlossen, wirkt das Kind sehr auf sich bezogen. Für Außenstehende ist das Geschlecht nicht klar zuzuordnen.

Ein Kinderkreisel, 8 cm hoch, weißlackiertes Holz, mit blauen und roten Ringen verziert.

Kleine Einheit

Die Schwester, sie hat auf den beschriebenen Bildern ohne jede Scheu in die Kamera geblickt, verlässt die Familie während des Zweiten Weltkriegs in Richtung Reichsarbeitsdienst, bald nach Kriegsende folgt die Heirat. Sie bringt in rascher Folge drei Kinder zur Welt und schafft einen Schäferhund an. Mit dem Auszug aus der elterlichen Wohnung – die Verbindung zu Vater und Mutter wird in normalem Umfang aufrechterhalten – verabschiedet sie sich in Karlheinzens Augen von der Kernfamilie. Sie wird zu einem Element außerhalb der Einheit, die Vater, Mutter und Karlheinz von nun an bilden. »**Wir**«, »**zusammen**« und »**uns**« sind die Bezeichnungen, die er später gerne benutzen wird. Wohingegen er die Schwester in einem spöttischen Akt der Ausgrenzung nur noch mit vollem neuen Familiennamen bezeichnet: als »**Erika Hirsch**«. Und gegenüber ihrer Brut – das ist Grobzeug, das in späteren Jahren bei Wanderungen hinterher trödelt, Aufmerksamkeit fordert und Platz im Auto beansprucht – gebraucht der Onkel in seinen Notizen durchweg die Umschreibung »**drei kleine Kinder**«.

»**Besuch von Erika Hirsch mit drei kleinen Kindern und Hund.**«

»**Mit drei Hirsch-Kindern zum Eiswoog.**«

»**Freitag, 26. Dezember: Papas Gedächtnisverlust für ¾ Stunde nach Arbeiten mit Aluminium-Bronze an Kinderroller; Ankunft von Erika Hirsch mit 3 kleinen Kindern und Hund bei uns in Ludwigshafen und 4 × Übernachtung bei uns.**«

Dieser seltsame Familienzuwachs scheint über viele Jahre hinweg keinerlei Entwicklung durchzumachen – weder charakterlich noch die Körpergröße betreffend.

Ist bereits die gemeinsame Kindheit der Geschwister nicht ohne Spannungen verlaufen – »da stimmt die Chemie nicht«, vermerke ich ludwigshafenerisch, »**beim Klavierspielen werde ich oft von meiner Schwester gestört**«, schreibt er –, schlägt das Verhältnis am Ende des »gemeinsamen« Lebenswegs in kaum verhohlenen Hass um. Sie, in einem Brief an die Mutter: »**Beiliegend noch eine Vergrößerung von Opa, heraus fotografiert von Dias anläßlich deiner 80. Geburtstagsfeier auf dem Schriesheimer Hof. Zu schade, daß dein Sohn partout nicht seinen Ellbogen wegtat und etwas zur Seite rutschte, worum ich ihn damals wiederholt bat!**«

Es mag zur allgemeinen und vorerst abschließenden Charakterisierung der Beziehung des Helden zum Hirschzweig der Familie beitragen (ich bin geneigt, sie als progressive Antipathie zu bezeichnen), wenn erwähnt wird, dass Karlheinz als Erwachsener die Ausgabe von

20,– DM für die Behandlung eines Hundebisses notiert und ich, ohne einen schlüssigen Beweis dafür zu haben, das zuschnappende Tier den Hirschs zuordne.

Die Straßen entlang

Die Schwester bestätigt – noch minderjährig – am 29. September 1938 für die Mieter einer Wohnung in der Ludwigshafener Hohenzollernstraße 80 den Empfang einer Volksgasmaske der Nationalsozialistischen Volkswohlfahrt zum Preis von 5 Reichsmark »durch den Blockwalter«, wie es auf dem erhaltenen Einnahmebeleg heißt.

Die Stadt dehnt sich entlang des BASF-Firmengeländes in nördlicher Richtung aus. Jenseits der Bahnhofsgleise liegt der schnell auf schiefen Grundstücken hochgezogene Hemshof, dahinter die Arbeiterkolonie: geviertelte Backsteinhäuschen mit Kaninchenstall und Grünkohlbeet. Das ist eine Grenze. Drüben entsteht in den ersten Jahrzehnten des 20. Jahrhunderts ein neuer Bezirk, der sich bis nach Alt-Friesenheim erstreckt. Hier leben überwiegend die besseren Angestellten, »die Beamten« der Fabrik, die zu dieser Zeit noch gerne in der Nähe ihrer Arbeitsstelle wohnen. Es ist dort eine Großzügigkeit zu verspüren, die andernorts fehlt. Architektonisch atmet das Viertel den Geist der Moderne. Planung und Ordnung. Die Hauptachsen bilden zwei parallel verlaufende, außergewöhnlich breite Straßen, die als Alleen angelegt sind. Die Bebauung ist hochwertig: der Fichteblock besteht aus dreigeschossigen Putzbauten im neubarocken Stil und verfügt über bepflanzte Höfe und Vorgärten; das Aschantiviertel, es entsteht für die wissenschaftlichen Angestellten der BASF, ist betont ländlich gehalten, zweigeschossige Reihenhäuser mit Krüppelwalmdach und schönen Gärten prägen das Bild, und ab 1927 entsteht am Rande des 1925 eröffneten Ebertparks (bald Hindenburgpark, »größte Parkanlage Südwest-Deutschlands«) eine der modernsten Siedlungen Deutschlands. Der Ebertblock braucht den Vergleich mit den Entwürfen Bruno Tauts oder der Schillerpromenade in Berlin-Reinickendorf nicht zu scheuen. 700 Wohnungen im Stil des Neuen Bauens, ausgestattet mit allem erdenklichen Komfort (Zentralheizung, eigenes Bad, Einbauküchen) und eingebettet in eine Anlage mit Spiel- und Schmuckhöfen, inklusive zentraler Waschküche, Radioempfangsstation, Läden, einem Konsumverein und einer Polizeistation. Weitere städtebauliche Fixpunkte sind das Städtische Krankenhaus, das Vereinshaus der BASF (heute Feierabendhaus), die neuen Schulen, und im Zentrum eine avantgardistische Stahlbetonkonstruktion: der Rundbau der 1931/32 errichteten Friedenskirche.

Wie lässt sich die Atmosphäre des Stadtteils richtig erfassen? Noch ist alles im Fluss, lückenhaft, es wird rege gebaut. Eine Momentaufnahme hilft vielleicht. Im Frühsommer 1932 steht der Maler Max Slevogt auf einem Gerüst in der Friedenskirche. Er ist mit der Ausführung des Golgatha-Altarbilds, einem großen Fresko, befasst. Ein Gehilfe wirft frischen Putz auf. An der Ladenzeile des Ebertblocks schreibt ein Milchhändler mit Kreide seine Angebote an. Ein dreirädriger »Blitzkarren« mit Gemüse wird entladen. Mutter Naksch, den kleinen Sohn an der Hand, geht mit langsamen Schritten in Richtung des Parks. Die Nachbarschaften im Neubaugebiet sind zufällig, nichts ist gewachsen, das trägt dazu bei, dass die Familie für sich bleibt.

Ich bin bei anderen Entrümpelungen einige Mal im Fichteblock gewesen. Die grünweißen Gebäude mit ihren Dachgauben und Klappläden passen in meinen Augen besser zur Umgebung des Mannheimer Schlosses als zur großen Fabrik. Die Wohnungen sind geräumig. Im breiten Treppenhaus geht die Schrankschlepperei ohne Mühe vonstatten. Unter dem Dach gibt es Mansarden, früher war da Platz für das Hauspersonal. Bis in die erste Hälfte der 1940er Jahre hinein können auch von der Familie Naksch wechselnde Hausgehilfinnen beschäftigt werden. Karlheinz nennt ihre Namen: **»Therese«**, **»Else«**, **»Martha«**, **»Frida«** und **»Hedwig«**.

Aber schon früher, ungefähr zu Beginn des Krieges, ziehen sie ein Stück weiter stadteinwärts. Im Wiclicenus-Block, benannt nach dem Doktorvater Carl Boschs, wird eine sonnendurchflutete Eckwohnung im ersten Obergeschoss angemietet. Der jetzt schreibkundige Karlheinz erwähnt sie immer wieder als **»unsere Wohnung in der Ostmark‹**

Karlheinzens Welt:
nähere Umgebung
um 1940

1 Fichte-Block
2 Wiclicenus-Block
3 Gymnasium
4 Rupprechtschule
5 Feierabendhaus
6 Gesellschaftshaus
7 Krankenhaus
X Bunker

Alwin-
Mittasch-
platz

Rupprechtplatz
Ostmarkplatz

Friedens-
kirche

später:
Hochhaus

Hauptlabor
Hauptverwaltung

IG Farben

RHEIN

str. 19«, später als **»unsere Wohnung in der Leuschnerstr. 19«.** Die von der Erscheinung und vom Standard her mit dem Fichteblock vergleichbare Wohnanlage wurde 1920 von der Bauabteilung der BASF fertiggestellt, gewölbte Einfahrten führen in begrünte Innenhöfe, im mittleren steht ein weißes Kriegerdenkmal, »Trauernde mit Kind«, das an die im Ersten Weltkrieg gefallenen Werksangehörigen erinnert. Es ist aber von der zu einem anderen Hof gewandten Loggia der Naksch'en Wohnung aus nicht sichtbar. Auf dem verglasten Balkon steht ein Blumenarrangement, das aus rot blühenden Fuchsien, Begonien, einem Christusstern und einigen Geranien besteht, und das, wie es einem Briefentwurf der Mutter zu entnehmen ist, der dieses Idyll beschreibt, unter der vorausgegangenen Kälteperiode gelitten hat.

Der Heranwachsende erkundet seine Umgebung. Rechts das Feierabendhaus der BASF und die Tennisanlage. Links die Anilinstraße, der letzte Ausläufer der Arbeiterkolonie, die sich auf der anderen Seite der platanenbestandenen Allee fortsetzt und sich ostwärts bis zur Fabrik zieht. Das ist gefährliches Terrain. Da strolchen mit Stecken bewaffnete Banden herum, denen ein Gymnasiast besser aus dem Weg geht. Und kreuzen sich die Pfade doch einmal, sollte man die schmähenden Zurufe im einheimischen Dialekt *»Schwollkopp!«* besser ignorieren und schneller in die Pedale treten.

Für den Vater sind es nur wenige hundert Meter bis zur BASF. Die Karl-Müller-Straße, heute auf der einen Seite Parkanlage, auf der anderen stehen Parkhäuser, verbindet das Feierabendhaus mit Tor 2, auch Tor 1 ist schnell zu erreichen. Hier gibt es noch einige restaurierte, langgestreckte, dreistöckige Backsteinbauten. Sie lassen erahnen, wie es zu Karlheinz' Geburt rund um die alte Anilinfabrik ausgesehen haben mag. Am Großen Tor Zeitungsverkäufer, Brezelfrauen, dann der Werkschutz. *»Guten Morgen, Herr Doktor.« »Guten Morgen, Eicke.«*

Da der Chemiker Naksch aber den überwiegenden Teil seiner beruflichen Laufbahn mit der Düngerproduktion beschäftigt ist, die sich im Werk Oppau befindet – beide Werksteile werden erst im Zweiten Weltkrieg durch den Bau einer Anlage zur Produktion von synthetischem Kautschuk zu einer räumlichen Einheit zusammenwachsen –, wird er nur selten diesen bequemen Fußweg benutzen. Vielmehr wird er sich mit einer Motorradmütze aus braunem Leder auf dem Kopf (im Archiv) auf sein motorisiertes Zweirad schwingen.

Fahrt nach Oppau.
Entfernung Wohnung – Werk Oppau: 3,67 Kilometer.
Fahrten pro Jahr (abzüglich Sonn- und Feiertage, abzüglich
4 Wochen Urlaub): 1080.
Gefahrene Kilometer: 3963.
Fahrtdauer:
> **bei einer Geschwindigkeit von 30 km/h: 8 Minuten.**
> **bei einer Geschwindigkeit von 40 km/h: 6 Minuten.**
> **bei einer Geschwindigkeit von 50 km/h: 5 Minuten.**

1929 hält der Vater Aktien u. a. von I.G. Farben, Magdeburger Mühlen, Schlesientextil und Düsseldorfer Höfelbräu.

Die Fabrik ist zu jener Zeit sichtbarer als heute. Sie streckt hundert Schornsteine in die Luft, stößt Rauch aus, lässt die Turbinen brummen. Sie taucht den Himmel in diffuses Licht, stinkt, und überzieht die Backsteinfassaden mit einem rußigen Film. Ihr Rhythmus bestimmt den Rhythmus der Stadt. Heutzutage hält sie sich hinter sorgfältig angelegter Begrünung versteckt. Ihre wirkliche Größe ahnt ein Fremder nur, wenn er nachts von der nördlichen Autobahn kommt und die tausend Lichter erblickt.

Das Werk ist trotz seiner anderthalb Jahrhunderte langen Geschichte arm an Anekdoten – die Anilinratten sollen groß wie Katzen sein, heißt es. Vielleicht ist seine Macht zu drückend, um kleine Geschichten zu spinnen. Eine, die dennoch in allen möglichen Varianten an den Stammtischen erzählt wird, geht so: In einer Abteilung fällt auf, dass immer wieder größere Mengen Quecksilber verschwinden. Der Werkschutz wird verständigt. Am Tor werden Kontrollen durchgeführt. Ein Arbeiter schiebt sein Fahrrad, er hat die Tasche auf den Gepäckträger geschnallt, dem Ausgang entgegen. Die Tasche wird durchsucht – ohne

34

Ergebnis. Dieser Vorgang wiederholt sich in den folgenden Tagen und Wochen ein um das andere Mal. Der Mann hat den Verdacht auf sich gezogen. Eines Tages kippt ihm, er hat die Kontrolle schon passiert, das Fahrrad um. Die Werkschützer beobachten entgeistert, wie er sich bemüht, das Gefährt wieder hoch zu wuchten; es geht nicht, das Rad ist einfach zu schwer. Der Dieb hat den ganzen Rahmen mit Quecksilber gefüllt.

Ich will euch mein Lieblingsbild beschreiben. Eine Bekannte hat es, keine hundert Meter von der Wohnung in der Leuschnerstraße entfernt, auf dem Sperrmüll gefunden. An einem geöffneten Fenster sitzt ein Mann mittleren Alters. Auf dem Tisch vor ihm liegt ein aufgeschlagenes Buch. Der Mann, er trägt ein grobes, kragenloses, helles Hemd, stützt mit dem linken Arm den Kopf ab und scheint über das Gelesene nachzudenken. Das Buch ist dick, es könnte die Bibel, »Mein Kampf« oder ein Fachbuch für Chemiewerker sein. Auf der anderen Seite des Tischs steht eine Vase mit Margeriten und blauen Lupinen. Das Licht streift seitlich die schweren Vorhänge und wirft grüne Schatten auf das Tischtuch. Vor dem Fenster liegt die Fabrik. Ein Gewühl von Anlagen, Kesseln und dünnen Schornsteinen, aus denen rötlicher Rauch aufsteigt. Das Gemälde ist unsigniert und unbetitelt. Es ist, das habe ich herausgefunden, zwischen 1930 und 1945 entstanden. Ein aus der Ukraine stammender Maler hat mittlerweile den Kopf des lesenden Mannes durch meinen eigenen, leider etwas zu klein geratenen, ersetzt (trotzdem Lieblingsbild!). Bereits die zweite Übermalung, wie sich bei genauerem Hinsehen zeigt. Ursprünglich ist das Gemälde eine Kopie (oder gar Original?) von »Blick aus meinem Fenster« von Hans Prentzel (1880–1956) gewesen. Ehedem lag hinter der Blumenvase eine liebliche, »ob der Tauber- sche« Landschaft.

Drittes Kapitel, ··

········· **kaputt geht**

alles

fast

·· **in dem** ···

In der braunen Schule

»Braun ist unsre Uniform, braun sind Wald und Heide«

Heinrich Anacker

Im Archiv:

Schultasche aus braunem Leder, in das die Buchstaben K.N.
eingeprägt sind.

Im Archiv:

Laubsägebogen der Fa. Hofmann & Schmitt, Limburgerhof/
Pfalz mit dem Titel: »Im deutschen Wald«. Ein mehrfach
gefaltetes, sehr dünnes Papier – aufgeklappt hat es ungefähr
DIN-A2-Format – ist mit feinen blauen Linien bedruckt: Er-
kennbar sind die Umrisse von Bäumen, Rehen, Vögeln und
die eines menschlichen Paares, das an einem Zaun steht. Die
Gebrauchsanweisung erklärt: *»Die bedruckte Seite auf das
Holz legen und mit heißem Bügeleisen abdrücken.«*

Im Archiv:

Laubsägearbeit »Stundenplan«: Aus einer Holzplatte von 23 ×
20 cm wurden wie bei einem Schattenriss drei auf Schulbän-
ken sitzende Schüler, der Lehrer sowie eine Tafel ausgesägt:
»1×1=« und der Schriftzug *»Stundenplan«* sind dort zu lesen.
Drei aufgeklebte Leisten dienen zur Aufnahme des wirklichen
Plans. Es ist eine sauber ausgeführte, ziemlich aufwendige
Holzarbeit. Die Grundfläche wurde dunkelbraun, die ausge-
sägten Figuren wurden schwarz gebeizt.

Karlheinz wird im April 1935 in die nahegelegene Rupprechtschule
in der heutigen Leuschnerstraße eingeschult. Ein Blick in das blassgrüne
Zeugnisbüchlein lässt ein begabtes, aber oft krankes Kind erahnen. Auf
der damals in der Volksschule gebräuchlichen Notenskala von 1 (sehr
gut) bis 4 (nicht genügend) erreicht er ein durchschnittliches Ergebnis

von 2. Seine Leistungen werden von Schuljahr zu Schuljahr besser. Im Rechnen steigert er sich beispielsweise von einer 3 in der ersten zu einer 1 in der vierten Klasse. Seine schwächsten Leistungen erzielt er in den Fächern Sport und Singen, die beide mit 3 (genügend) beurteilt werden. Auffällig ist die große Zahl von Fehltagen. Im ersten und zweiten Schuljahr nimmt er an 42 bzw. 59 Tagen nicht am Unterricht teil.

April, Ostern 1939 – im selben Monat wird er auch in die Hitlerjugend aufgenommen – wechselt er an das »Gymnasium an der Ostmarkstraße«, wieder nur einen Katzensprung von der elterlichen Wohnung entfernt. Vorbei am Feierabendhaus mit schnellem Schritt, das ist ein Weg, den ich selbst täglich gehe, die Banner der BASF drehen sich im Wind und kündigen das aktuelle Werksjubiläum an, dann Alwin-Mittasch-Platz – gegenüber die Friedenskirche –, schon ist er am Ziel.

Hausaufgabe Englisch, 16. Mai 1939

We have a high class-room. It has a brown floor, green walls and a white ceiling. Windows are in the walls. Our floor is brown and blue. We have a blackboard, a desk and a chair. My friend and I have English. We brought our sister a fine brown hat. It is made in Germany. Save our Souls.

Außen sind die Mauern des Gymnasiums grau. Das steile Dach ist mit schwarzem Schiefer gedeckt. *»Die ganze Bauanlage macht den Eindruck des Massigen, Ernsten, fast Gewaltigen, Immerbestehenwollenden«*, formuliert Oberstudiendirektor Dr. Joh. Först 1927 in der Festschrift »75 Jahre Ludwigshafen«. Nur die seltsam sakral wirkende Aula mit der Andeutung von dorischen Säulen am Eingang ist bis in die Gegenwart weitgehend unverändert stehen geblieben. Die Schule, eine Lehranstalt alten Stils, wird in den letzten Kriegsjahren starke Schäden erleiden, aber noch gibt es hier, seit dem Einmarsch in Polen, ausschließlich Siegesmeldungen zu hören. Die Schüler versammeln sich auf dem Hof. Die Lautsprecher krächzen und verkünden am 1. Oktober 1939 den Fall von Warschau. Drei Jahre später werden im Keller meter-

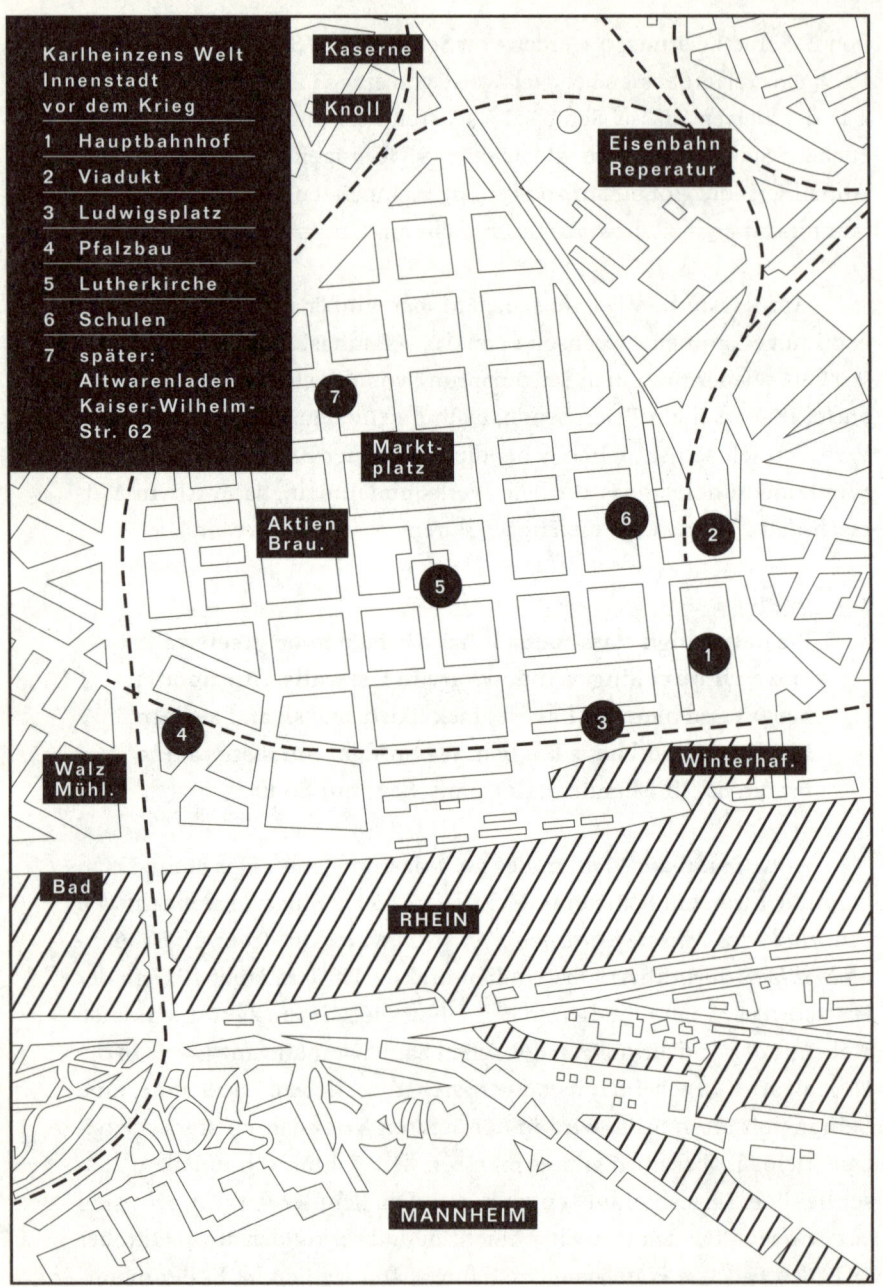

Karlheinzens Welt
Innenstadt
vor dem Krieg

1   Hauptbahnhof

2   Viadukt

3   Ludwigsplatz

4   Pfalzbau

5   Lutherkirche

6   Schulen

7   später:
    Altwarenladen
    Kaiser-Wilhelm-
    Str. 62

Kaserne

Knoll

Eisenbahn
Reperatur

Markt-
platz

Aktien
Brau.

Winterhaf.

Walz
Mühl.

Bad

RHEIN

MANNHEIM

40

dicke Betondecken eingezogen, um einen provisorischen Luftschutz-raum zu schaffen.

Karlheinz erweist sich weiterhin zwar nicht als überragender, aber als guter Schüler, dessen Stärken in der Mathematik und den Naturwis-senschaften liegen. In den anderen Fächern bewegt er sich im Durch-schnitt. In Deutsch muss er manches Mal um den Anschluss kämpfen. Ausrutscher erlaubt er sich nicht. Nie findet sich in seinen vollstän-dig erhaltenen Zeugnissen ein mangelhaft oder ein ungenügend. In den Bemerkungen seiner Klassenlehrer werden seine Gewissenhaftigkeit, seine Zuverlässigkeit und sein Ordnungssinn besonders hervorgehoben. *»Fleiß und Betragen sind sehr lobenswert!«* In der Leibeserziehung – es werden überwiegend Turnen, Leichtathletik und Ballspielarten betrie-ben – fallen die Zensuren am schlechtesten aus. Die allgemeine körper-liche Leistungsfähigkeit wird als befriedigend, genügend oder auch nur als ausreichend beurteilt. *»In den Leibesübungen könnte er sorgsamer sein!«* Gerade bei den Ballspielen sammelt er nur wenige Punkte. Ihr dürft ihn euch also als jemanden vorstellen, der bei der Mannschaftswahl als einer der letzten gerufen wird, den man nur selten anspielt. Zusam-men mit den Dicken und Ungelenken ist er im hinteren Teil der Fuß-ballmannschaft zu finden und mit der Verteidigung des Torraums beauf-tragt. Karlheinz wird bis zum Winterzeugnis 1941 als Nichtschwimmer, danach als Freischwimmer geführt.

Obwohl er als Jugendlicher drei Jahre lang Klavierunterricht ge-nießt, wird er sein Leben lang ein unmusikalischer Mensch bleiben, auch anderen Künsten gegenüber scheint er immun. Er ist niemand, der Zeich-nungen an den Rand seines Konzeptpapiers setzt, noch wird er jemals versuchen, eine Leidenschaft in ein Gedicht zu binden. In der Adoleszenz und auch später finden wir keine Anzeichen von Trunkenheit, Rausch, sich Verschwenden.

Stadt der Arbeit

»Wie haben Sie den Arm verloren?«, fragte sie teilnehmend.
»Von der Maschine abgerissen.«

»Ach!« Mit erschrockenem Blick sah sie dem Mann in die Augen.

»Jaja, das kommt vor, das kommt hier sozusagen jeden Tag vor in so'ner Fabrikstadt; der eine schluckt Gift, der andre reißt sich den Arm ab ... Jaja, Fräuleinchen!«

Adam Ritzhaupt, Jungschmied Fasolt

Geht Karlheinz in die Stadt, nimmt er den Weg Richtung Rupprechtplatz, später Ostmarkplatz, noch später Goerdelerplatz, dessen Stirnseite die Post einnimmt und wo bis heute dreimal die Woche ein kleiner Markt stattfindet, dann folgt er der Blücherstraße. Immer geradeaus. Nie ist er versucht, in die Rohrlach-, Kanal- oder Gräfenaustraße abzubiegen, die tiefer in den Hemshof hineinführen, jenen Stadtteil, wo in den Kneipen bekanntermaßen Messerstecher verkehren, wo in den Metzgereien Pferdefleisch verkauft wird und wo aus Toreinfahrten in jedem Moment die Gefahr herausspringen kann. Das ist das alte Arbeiterquartier, krumm und eng gleich neben die Fabrik gesetzt. 1871 werden in Ludwigshafen 7900 Einwohner gezählt, 1900 bereits 60.000. Hohe Backsteinhäuser; die wie aufgeklebt wirkenden Gründerzeitelemente gaukeln mehr schlecht als recht ein bürgerliches Ideal vor, das es hier nicht gibt. Die Toiletten sind auf dem Zwischenstock. »Du Hemshöfer« ist in den besseren Vierteln ein Schimpfwort. Karlheinz hat hier nichts zu suchen.

Nein, er geht durch die Von-der-Tann-Straße, nach rechts ein kurzes Stück die Hartmannstraße entlang und hoch zum Viadukt, das rußig und rot über die Gleisanlagen führt. Linker Hand liegt der Bahnhof, vorne rechts die Oberrealschule an der Jägerstraße, das spätere Carl-Bosch-Gymnasium, geradeaus die Maxstraße, eine bis zu ihrer vollständigen Zerstörung belebte Einkaufsstraße. Der Philosoph, der andere große Sohn der Stadt (Einmal seine Pfeife im Mund gehabt, wenig Bezug ansonsten, trage selbst Adorno-Tattoo auf Oberarm, links.), ist hier aufgewachsen, und hat sie, eine Generation zuvor, und damit rechtzeitig genug, verlassen, um nicht zusammen mit den anderen pfälzischen Juden an jenem Oktobertag des Jahres 1940 im Hof der Max-Schule zusammengetrieben zu werden. Am frühen Morgen ist das gewesen. Der Schulhof ist vom danebenliegenden Gymnasium aus einzusehen.

In der Stadt wieder Gründerzeitherrlichkeit. Hauptstraßen von bescheidener Breite, Sandsteingesimse, Mansarden, Erker und Türmchen, steinerne Muscheln und Schnecken, flache Arkaden, Lisenen aus Eisenguss an den Türen. Am anderen, südlichen Ende der Innenstadt neuere Bauten: der Pfalzbau – Theater, Kino, Restaurant –, ein modernistischer Betonklotz.

Alles, obwohl nichts wirklich alt ist, wirkt durch den Schmutz patiniert.

Altwarenhandel/Antiquitäten

Der Laden, in den die kommerziell verwertbaren Gegenstände aus der Entrümpelung gebracht worden sind, befindet sich in einem durch Kriegseinwirkung auf das Erdgeschoß reduzierten Hinterhaus in der Innenstadt (Kaiser-Wilhelm-Straße), dessen Flachdach auch nach vielfachen Versuchen, es mit Dachpappe und Bitumen abzudichten, an zwei Ecken leck ist und immer leck bleiben wird, so dass im Innenraum hinter vorgerückten Kleiderschränken stets zwei Wassereimer stehen, die nach einer regnerischen Nacht zu entleeren sind.

Die Besuchergruppe betritt – ihr seid, freiwillig oder nicht, Teil einer Stadtführung, die das Motto »Auf Karlheinz' Spuren« trägt und ein wenig mit Helmuts Führung »Städtebauliche Fehlleistungen Ludwigshafener Sozialdemokraten« konkurriert – eine breite Toreinfahrt, in der auf 30 Metern Länge beidseitig teils restaurierte, teils unrestaurierte Weichholzmöbel der Jahrhundertwende stehen, die in gefrästem, gedrechseltem Holz die Stilelemente der Hausfassaden nachempfinden. Dieser unzureichend ausgeleuchtete Gang soll für euch, etwas ungelenk konstruiert, einen Zeittunnel bilden, durch den ihr hindurch müsst. Es kann sein, um den gleich erreichten Zeitpunkt irgendwie zu bestimmen, dass Andreas Brehme in dem Moment, wo ihr auf den Hinterhof tretet und das rückwärtige Gebäude erreicht, ein Tor in einem Endspiel einer Fußballweltmeisterschaft schießt.

Über einer mit einem Gitter versehenen Tür ist, schwer zu lesen, weil teils von wildem Wein überwuchert, mit greller Farbe die Parole »*aqui Patron n'existe pas!*« aufgemalt. Drei sehr blau lackierte Stufen führen in einen Raum, der vollkommen mit bäuerlichem Gerät angefüllt ist: Buttermaschinen, Schmalztöpfe, Spinn- und Wagenräder, Pferdedinger, Wandkaffeemühlen, Bügeleisen, Zuckerdosen mit Blümchendekor, Model, Nähmaschinen mit Eisengestell. Begehrtes Sammlergut, dem wenige Jahre später nur noch Verachtung entgegengebracht werden wird. Das gilt nicht für die zwanzig Flaschen Pfälzer Wein aus Karlheinzens Keller, die hier in einem für die Kartoffelernte bestimmten Metallkorb zwischengelagert worden sind, bevor sie demnächst bei einem geselligen Umtrunk verkostet werden. Mitten in diesem Raum, ein Zwischenraum vielmehr, mit Glasdach, der zwei Gebäudeteile miteinander verbindet, steht ein Mann mit Latzhosen und einer quietschgelben Kappe, der laut, und ohne auf die Melodie zu achten, ein Lied singt.

Das bin nicht ich. Ich befinde mich vielmehr in einem der angrenzenden Räume. Die Wände sind vor kurzem frisch gekalkt worden, auf dem Boden liegt ein riesiger alter, aber industriell gewebter Teppich, der morsche Dielen überdeckt. Hier stehen die hergerichteten Möbel aus einheimischen Edelhölzern: Kirschbaum, Eiche und Nuss. Ich knie vor einem Schreibtisch, auf dem eine Tischuhr mit rundem Zifferblatt und eine schwarzweiße Schreibgarnitur aus Marmor- oder Marmorimitat stehen, und reibe mit trockener Seife über die Laufleisten »englischer Züge«. Eine Wand steht indes leer, weil eine Lastwagenladung mit dunklen, überbordend verschnörkelten Möbeln aus Österreich/Ungarn erwartet wird; ein erster Einkauf »en gros«, der im »Kollektiv« lange und kontrovers diskutiert worden ist. Wir leben in Zeiten des Booms und es ist, obwohl in dieser Mittagsstunde Ruhe herrscht, eine unternehmerische Gewissheit, dass der Schreibtisch des Chemikers Naksch, ebenso wie ein »Grundig-Radio« und eine Lampe mit Eisenfuß und grünem Schirm nur kurz in diesem Raum stehenbleiben werden. Die Lieferung aus Österreich wird sich verzögern. Schon klingelt das Telefon und ein entnervter Fahrer teilt mit, dass er mit seiner Ladung in »Ludwigshafen am Bodensee« gelandet ist.

Ich unterbreche meine Arbeit, gehe hinüber in den ersten Raum, an dem Mann mit der Mütze vorbei, dessen Gesang jetzt leiser geworden ist. Ich erkenne die Melodie als die von »He Ho spann den Wagen an, sieh der Wind treibt Regen übers Land«, der Sänger hat aber darüber den Text »Wehrt euch, leistet Widerstand, gegen das Atomkraftwerk im Land« gelegt. Der Eingangstür gegenüber befindet sich, neben einem zugemauerten Fenster, eine andere, halbgeöffnete Tür, durch die ich den kleinen Garten erreichen kann, um nach dem Kind, das ich liebe, zu sehen, das in einer durch mehrere Decken gepolsterten Sitzbadewanne aus Zink ruht und trotz des Wiegenliedes eingeschlummert ist. Auf dem Bauch meiner Tochter liegt eine große Biene aus Krepp. Im Gärtchen, es misst nicht mehr als 12 mal 5 Meter, gedeihen ein alter Flieder, eine Buche und eine Birke, zwischen die eine Hängematte gespannt ist. Heckenrosen klettern an einer Backsteinmauer empor. Wir dürfen diesen Ort ohne jede Übertreibung eine innerstädtische ökologische Nische nennen.

Der Laden ist eine ökonomische Nische, die uns, dem wackeren Sänger, mir und einigen anderen Kollegen, die heute in ein anderes besser erhaltenes Hinterhaus, dem aber das Vorderhaus fehlt, »rotiert« sind, Ankerplatz, Zwischenstation oder Heimat geworden ist. Es finden sich hier, zwischen den Nachlässen Naksch, Fröhlich und Schmidt (weißes Mädchenzimmer im Jugendstil), Rudimente einer Utopie: Zusammen arbeiten – zusammen leben. Jeder nach seinen Bedürfnissen. Naturmaterialien. Stolz, keine Krawatte zu besitzen. Das »Kollektiv«. Ich – ich selbst bin erst nach anderen Experimenten dazugestoßen, einiges hatte sich zuvor durch die tägliche Reibung schon abgeschliffen – habe niemals geglaubt, dies sei ein archimedischer Punkt, von dem aus irgendein Hebel anzusetzen wäre.

Wenn ich euch jetzt zurückführe in den tunnelartigen Eingang, bitte ich euch, schenkt mir noch ein paar Minuten! Wir nehmen den Weg durch den dritten Raum (Lampen, Stuhlreihen, Bildergalerie) und überqueren dann eine aus dicken Bohlen gefertigte Holzklappe, die einen Niedergang überdeckt, und erst in jüngerer Zeit angebracht worden ist, gleich nachdem eine Dame die Treppen hinuntergestürzt war (Krankenhaus). Unten verrotten mehrere hundert Gipsbüsten, die den seliggesprochenen

Pater Ruppert Mayer darstellen, zwischen aus einem Sarglager entrümpelten Kisten, sowie, aus anderen Zusammenhängen stammend, eine größere Sammlung künstlicher Gliedmaßen, die sich teils an die Wände stützen, teils an der Decke befestigt sind. Eine Armprothese trägt ein Schildchen, auf dem als Herstellungsort ein Sanitätshaus am Adolf-Hitler-Platz in Metz (Lothringen) ausgewiesen wird. Die Kellergruft: ein Ort, der von einer Künstlergruppe (Untervermietung und personelle Überschneidungen) für allerhand obskure Veranstaltungen genutzt wird.

Zurück in die Sonne. An einem Fallrohr neben dem Hoftor lehnt ein Stück einer Hartfaserplatte, auf das mit dickem Edding geschrieben worden ist: »Bin im neuen Laden. Zwei Häuser weiter.« Es wäre ein merkwürdiges Unterfangen, euch auf wenigen Schritten erzählen zu wollen, was in den vergangenen Jahren alles passiert ist. Zwei Jahrzehnte und beinahe ein halbes, mein Arbeitsleben, zusammengequetscht zwischen die Hausnummern Kaiser-Wilhelm-Straße 62 und 68. An den Fenstern wehen die schwarzrotgoldenen Fahnen, die ein anderes Siegestor feiern, das ein anderer Spieler bei einer anderen Weltmeisterschaft geschossen hat. Ihr wisst ja, wie viel zwischen zwei Fußballtoren oder Eckstößen geschehen kann. Erzählen könnte ich von den gekürzten Fingerkuppen (Schreinerschicksal), von den toten Kollegen (Alkohol und Krebs), vom Arbeiter – noch ein Sturz –, der genau an dieser Stelle von einem Gerüst gefallen ist, von der Krise, die unser ganzes Gewerbe erfasst hat, ausgelöst durch die Möbelschwemme nach dem Wandel im Osten, verstärkt durch normale Generationenbrüche und beginnenden Onlinehandel, endgültig manifestiert aber durch die radikalen Veränderungen, die die Lebensgewohnheiten unserer Kundschaft betreffen: Die häufigen Wechsel von Arbeitsstellen und Beziehungen, ihre Nichtsesshaftigkeit oder wenigstens ihr verzögertes Sichniederlassen, die raschere Abfolge der Stile (Zwang zu ständigen Neudefinitionen des Eigenen) und die permanente Verfügbarkeit von allem. So dass der Satz, mit dem wir in verschiedenen Varianten warben: »Dieser massive Schrank wird Sie Ihr Leben lang begleiten«, entweder als Lüge entlarvt oder gar als Unterstellung aufgefasst wird, dass sein Käufer die von ihm geforderte Flexibilität womöglich nicht leisten könne. Es ist diese anhaltende Krise, die das Kollektiv gesprengt und zu nachgeholten Ausbildungen und Studienabschlüssen und zu Arbeitslosigkeit geführt hat.

Geschenkt!

Der Mann mit der quietschgelben Kappe streift sich laut fluchend an der Bordsteinkante etwas Braunes vom Schuh, reißt daraufhin eine Mitteilung der Ordnungsbehörde von der Windschutzscheibe eines rostigen Transporters, besteigt, da die Fahrertür klemmt, durch die Beifahrertür das Fahrzeug, krabbelt Richtung Lenkrad, und braust für lange Zeit davon.

Im Schaufenster, in dem einmal ein auf dem Rücken liegender, präparierter Schimmel aufgebahrt war (verkauft an eine Frankfurter Diskothek), steht immer noch eine Buttermaschine. Dinge aus Teakholz. Shabby geweißte Kommoden und orangenes Pseudodesign.

Im neuen Laden: Ihr findet mich unverändert, entweder im Keller kniend, mit dem Beschlag eines Gründerzeitmöbels befasst oder in einer Ecke sitzend, die Fersen auf der Schreibtischkante, den Stuhl nach hinten gekippt, ein dritter Sturz wird durch eine Marmorplattenkommode, die hinter mir steht, verhindert. Vielleicht also arbeite ich an einem der »zurückgekommenen« Möbel, was sich häuft. Das eben erwähnte hat meine inzwischen erwachsene Tochter bei ihrem Auszug zurückgelassen. Auch bei ihr ein veränderter Geschmack.

Mein marginales Einkommen – ich lebe von den Aufträgen der alten Kundschaft (Ererbtes erhalten!) und dem schmalen Geldbeutel der Jungen – versüße ich zwischendurch durch Nichtstun. Ich schaukle. Ich verliere mich mitunter in Tagträumen, die niemanden etwas angehen. Und ich denke oft an Karlheinz.

Das ist der Grund, weshalb ich euch hierhergeführt habe: um euch den Standort zu beschreiben, von dem aus ich an Karlheinz denke.

Die Restauration alter Möbel ist eine kontemplative Angelegenheit. Sie lässt den Kopf frei. Allenfalls zerhackt das unregelmäßige Geräusch eines Rotationsschleifers – es handelt sich hier um einen leicht defekten Rotex 180E – die Gedanken in einzelne Worte.

Ich arbeite alleine. Ich übe eine Tätigkeit aus, die keineswegs Berufung ist. Die Befriedigung echter Handwerker, eine ordentliche Arbeit verrichtet zu haben, empfinde ich nicht. Da ist eher die Genugtuung, etwas Lästiges erledigt zu haben. Ich habe zu keiner Zeit aus der Arbeit heraus Lebensträume entwickelt: Mit von der Familie geliehenem Geld ein altes Fachwerkhaus renovieren. Ein kleines Ladengeschäft in einem der Weindörfer eröffnen, auch um ein geordnetes Umfeld zur Aufzucht des Kindes zu schaffen.

Die Restauration alter Möbel ist neutral. Sie ist bar jeder Ideologie. Man muss sich auf nichts einlassen. Negativ allenfalls beim Verkauf: das nach dem Munde der Kunden reden (im Vertrauen gesagt, mir fehlt das rechte Feuer für die alten Dinge). Und bei der Arbeit am Werkstück befällt mich mitunter ein unbehagliches Gefühl beim Glätten von schrundigem, zernarbtem Holz.

Ich bin weder zufrieden noch unzufrieden mit dem was ich tue. Ich weiß nicht mehr, ob mich freie Entscheidung hierhergeführt hat oder ein Scheitern. Mit scharfen Eisen kratze ich Farbschichten von Oberflächen, um zu einem Grund zu gelangen. Durch das Kellerfenster dringt das Gespräch von Passanten. Fest steht: Ich betrachte die Welt nicht von einem Turm, sondern aus einem Keller heraus. Mag sein, dass mir die Ansprache fehlt. Außerhalb jedes Getriebes muss ich nur selten Meinungen äußern. Bin in Gesellschaft oft schweigsam. Seltsamer Typ. Ich muss mich, um Sicherheit zu gewinnen, an wenigen, übersichtlichen Dingen festhalten. Es reicht mir das eine Gedicht, das mit dem Einhorn. Und da ist noch Karlheinz.

Nehmt noch einen Tipp vom Fachmann mit auf den Weg: Wenn man Alkohol, Essig, Leinöl und Terpentin zusammengießt, um jenes berühmte Reinigungsmittel für alte Lacke herzustellen, so entsteht keine Lösung. Es muss, bevor die Watte damit getränkt wird, immer neu aufgeschüttelt werden.

Fast drei Freunde

Im Archiv:

Zeichnung für den Kunstunterricht im A3-Format
Ludwigshafen, den 21.10.41
Karlheinz Naksch, 3a

Eine Buntstiftzeichnung, um die mit Bleistift und Lineal ein akkurater Rand gezogen worden ist, zeigt einen Jungen und einen Hund. Dem Tier, die Rasse ist schwer zu erkennen, es kann ebenso gut Collie wie Schäferhund sein, ist eine rote Decke umgeschnallt worden, die in weißer Farbe die Buchstaben W.H.W. [Winterhilfswerk] trägt. An einer gelben Schlaufe hängt am Unterkiefer des Hundes eine ebenfalls rote Winterhilfswerksammelbüchse. Davor steht der Junge, eigentlich ein Jugendlicher von vielleicht dreizehn oder vierzehn Jahren, der mit halbhohen braunen Schnürschuhen, einer braunen Hose und einer grauen Joppe bekleidet ist. In seiner rechten Hand hält er eine Münze, die sich der Winterhilfswerksammelbüchse nähert.

Ein gleich großes, im Hochformat gezeichnetes, und trotz seines zunächst märchenhaft harmlos klingenden Titels »Das Pilzmännlein« sinnverwandtes Bild stellt einen Mann mit Hut und Knotenstock dar, der einen überdimensionierten Pilz in den Händen hält. Auf dem grünen Boden vor ihm ist ein Tuch ausgebreitet, auf dem weitere Pilze liegen und ringsum, zum Beispiel zwischen zwei kräftigen Baumstämmen, stehen noch mehr der schmackhaften Waldfrüchte und versprechen eine stattliche Ernte.

Als ich diese Schülerarbeit vor vielen Jahren als Kind in der Hitze des Sommers auf dem Dachboden das erste Mal betrachtet habe, dachte ich, das Pilzmännlein sei blind, denn es scheint eine enorm große schwarze Brille zu tragen. Jetzt sehe ich, während ich die alte Mappe ein weiteres Mal hervorkrame, dass der junge Künstler mit ausgelaufener Tusche zu kämpfen hatte, die Augenpartie gibt dem Pilzmann jedenfalls einen finsteren Ausdruck. Das untere Drittel des Blatts wird von einer, in Schönschrift ausgeführten, dreizeiligen Parole eingenommen, so dass das Ganze den Charakter eines Plakats erhält. »*Das Pilzmännlein. Auch wir helfen mit um durchzuhalten.*«

In seiner Ausführung – es wird hier versucht, perspektivisch zu arbeiten – ist »Das Pilzmännlein« dem »Winterhilfswerk« deutlich überlegen. Das Bild, datiert Juli 42, stammt von meinem Vater.

Es ergibt sich an dieser Stelle die Gelegenheit, zwei Schatten vorzustellen, die Karlheinz sporadisch durch sein Leben begleiten und deren

Umrisse im Folgenden an einigen Stellen zu sehen sein werden. Für den Augenblick solltet ihr euch ein Trio von Freunden vorstellen, das, untergehakt, »Ein Freund, ein guter Freund« oder das Horst Wessel-Lied singend, die Straße heruntertollt. Mein Vater allerdings, ein Junge vom Dorf, der jeden Morgen – bis Mundenheim geht es mit der alten Schmalspurbahn – zur Oberrealschule für Jungen in der Jägerstraße fährt, dürfte dem gleichaltrigen Schüler Karlheinz Naksch nie begegnet sein, von möglichen zufälligen Berührungen am Bahnhof oder bei einem der Aufmärsche einmal abgesehen.

In jener hölzernen Mehlkiste auf unserem Dachboden, in der auch das Pilzmännlein lag, wurden früher die Schulsachen meines Vaters aufbewahrt. Darunter Jakob Grafs »Biologie für höhere Schulen«, ein Buch, das ich nun, dank Karlheinz, zweimal besitze und oft durchblättert habe, hängengeblieben meist bei dem Kapitel »Maßnahmen zur Lösung der Judenfrage« und bei der Abbildung, auf der ein blonder Arbeiter unter einem Joch gebeugt wird, auf dem zwei sogenannte Erbkranke sitzen. Dass beide, der Schüler Naksch und mein Vater, ähnlichen Einflüssen ausgesetzt waren, ist einer der Gründe, die mein Interesse an Karlheinz geweckt haben. Vater legte später die Gartenbeete mit Metermaß, Richtschnur und Wasserwaage an.

Der dritte Knabe, ein Jahr jünger, wird von mir im weiteren Verlauf als der große, später auch als der dicke Nachbarsjunge bezeichnet. Er wohnt schräg gegenüber.

»War es hier?«

»*Das gelbe Haus*«, sagt eine Nachbarin.

Er besucht jeweils eine oder zwei Klassen unter Karlheinz zuerst die Volksschule, dann das Gymnasium an der Ostmarkstraße, was ein Zusammentreffen auf dem Schulhof, im Milchgeschäft, der Metzgerei oder im HJ-Fähnlein unausweichlich macht. Wenn ich ein Bild vom Verhältnis beider erstelle, dann dominiert da zunächst die extrovertierte Art und die körperliche Überlegenheit – kann mit zusammengebundenen Beinen schwimmen – des Jüngeren. Vorstellbar, dass der schwächliche Karlheinz – es könnte im Winter 1943 gewesen sein – vom großen Nachbarsjungen so mit Schnee eingeseift worden ist, dass ihm die Ohren glühten, und er schon deshalb, Jahrzehnte später, der »Christlich Demokratischen Union« als Wähler verlorengegangen ist.

»Schäm dich, ein so großer Junge
Und ein so verweint Gesicht!
Kleine Mädchen dürfen weinen
Jungen, Hänschen, tun das nicht!«,

dichtet Cäsar Flaischlen in Karlheinzens Lesebuch für die Volksschule.

Ebenso gut kann ich ihn, vielleicht in den 1980er Jahren, in einem Café sitzen sehen, da protzt er der angereisten Verwandtschaft gegenüber mit Erinnerungen: »Zusammen im Schnee gespielt, zusammen fürs Winterhilfswerk gesammelt.«

Ich selbst bin dem großen Mann nur einmal begegnet. Sein, wie man weiß, unglücklicher Sohn musste damals die Abiturrede halten. Ich hatte meine Freundin ins Volkshaus begleitet. Wir saßen so ungefähr Rücken an Rücken. Ein wirklich raumgreifender Mann. Ich musste, das ist meine einzige Erfahrung mit einer berühmten Person, eng an den Tisch rücken, als er aufstand, um für die Begrüßung zu danken. Im Hochgehen strich er sich mit einer geübten Bewegung die Krawatte über den Bauch. Oppositionsführer im Bundestag ist er in dem Jahr noch gewesen. Flüchtige, böse Gedanken; ich stand damals schon weit auf der Linken.

Der Junge vom Dorf hat ein Zigarettenbildersammelalbum hinterlassen: »*Der Führer unterwegs*«. Auch erinnere ich mich – er war, wie die meisten seiner Generation, in diesen Dingen schweigsam – an die Erzählung von einem Hornissenstich – oder war es die »Deutsche Wespe«? – bei einem Zeltlager der HJ. Der große Nachbarsjunge erwähnt in seiner Biografie, dass er, in HJ-Uniform, zusammen mit anderen auf der Flucht heim nach Ludwigshafen von Fremdarbeitern verprügelt worden ist. Karlheinz hat seine Urkunde aufbewahrt.

Im Archiv:

Naksch, Karlheinz wurde am 20. April 1939 dem Geburtstag
des Führers in die Hitlerjugend aufgenommen

Dienststempel des Bann 317 Ludwigshafen/Speyer

»Ich verspreche, in der Hitler-Jugend alle Zeit meine Pflicht zu tun in Liebe und Treue zum Führer und unserer Fahne / so wahr mir Gott helfe.«
Über sein Treiben in dieser Organisation ist nichts bekannt. Sein Desinteresse an sportlichen Aktivitäten und seine schwache körperliche Konstitution lassen eher auf Zurückhaltung schließen. Flink, hart und zäh sind keine Eigenschaften, die man ihm zuschreiben kann, und Begeisterung für irgendeine »Sache« ist ihm, wie ihr später sehen werdet, vollkommen wesensfremd. Wie alle seiner Altersgenossen verfolgt der Hitlerjunge Naksch aber mit starkem Interesse den Kriegsverlauf.

Deutschhausaufgabe, 5. Oktober 1940

Mein Tagesablauf
Jeden Morgen stehe ich um 7 Uhr auf. Ich wasche mich und ziehe mich an. Beim Anziehen und Waschen brauche ich jetzt schon Licht. Wenn Fliegeralarm war, fällt mir das Aufstehen schwerer, da ich während der Nacht beim Schlafen gestört wurde. Dann trinke ich Kaffee und mache mich fertig. Beim Kaffeetrinken überlege ich nochmals meine Schulaufgaben. Um 8 Uhr gehe ich in die Schule. Nach der Schule erwartet mich meine Mutter schon, daß ich Lebensmittel hole. Zum Lebensmittelholen benütze ich oft mein Fahrrad. Dann essen wir zu Mittag. Nach dem Mittagessen ruhe ich mich etwas aus. Darauf mache ich meine Hausaufgaben und spiele Klavier. Beim Klavierspielen werde ich oft von meiner Schwester gestört. Am Besten gefällt mir das Spielen von Märschen und Walzern. (...) Um 7 Uhr höre ich am Radio Frontberichte. Beim Hören der Frontberichte benütze ich oft den Atlas. Dann esse ich zu Abend. Während des Abendessens höre ich die Nachrichten und anschließend gehe ich zu Bett.

Im Archiv:

Ein dunkelgrüner Diercke Weltatlas. Auf der Doppelseite »Osteuropa« finden sich Bleistifteinträge neben den Namen eroberter Städte. Die Städte Woronesch und Stalingrad – das greift in der Chronologie ein wenig voraus – sind doppelt rot unterstrichen.

Im Autohaus

Deutschhausaufgabe, 27. November 1940

Welche Geräusche hört man im Luftschutzkeller bei einem nächtlichen Fliegerangriff?
Während eines Fliegerangriffs hört man im Keller das Surren der Fliegermotoren. Dann vernimmt man das Bellen der leichten und das dumpfe Dröhnen der schweren Flakgeschütze. Kurze Zeit darauf hört man den hellen Knall der explodierenden leichten und den dumpfen der schweren Flakgranaten. Man hört das Klatschen der auf das Pflaster herabfallenden Sprengstücke. Manchmal hört man das Pfeifen der Fliegerbomben die mit dumpfem Krach am Boden explodieren. Bei Bränden hört man das Läuten und das rasselnde Geräusch der vorbeifahrenden Feuerwehr. Zuletzt ertönen die Sirenen in hohem Dauerton.

Englischdiktat

Oct. 6th, 41, Dictation
From the Fuehrer's Headquarters.
The Supreme Command announces: The operations in the east are progressing favourably. In Southern Ukraine infantry-divisions captured twelve thousand prisoners, thirty-four tanks, a hundred and seventy guns, and four hundred and seventytwo machine-guns. 1 Fehler

Ich lese diese und andere Schularbeiten von Karlheinz zehn Jahre nach der Entrümpelung in einer kleinen Galerie, die sich temporär im ehemaligen Ausstellungsraum eines Autohauses niedergelassen hat. Es sind viele gekommen, jüngere auch, aber: Wir sind unter uns. Uns verbindet der Musikgeschmack, die Kleidung, die Kneipe (kultureller Dissens), der gleiche unsichere Blick auf die Welt. Wir haben, die Zeit ist vorbei, von Woche zu Woche gelebt. Es ist eine Szene, die sich zu verlaufen beginnt, bereit zum Absprung in die Metropolen, in Beruf und Familie.

Im Autohaus sind die Koffer geöffnet. Manches liegt ausgebreitet auf dem Beton. Das »radiostörfreie« Heizkissen der Mutter. Ein Dekorationselement aus dem Flur der Familie: An zopfartig geflochtenem Bast hängen Glöckchen aus Messing. Ein Männernachthemd, auf das mein Kind einmal mit pinkfarbenem Textmarker etwas geschrieben hat. Ich habe an diesem Abend alles mitgebracht. Nichts zurückgehalten. Was hier auf dem Boden liegt, ist öffentlich. Es war dies die einzige Gelegenheit, bei der ihr euch ein eigenes Bild hättet machen können, eine kurze, vordergründig demokratische Stunde.

Ich sehe: Ein Fotograf beugt sich mit professioneller Gier über die von Albert Fröhlich aufgenommenen Bilder, Dokumente historischer Freikörperkultur. Ein junger Mann, späterer Journalist, greift nach dem Zeugnis aus dem Jahr 46, verweist darauf, dass aus dem Stempel, der es beglaubigt, das hässliche Kreuz herausgekratzt worden ist. Ihr trefft eure Auswahl. Die meisten stehen und trinken – man kennt das.

Als ich zu sprechen beginne, zerstöre ich das demokratische Element. Meine Haltung ist bereits festgelegt. Ich beobachte längst meine Gäste. Ich beäuge argwöhnisch die Männer, die allein unterwegs sind. Hinter einer konventionellen Maske verbergen sie nicht unbedingt sympathische Schrullen. Der ist wegen Nichtigkeiten in bittere Grabenkämpfe mit seinen Nachbarn verstrickt. Der fliegt alleine nach Südostasien. Karlheinzige Typen. »Du bist ein Karlheinz!«

An diesen Abend entwerfe ich vor euch ein »er« und ein »wir«: Pol und Gegenpol. Zwischen ihm und uns besteht keine Verwandtschaft. Und ihr wisst wie es ist, wenn wir nach außen gehen, wie sich Darstellung und Selbstdarstellung vermischen. Wir sind auf Effekt aus: Ich zeige seine Pornos, ich zeige den Stock. Ich überbetone die endlosen Wiederholungen in seinen Aufzeichnungen und erzähle die Geschichte von den Gurken aus Oggersheim. Schildere, wie es der Familie im vorletzten Kriegsjahr gelingt, eine Ladung Gurken zu organisieren. Wie die

Gurken im Wäschekorb über Bahnsteige geschleppt und zur Nahrungs-
ergänzung mit in den Urlaub geschafft werden. Wie Karlheinz über drei
lange Wochen täglich notiert: **»abends: Gurken.«**

Zuvor hatte ich die Sachen nur wenigen gezeigt. Ich habe sein Pri-
vates zu meinem Privaten gemacht. Wenn ich von der Last geklagt habe,
zu der mir Karlheinz geworden ist, von der eigenen Leere, so weiß ich
doch, dass ich aus ihm auch Nutzen gezogen habe. So verbinde ich die
Erinnerung an den Beginn einer lang andauernden Partnerschaft (die Auf-
geregtheit beim frisch sich Verlieben) mit dem Öffnen der Koffer. Seine
Geheimnisse sind Ersatz für die eigenen Geheimnisse, die Wunden. Und
ich habe voller Lust bemerkt, dass meine Erzählung etwas zum Leuchten bringen kann, als läge im Korb zwischen gebündelten Reiseprospek-
ten, Rechnungen und einem Campingstühlchen etwas Lebendiges verborgen, ein kleiner gelber Hund.

Es kann bei dieser Gelegenheit oder beim Aus- oder Einpacken
gewesen sein, als ich entdeckte, dass die Kleidermotten einen karierten
Schal von Karlheinz schon beinahe zu Fluse und Flaum zernagt hatten,
dass also eine Entscheidung über die weitere Verwertung des Materials
zu treffen war, ob es sich lohnt, seine Geschichte zu erzählen.

Entrümpelung Sonntag

»Wir sind doch kein Schuttabladeplatz für deinen Nazi-Scheiß!«
Der Mann mit der Mütze scheucht mit erhobener Stimme einen Rentner davon. Der Altwarenhandel zieht Gespenster aus der Vergangenheit an. Mit dem Abzeichen »Winterschlacht im Osten«, unter dem
Namen »Gefrierfleischorden« bekannt, das der Alte mitsamt seinen
Kommentaren zur Lage der Nation im Angebot hat, handeln wir nicht.
Grauzonen gibt es im Bereich Literatur. Wir bemühen uns, korrekt mit
der Geschichte umzugehen. Eine klare Haltung ist in diesem Bereich
scheinbar einfach. Am besten gar keine Geschäfte. Andernorts gedeiht
es: »Hoheitszeichen erhalten«, heißt es in Inseraten. Es gibt einen Mann,
der schlägt mit dem Stanzeisen die Zeichen in billiges Aluminiumbe-
steck; er betrügt damit seine amerikanische Kundschaft.

Manchmal geraten wir an Dinge, deren Geschichten schwer zu ertragen sind: Die Sippenwiege der Ilse Koch, genannt die »Bestie von Buchenwald« (wie ist sie in einen Keller in Friesenheim gelangt?), hat der Kollege mit dem Transporter selbst in die Gedenkstätte gebracht.

Kellerfund:

ein Bündel mit Briefen in Einfamilienhaus,
südlicher Stadtteil/Parkinsel

Am 20. November 1941 und in den folgenden Tagen beteiligt sich im Konzentrationslager Ravensbrück der dortige Standortarzt Dr. Walter Sonntag an der Selektion von weiblichen Häftlingen, die bald darauf in der »Euthanasie-Anstalt« Bernburg durch Gas getötet werden. Dieses Verbrechen geschah im Rahmen eines größeren Mordens, das unter dem nüchternen Aktenzeichen 14f13 bekannt geworden ist; von der Forschung wird es als Bindeglied zwischen der Ermordung der Kranken in den Anstalten und dem Holocaust betrachtet. Die »Aktion 14f13« kostete insgesamt 20.000 Menschen das Leben. Es lässt sich nicht mehr ermitteln, wie viele Frauen von SS-Obersturmführer Sonntag und der aus Berlin angereisten Ärztekommission in diesen Tagen zur Tötung ausgesucht wurden. Bis zu 2000 sollen es gewesen sein. Sonntag war zuvor im Konzentrationslager Sachsenhausen tätig gewesen und hatte dort an Häftlingen Versuche mit Giftgas vorgenommen. In Ravensbrück lernt er die dort ebenfalls als Ärztin beschäftigte, aus Ludwigshafen stammende Gerda Weyand kennen und heiratet sie. Eine Konzentrationslagerliebe. Im Dezember 1941, kurz nach der Selektion, wird Walter Sonntag in ein Lazarett an der Ostfront versetzt. Zu diesem Zeitpunkt setzen die entrümpelten Briefe ein.

»(...) Die Arbeit lässt sich natürlich nicht mit der in R.Br. vergleichen, denn erstens handelt es sich um ein ganz anderes Material, für das das Beste gerade gut genug ist und 2. sind ja auch die Art der Fälle andere. (...)« (Brief an die Frau vom 10.1.42)

Er spricht von Menschenmaterial.

Roman, ein Händler aus Polen, der mir nach Öffnung der Grenzen dann und wann ein kleines Möbelstück oder einen Regulator verkauft hat, bietet mir eines Tages alte Flaschen an. Er hat das Heck seines Wagens damit gefüllt, zweihundert oder dreihundert Stück. Es sind eckig geformte Flakons aus klarem Glas mit Lufteinschlüssen. Likörflaschen, um 1900 gefertigt. Eigentlich gut verkäufliche Ware. Geeignet für Küche und Bad, für Badeperlen oder Estragonessig (ihr wisst schon), wäre da nicht das in die Form gepresste Wappen und der Schriftzug »Gbrd. Haberfeld, Qswieczim«. Die Vorstellung, dass ich mir Sherry aus einer Flasche eingieße, auf der Auschwitz steht. Auschwitz-Essig. Lebkuchen aus Belsen ist mir unerträglich. Roman zeigt für mein Unbehagen kein Verständnis. *»Siehst du nicht, die Flaschen sind viel älter. Das hat mit den Juden nichts zu tun.«* Das Geschäft scheitert, auch als er den geforderten Preis halbiert. Eine Flasche geht ins Archiv.

»Das älteste jüdische Unternehmen war die 1804 gegründete Likörfabrik von Jakob Haberfeld, die die Stadt durch das Markenzeichen ›Schnaps aus Qswieczim‹ weithin bekannt machte.« (Sybille Steinbacher: Auschwitz)

Flugzeuge über der Stadt

Flugzeuge fliegen über mein Haus,
drinnen sitzen Menschen,
keiner schaut heraus. (…)
<small>Songtext der Gruppe »Anorak«, Mannheim um 1995</small>

Karlheinz legt in den Kriegsjahren eine Sammlung mit Zeitungsartikeln an, die sich auf die Bombenangriffe auf seine Stadt beziehen und legt sie in einen blauen Pappordner ab. In der ersten Hälfte der 1940er Jahre wird der Luftschutzraum einer seiner häufigsten Aufenthaltsorte sein. Er wird zum Kellerkind. Es hat den Anschein, als habe die Familie die Angriffe der alliierten Bombergeschwader, durch die die Stadt, wie ihr sie bis jetzt kennengelernt habt, zerstört werden wird, im Keller des Hauses in der Ostmarkstraße erlebt und nicht in einem der

Hochbunker, die bis zum heutigen Tag zahlreich und unversehrt in der Umgebung der BASF stehen. Vor einem dieser Bunker berichtet ein bärtiger Heimatforscher am »Tag des Denkmals«, dass die Fremdarbeiter – zu Tausenden aus den besetzten Ländern herbeigeschafft – anfänglich noch mit Rotwein versorgt wurden, später, so erklärt er weiter, wurde ihnen der Eintritt zu den Bunkern verwehrt. Eindringlicher schildert das, bei einer anderen Gelegenheit im Wirtshaus »Zum Maffenbeier,« eine alte, zugegeben schon vom Pfälzer Wein bedudelte Einheimische, die – damals selbst noch ein Kind – sah, wie sich die, wie sie sagt, »zerlumpten Ostarbeiter« Schutz suchend an die Außenwände der Bunker pressten.

Im Archiv:

Zeitungsausschnitte. Zwei Bilder, die zerstörte Häuser zeigen, sind auf ein kariertes A4-Blatt aufgezogen worden. Der Sammler hat handschriftlich vermerkt: **August 1941. Vom 5.–6. feindlicher Fliegerangriff auf Ludwigshafen: 11 Tote, 19 Verletzte.**
In der Bildunterschrift heißt es: »*Wieder einmal klagen in unserer Stadt zerstörte Wohnhäuser und vernichtete Menschenleben die britischen Kampfmethoden an, Verwüstungen in der Leopoldstraße (oben) und in der Kreuzstraße (links).*«

»**Die Briten hatten nicht mit dem Einfallsreichtum und der Kühnheit Erwin Rommels gerechnet**«, schreibt Karlheinz in diesen Tagen im Deutschaufsatz. Auswendig gelernt wird Fontane: »Archibald Douglas« und »Die Brück am Tay«: »*Tand, Tand ist das Gebilde von Menschenhand.*« Am 3. März 1942 malt er im Kunstunterricht das Bild »**Die Entdeckung Amerikas**« – ein Dreimaster nähert sich einer mit Palmen bewachsenen Küste. »*Nun Männer, hat einer von euch das Land da vor uns schon einmal gesehn?*«

Am 15. Mai verfasst er den Aufsatz:

Nach Ostland wollen wir reiten.

58

Schon in früheren Zeiten richtete sich der Blick aller Deutschen nach den fruchtbaren Landschaften der Ostmark. Da sich das deutsche Volk immer stärker vermehrte und schon viel Wald gerodet war, zogen Männer, Frauen und Kinder aus allen deutschen Stämmen und Ständen, dem Ruf der osteuropäischen Landesherren folgend, nach dem Osten um sich hier anzusiedeln. (...) Von den Ungarnkönigen wurden die Siebenbürger- und Zipser-Sachsen gerufen. Im 13. Jahrhundert kam die Staatsgründung des deutschen Ritterordens hinzu, der in den Kreuzzügen im Jahr 1190 in Palästina gegründet worden war. Der Orden begann 1226 unter dem Hochmeister Hermann von Salza die Unterwerfung der heidnischen Preußen, die bis 1283 vollendet war; das Land wurde völlig eingedeutscht. (...) Es wurden Städte wie Danzig, Kulm, Graudenz, Elbing und Königsberg gegründet. In einer Schlacht vernichtete Henning Schindekopf die Russen und Litauer bei Rudau im Jahre 1370. Der Höhepunkt der Herrschaft des Ritterordens war die Zeit des Hochmeisters Hinrich von Kniprode von 1351–1382. Aber im Kampf gegen die Polen und Litauer wurde er 1410 bei Tannenberg besiegt und verlor damit Westpreußen und Ermland, während Ostpreußen unter polnische Hoheit kam.
Die Ostsiedlung war die größte nationale Leistung des deutschen Volkes im Mittelalter. Aber das deutsche Volk hat die große Aufgabe, die ihm gestellt war, nicht gelöst.
So endete die Ostsiedlung im Mittelalter.

Buna

Schulheft »Organische Chemie«, ohne Datum

Kautschuksynthese: Butadien oder Isopren wird mit Katalysatoren zusammengebracht. Am Polymerisationsvorgang beteiligen sich viele Moleküle.
Butadien + Na = Buna.

Da Butadien vom Kalziumkarbid, also aus Kalk und Kohle, stammt, können wir BUNA in großen Mengen herstellen, weil diese beiden Rohstoffe in großem Ausmaß vorhanden sind.

»Da ist der Schenzinger!« Ich strecke dem Kollegen eines von ungefähr zwei Millionen gedruckten Exemplaren von »Anilin« entgegen. Bei unseren Entrümpelungen lässt sich darauf wetten, dass »Anilin« und »Bei I.G. Farben« von Karl Aloys Schenzinger sowohl der hohen Auflage, als auch des lokalen Bezugs wegen bei den ausgemusterten Büchern auf dem Dachboden zu finden sind. Das gleiche gilt für die beiden dicken Bildbände »Chemie für die Zukunft« und »Im Reiche der Chemie«, von der BASF zu ihren Jubiläen veröffentlicht, die ich selbst in Massen sammle, um irgendwann einmal zwei große Türme daraus zu errichten (Installation).

Ein Vorsatzblatt der in der heimatkundlichen Abteilung der Stadtbücherei bereitgehaltenen Erstausgabe von »Anilin« (1937) wurde bis auf einen etwa 3 Zentimeter starken Rand herausgeschnitten, eine Entnazifizierung am Objekt, hier fand sich ehedem ein Geleitwort von Reichsinnenminister Frick: »*Es ist ein Zeichen der Lebenskraft eines rassisch gesunden und unverbrauchten Volkes, wenn immer wieder aus seinen unbekannten Söhnen die tüchtigsten aufsteigen und Leistungen vollbringen, die über die Grenzen des eigenen Landes hinaus die Anerkennung der ganzen Welt auf sich lenken.*«

Der Autor hat sich auf Industriegeschichte spezialisiert, vergleicht dazu auch seine Werke »Metall« und »Atom«, die er mit romanhaften Erzählungen verquickt. Seine Sichtweise, seine Grundhaltung ist völkisch, was in den nach Kriegsende erschienen Büchern, wie »Bei I.G. Farben« (1953) ein klein bisschen weniger deutlich wird. Deutsche Wissenschaftler ringen um die Teerfarben, die Ammoniaksynthese, Benzin aus deutscher Kohle und synthetischen Kautschuk. Einem breiten jugendlichen Publikum ist Karl Aloys Schenzinger durch seinen »Hitlerjungen Quex« (1932) bekannt geworden.

In »Bei I.G. Farben« verliert sich Schenzinger reichlich konfus – der Autor versteht ansonsten sein Handwerk – in einem Kriegsgerichtsprozess, bei dem es um provisorische Toiletten für Typhuskranke geht. Ich bin davon überzeugt, dass er seine Erzählung gerne anders fortgesetzt hätte, wären die äußeren Ereignisse, die Niederlage Nazi-Deutschlands, nicht konträr zu seiner Linienführung verlaufen. Ich denk' es mir so: Da baut die I.G. im Osten ihr viertes Werk für synthetischen Kautschuk, maßgeblich geplant und organisiert von Ludwigshafen aus, aus Kompetenz-Gründen (wer ist verantwortlich – die Struktur des Konzerns ist verwickelt), aus Gründen vorhandener Blaupausen und der Existenz eines eingespielten Teams von Ingenieuren, entstand doch nach Schkopau und Hüls das dritte BUNA-Werk bei uns am Rhein. Mit mächtigen Worten würde Schenzinger von der gigantischen Baustelle in Oberschlesien berichten, von den Dreißigtausend die dort werken, vom gewaltigen Erdaushub, von der Ausweitung der Pläne auf die Hydrierung von Kohle, der trotzigen Überwindung aller Schwierigkeiten, dem Heranziehen der Spezialisten aus Ludwigshafen, aus Leuna, von Bayer und Hoechst. Vom Werden der deutschen Stadt Auschwitz.

Ich bin versucht, von meiner bisherigen dokumentarischen Vorgehensweise abzuweichen und zur Fiktion überzugehen. Möglich wäre es, Dr. Naksch in die BUNA-Produktion, das Konstruktionsbüro oder die Bauabteilung der BASF zu versetzen, ihn für kürzere oder längere Zeit zum Einsatz an die äußerste Ostgrenze des Reichs zu entsenden, ihn Wohnung nehmen zu lassen in einem der neuen Gebäude, die die I.G. dort für ihre Betriebsangehörigen errichtet. Ich lasse ihn Zigarre rauchen im »Deutschen Haus«, gegenüber dem Bahnhof von Auschwitz. An einer der Hasenjagden teilnehmen, die von der I.G. auf den Feldern veranstaltet werden, mit anschließendem »*Schüsseltreiben*« im Feierabendhaus. Beim Julfest der Waffen-SS sitzt er mit an der Tafel. Schließlich ist er einer der bis heute nicht identifizierten Zivilisten – der Mann mit den Kniebundhosen –, die dabei sind, als der Ludwigshafener Ingenieur Max Faust den Reichsführer SS, Heinrich Himmler, und den Lagerkommandanten über die Baustelle führt. Möglich wäre es, um nicht zu weit über das Ziel hinauszuschießen, wenigstens eine andere erfundene Person, eine ganz kleine Nebenfigur, einen Kollegen des Vaters, über das sprechen zu lassen, was dort kurz vor der Ankunft aus dem Fenster des langsam herein rollenden Zuges zu sehen war oder wie es roch und welche Gerüchte kursierten. Das wäre ein ganz alltäglicher Kontakt – eine Begegnung im Labor, eine Bekanntschaft aus dem Feierabendhaus, eine Nachbarschaft. Ich will sein tatsächliches Zustandekommen auch ganz und gar nicht ausschließen, kann vielmehr seine Wahrscheinlichkeit, kann das Vorhandensein bestimmter Nachbarschaften, durch Auszüge aus alten Adressbüchern, Telefonverzeichnissen der I.G. Farben sogar erhärten – eine Münze klimpert in Karlheinzens Winterhilfswerksammelbüchse. »*Vielen Dank, Herr Ingenieur.*« Mit alldem haben jedoch, um rasch auf den Boden der Tatsachen zurückzukehren, der Dr. Naksch und sein minderjähriger Sohn nichts zu tun. Sie wissen von nichts. Und diese Geschichte gehörte auch nicht hierher, wäre da nicht wenigstens über das Schweigen zu berichten, das auch nach dem Krieg anhält und ebenso dreckig wie der Fabrikschmutz über der Stadt liegt.

Im Archiv:

Handschriftliche Liste des Vaters mit den Namen

von 18 Kollegen, die im Rahmen der Entnazifizierungs-

verfahren bestraft wurden

Dr. Philipp H., Entlassung ohne Bezüge, Dr. Otto R., belassen als Spezialist mit Facharbeiterbezahlung auf 4 Jahre, Dr. Otto v. S., Kürzung der Bezüge um 30 % auf 6 Jahre (...).

»*Oh weh, oh weh, in Russlands tiefem Schnee. Da fressen euch die Raben, ihr wolltet's ja so haben*«, steht auf den Flugblättern der Sowjetarmee, die auf die Soldaten vom Himmel regnen; grausam gedichtet vom deutschen Kommunisten Erich Weinert.

Es ist durch einen Schulaufsatz (Hausaufgabe im Januar) überliefert, wie Karlheinz den Weihnachtsabend 1942 verbracht hat. Das ist der Stalingrad-Winter, jedes Detail wirkt mächtig aufgeladen: »**bedauerlich**«, schreibt er, »**in Ludwigshafen liegt kein Schnee**«. Den Nachmittag [Wir warten aufs Christkind] hat er sich mit Laubsägearbeiten und Lesen vertrieben. Als die Kinder endlich zur Bescherung gerufen werden, ist alles so, wie es immer schon war, die tausendfach beschriebene Szene. »**Der**

Weihnachtsbaum stand in strahlendem Licht.« Für Karlheinz liegen auf dem Gabentisch: Wilhelm-Karl Hermanns »Ein Ritt für Deutschland« (**»ein schönes, reich bebildertes Buch«**), ein Geldbetrag für die Sparkasse, Süßigkeiten und Zubehör für die elektrische Eisenbahn, darunter ein neues Stellwerk. Die Geschenke fallen »**wegen des Krieges**« ein bisschen dürftig aus, zum Trost liegen deshalb auch die Spielsachen des vorigen Jahres unter dem Baum. Nachdem die Schwester einige Weihnachtslieder (»Stille Nacht«, »Es ist ein Ros entsprungen«) auf dem Klavier gespielt hat, muss auch Karlheinz an das Instrument. Die Eisenbahn ist – die hellen Flügeltüren stehen offen – im Nebenzimmer aufgebaut worden. In den Adventswochen war der Junge damit beschäftigt, ein Holzhaus »**mit Fenstern, Fensterläden und Türen**« zu basteln, das er in der Mitte der Anlage platziert hat. Irgendwo im Raum pfeift und qualmt eine Dampfmaschine.

»*Der Rittmeister Hermann hat sich in Tibet einen Fuß abgefroren und steht dennoch tapfer am Westwall*«, erfährt der Beschenkte im Vorwort. »*Der Führer wird den Kessel entsetzen*«, hört man im Radio. Um 23 Uhr geht die Familie zu Bett.

Heiligabend, im vergangenen Jahr: Für die Nordmanntanne habe ich vierzig Euro bezahlt. Das Essen ist vorbereitet: Raclette. Der Besuch, Silke und Owie, ist frühzeitig da. Wir gehen noch für eine halbe Stunde nach draußen, frische Luft schnappen. Weihnachtsspaziergang in der Leuschnerstraße, wir marschieren in Richtung Kirche. »Da oben hat er gewohnt«, erkläre ich, wie immer, wenn welche kommen, den Gästen. Das Wetter ist natürlich zu mild; Klimawandel. In den Platanen kreischen die heimischen Vögel: einsame Krähen und Scharen von kleinen Papageien. Silke fällt das übliche Filmzitat ein.

Ich sage, in Stimmung: »Kobane. Trotzdem, der dicke Nachbarsjunge hat irgendwie auch heute noch recht mit seinem Satz von der GNADE DER SPÄTEN GEBURT.«

Owie lacht: »*Das singen wir nachher unter der Tanne.*«

Karlheinz wird am 21. März 1943 in der nahen Friedenskirche – die Religion wird auf seinem weiteren Lebensweg keine Rolle mehr spielen – konfirmiert. Sein Konfirmationsbild ist ein auf Pappe aufgezogener Farbdruck von Leonardos Abendmahl. Wenn er in dem nüchternen Rund der Kirche den Blick herumwandern lässt, wird er unweigerlich bei Slevogts Bild verharren, dem brutalen, 10 mal 10 Meter großen Golgatha-Fresko, dem einzigen Schmuck im Raum. Max Slevogts letztes großes Werk. Karlheinz beugt sich zur Seite, weil eine Säule die Sicht verstellt. Die Dirne neben dem Kreuz, über dem sich der Schächer windet. Die Menge. Die groteske Gruppe der schwarzen Zylinderträger, die den Sarg heran wuchtet, wie aus Goyas Albträumen entsprungen. Auf dem Felsen, vor einer tobenden Nacht, der Erlöser, ganz weiß, ganz zerbrochen und machtlos. Bald darauf wird die Kirche zerbombt sein, das beschädigte Fresko wird später durch gezielte Würfe einer wenig kunstsinnigen Jugend – die wohnt in der Nachbarschaft, aber Karlheinz war nicht dabei, zu solchen Untaten ist er nicht fähig – endgültig zerstört.

»Fürchtet euch nicht vor denen, die den Leib töten und die Seele nicht töten können; fürchtet euch aber vielmehr vor dem, der den Leib und die Seele verderben kann in der Hölle (Matth. 10, 28.)«, lautet der Konfirmationsspruch für Karlheinz.

Tagebuch

Samstag, 17. April 1943

Schwerer Fliegerangriff auf Mannheim und Ludwigshafen.

Mittwoch, 4. August 1943

Am Achensee

Es gibt ein undatiertes Foto, das ich diesem Urlaub zuordne: Mutter, Tochter, Sohn – letzterer in kurzen Lederhosen, gescheitelt und mit trübem Blick – trinken Milch vor einer mit Schindeln beschlagenen Berghütte.

Tagebuch

Dienstag, 10. August 1943

9./10. August Fliegerangriff (Mundenheim, Parkinsel, Mannheim). Nicht mitgemacht.

64

Im Bett (Gelbsucht).

Ende der Gelbsucht.

**In der vergangenen Nacht Fliegerangriff.
1½ Millionen kg. Mannheim (Innenstadt) Ludwigshafen
(Innenstadt, Ludwigstraße).**

Schwieriger Schulbeginn
Die Sommerferien gingen zu Ende. Am Montag, den 6. September sollte die Schule beginnen. In der Nacht vom 5. auf 6. September kam aber überraschend ein schwerer feindlicher Fliegerangriff auf die Städte Mannheim und Ludwigshafen. Am Montagmorgen war noch alles in Rauch gehüllt. Ich glaubte nicht, daß wir Schule hätten, aber ich ging trotzdem zum Schulhaus. Die Gehsteige vor der Schule und der Schulhof waren dicht übersät von Glasscherben. Es waren nur wenige Schüler da. Uns wurde gesagt, der Unterricht fange erst in zwei Tagen an. Daraufhin gingen wir alle wieder fort und anschließend daran sahen sich viele die Schäden aus der Nacht an. Am Mittwoch sollte nun die Schule beginnen. Unsere Klasse war mit den zwei Parallelklassen an diesem Tage vereinigt worden. Es fehlten anfangs noch viele Schüler. Auch an Lehrkräften mangelte es. In den folgenden Tagen wurde dann die Kinderlandverschickung der ersten vier Klassen vorbereitet und wir hatten einige Tage frei. Am nächsten Dienstag hatten wir uns nun wieder in der Schule einzufinden. Da bei der Zusammenkunft die Schülerzahl unserer Klasse und der zwei Parallelklassen zu gering war, wurde unsere Klasse auf die zwei Parallelklassen verteilt.

Nun begann also 1½ Wochen nach dem festgelegten Zeitpunkt der Unterricht. Es fehlten aber noch immer zahlreiche Lehrkräfte, so daß wir manchmal Freistunden hatten.
So wurde durch den schweren Fliegerangriff der Schulbeginn verzögert.

Im Archiv: Zeitungsausschnitte

Ein Zeitungsblatt – aus welcher Zeitung ist nicht ersichtlich –
enthält eine ganzseitige Todesanzeige, die vom Kreisleiter
der NSDAP Mannheim unterzeichnet ist und den Opfern des
Fliegerangriffs vom 5. und 6. September 1943 in der Nach-
barstadt gilt. *»Entmenschter Feind – blindwütig niederfal-
lende Hand – heiliger Haß – durch keinen Terror beirrt –
den Weg verbissen fortsetzen.«* In sieben Spalten werden die
Namen der Toten in alphabetischer Reihenfolge aufgelistet.
*»332 Männer, Frauen und Kinder in brutaler Weise aus dem
Leben gerissen.«*
Karlheinz, er nimmt es sein ganzes Leben lang mit den Zahlen genau, hat unter den Spalten die Zahl der Toten noch
einmal addiert und errechnet, im Gegensatz zum Kreisleiter
der NSDAP, eine korrekte Summe von 333 Opfern.
Das wird doppelt unterstrichen.

»Ja, unser Dresden«, gefühlte tausend Jahre später wehre ich gelassen den Redebeitrag eines aus der sächsischen Landeshauptstadt stammenden, ehemaligen Mitarbeiters der BASF-Auslandsabteilung Osteuropa ab, mit dem ich im Turm der Lutherkirche, deren Schiff durch eben
diesen Bombenangriff vom 5./6. September 1943 untergegangen ist, ein
einfaches Nudelgericht einnehme. Der Turm beherbergt heute einen
»Italiener«, dessen Wirt, Juve-Fan, seine Individualität dadurch zele-
briert, dass er sich beharrlich weigert, Spaghetti zu servieren – »also
zweimal Linguine« –, und bei dem sich die Künstlergruppe allmontäglich
zu versammeln pflegt. Mein alter Freund, der die Zerstörung Dresdens
als Dreikäsehoch miterlebt hat, wird allgemein der »Rentner« genannt,

weil er bereits vor Jahrzehnten, damals gerade Mitte fünfzig, seitens der Firma in die Frührente (plus saftige Abfindung, das waren noch Zeiten!) entlassen worden ist, was ihm die Möglichkeit bot, seine besten Jahre den Künsten zu widmen. Von frühkindlicher Traumatisierung ist bei ihm nichts zu spüren, er schwelgt vielmehr gerne und ausschweifend in Erinnerungen an Erlebnisse, die geringfügig später angesiedelt sind, der leibhaftigen Begegnungen mit General Paulus und dem Herumstreunen im Garten von Manfred von Ardenne zum Beispiel. Trotzdem ist unser Gespräch für mich fruchtbar, weil seine Darstellung von kurzbehosten Halbwüchsigen, die im Ardenne'schen Apfelbaum schaukeln (tolle Sicht vom Hirsch auf die Elbe!), mich dazu anregt, den Blickwinkel zu ändern und den Versuch zu unternehmen, die Ereignisse aus der Perspektive eines anderen Halbwüchsigen zu betrachten.

Zunächst: Unordnung überall. Schaufelnde Aufräumkommandos, »als Erstes die Straßen frei!« Handkarren. Improvisationen. Aufschwung des Glasereigewerbes. Andererseits: Wenn man zu Hause den lästigen Deutschaufsatz zur Seite schiebt und den Diercke aufklappt, wird die Welt insgesamt wieder übersichtlicher, das sich über Jahre ausdehnende Reich ist in Schrumpfung begriffen: Vorbei das hektische Auf und Ab von Feldmarschall Rommel in der Cyrenaika. Neue, schwierige russische Ortsnamen müssen nicht mehr gelernt werden. Das japanische Weltreich im fernen Pazifik – Schall und Rauch. Die Reichweite der U-Boot-Rudel begrenzt auf die Küstenverteidigung. Der sizilianische Fußball verloren, die Amputation des italienischen Unterschenkels steht unmittelbar bevor. Die offiziellen Verlautbarungen *»Erfolgreiche Abwehrschlacht bei Smolensk! Hunderttausend Bruttoregistertonnen versenkt! Sie sollen nur kommen!«* stehen im offensichtlichen Widerspruch zu den Bleistiftmarkierungen im Atlas. Der Diercke lügt nicht.

Noch bedeutsamer sind für den Knaben aber andere Dinge: Die harten Flecken auf dem Betttuch nach dem vergeblichen Kampf gegen erste Samenergüsse. Das Grinsen eines Mitschülers nach der Übervorteilung beim Tausch von »Ritterkreuzträgern«, den Panini-Bildern jener Zeit, *»zweimal Gruppenführer Eicke gegen einen Kapitänleutnant Prien* *gegeben*«. Vaters miese Laune am Mittagstisch: Ärger wegen der andauernden Produktionsausfälle in Oppau, die ganze Anlage kaum repariert, schon wieder kaputt, genauso wie die praktisch gelegene Leuna-Tankstelle an Tor 1. Wo jetzt das Motorrad betanken? Und wohin, große Frage, wohin in den Urlaub?

Im Archiv:

Brief an den Vater

Karl Pfeiffer, Kühler Brunnen, Herrenalb
An: Dr. Chr. Naksch, Ludwighafen a. Rh., Ostmarkstr. 19

Herrenalb, den 28.3.44
Sehr geehrter Herr Dr. Naksch!
In Beantwortung Ihrer werten Anfrage, Ihnen zur Mitteilung,
daß wir zur Zeit unser Geschäft wegen Kohlenmangel ge-
schlossen haben. Die Wiedereröffnung hängt ganz von der
Kohlenlieferung ab. Sollte jedoch auf Ostern das Wetter
warm sein, bin ich gerne bereit Ihnen ein Doppelzimmer zur
Verfügung zu stellen, (ohne Heizung).
Ihre weitere Nachricht gerne erwartend, und zeichne mit
Heil Hitler
Karl Pfeiffer

Zu Ostern, die Temperaturen scheinen mild gewesen zu sein, ist man dann doch einige Tage im Schwarzwald gewesen. Im März ist die deutsche Wehrmacht, es ist die letzte Besetzung eines fremden Landes, in Ungarn einmarschiert. Die Mutter notiert in ihr Merkbuch:

Donnerstag 6.4.44.
Mittag: Schnitzel, Püree, Feldsalat.
Abend: Heringssalat und Käse.

Im Mai des fünften Kriegsjahres nimmt Karlheinz zusammen mit anderen Schülern an einem Lehrgang der Kriegsmarine auf dem Artillerieschulschiff »Karl« in Swinemünde teil. »**Es gefällt mir sehr gut**«, schreibt er auf eine Postkarte.

Besatzung des U-Bootes:
500 – 750 t
6 Torpedorohre
16 Torpedos
53 – 70 Mann

Das Meer wird er nicht noch einmal sehen.

Bald nach seiner Rückkehr aus Swinemünde wird das Gymnasium an der Ostmarkstraße an Pfingsten 1944 durch Bombentreffer stark beschädigt. Im Juni und Juli vermerkt er auf einem Wandkalender den Verlust von Rom, die alliierte Invasion in der Normandie [rot unterstrichen], eine Vergeltungs-V1 [ebenfalls rot markiert] und den Beginn der Ferien. Am 21. Juli bricht die Familie nach Kitzbühel auf. In Birkenau erreicht die Vernichtung der ungarischen Juden ihren Höhepunkt. In einem Briefumschlag verwahrt, ruht seit dem Aufenthalt in der Sommerfrische eine Strafverfügung des Gendarmeriepostens Kitzbühel: Zwanzig Reichsmark wurden von Vater Naksch *»wegen Verstoßes gegen Bestimmungen des Luftschutzes bei Fliegeralarm eingehoben.«* *»Verdunklung ist die erste Pflicht, wenn Luftgefahr und Feind in Sicht«*, reimt dazu Julie Kniese in: Achtung Luftgefahr. Ein vergnügliches Merk- und Mahnbüchlein für Jung und Alt. Nürnberg. Ohne Jahrgang.

Eine allseits bekannte Luftaufnahme vom 13. September 1944 dokumentiert einen Bombenangriff auf das Werk der I.G. Farbenindustrie in Ludwigshafen. Die Bildmitte wird von einem Flugzeug der US-Luftwaffe beherrscht. Am rechten Bildrand liegt wie ein graues Band der Rhein. Die Fabrik ist fast vollständig von Rauchwolken verdeckt. Wenn man sich an der Krümmung der Bremserstraße orientiert, findet man rasch die beiden Quadrate des Wiclicenusblocks. Im Keller sitzt Karlheinz.

Eine andere Luftaufnahme der Air Force aus demselben Jahr, rechts jetzt die Weichsel, zeigt das Werk der I.G. Farben in Auschwitz, am oberen Rand ist – später beschriftet – auch das Lager Birkenau zu erkennen. Kopiert man beide Bilder auf Folie und legt sie übereinander, stößt man auf die Schwierigkeit, dass die Größenverhältnisse nicht ganz übereinstimmen.

Es lassen sich aber doch grob die Entfernungen zwischen verschiedenen Punkten miteinander vergleichen. Der Weg vom Werk bis an den Rand von Oggersheim. Der Weg vom Werk bis Birkenau. Am 13. September 1944 wird – das ist nur ein Zufall – auch die I.G. Auschwitz bombardiert.

Für das Jahr 1945 gibt es von Karlheinz, außer einer Statistik über alliierte Bombenangriffe auf einem Wandkalender, keine erhalten gebliebenen Aufzeichnungen. Der Arzt Walter Sonntag, inzwischen im Rang eines SS-Hauptsturmführers, schreibt noch im März von der kommenden Wende und dem Sieg – »*Der Führer hat recht.*« (Brief an die Frau).

Der Architekt Schmidt und der Fotograf Fröhlich geraten in amerikanische Gefangenschaft.

Während der große Nachbarsjunge nach Bayern und der Junge vom Dorf zu Schanzarbeiten in den Westen gebracht worden sind – Opa hat sich im Februar mit dem schweren schwarzen Fahrrad, auf dem ich als Kind zwischen den Stangen gefahren bin, aufgemacht, um den Sohn heimzuholen –, scheint Karlheinz davon verschont geblieben zu sein. Einiges spricht dafür, dass die Familie die Stadt in den Turbulenzen der letzten Kriegsmonate verlassen hat, fest steht, dass sie einen beträchtlichen Teil ihrer beweglichen Habe, alles was Wert hat, in Kartons und Kisten verpackt und an verschiedenen Orten in Sicherheit gebracht hat.

Als Erwachsener wird Karlheinz unter einer extremen Lärmempfindlichkeit leiden, ob vom Surren und Bellen, vom Dröhnen und Klatschen bleibt Spekulation.

Die Panzer der US-Armee erreichen Ludwigshafen am 22. März.

Viertes Kapitel, ..

Spielzeugeisenbahn

zum letzten Mal aufgebaut wird

und eine

Neues beginnt

etwas

in dem nicht gleich

Verpackungen

»Der Bahnhof iss de Kampfplatz, da passt ein jeder auf.
Der Ami schmiss ne Kippe weg und zwanzig stürzen drauf.«

Die Hemshof-Friedel, »Der Hemshof-Boogie« (Single)

Deutschaufsatz

Entwurf auf Konzeptpapier, um 1946

Etwas vom Geist unserer Zeit
Der Geist unserer Zeit wird in Europa hauptsächlich von
Völkern die wirtschaftlich verarmt sind getragen. Er steht
ganz im Banne des letzten großen Krieges. Es gibt zahlreiche Episoden, die den Geist unserer Zeit spiegeln.
Wir befinden uns im Mittelpunkt einer vom Krieg verwüs-
teten Großstadt. Früher eine verkehrsreiche Hauptstraße
mit schönen Geschäften, Vergnügungsstätten, Kaffees und
Hotels, heute eine tote Straße, von Ruinen umsäumt. Es
ist spät abends, etwa 11 Uhr. (...) Plötzlich erscheinen drei
Gestalten in der Ferne: zwei Leute kommen von der Süd-
stadt, ein Mann vom nördlichen Stadtteil. Die drei Leute, es
sind drei Männer in bester Kleidung, aber von einem Aussehen, dass man sich fürchten könnte, treffen sich. Es wird
verschiedenes ausgehandelt. Der eine bietet Zigaretten und
Wein, der andere hat Stoff und Schuhe bei sich, während der
dritte Lebensmittel zum Tausch anbietet. (...) Waren aller
Art wechseln ihren Besitzer. Inzwischen kommt ein Arbeiter, der schlecht gekleidet ist. Sein Mantel ist zerrissen, die
Schuhe sind in Auflösung. Er ist einer von den vielen Ausge-
bombten, die durch den Krieg mit am Schwersten betroffen
wurden, die kein zuhause mehr haben und ihr Hab und Gut
verloren haben. Seinen Mantel bekam er von einem Kamera-
den, der ihn nicht mehr tragen wollte. Er ist gezwungen sich
an dem Schwarzmarkt zu beteiligen, denn sonst ist seine
ganze Existenz in Frage gestellt. Er hat fünf kleine Kinder

72

und wenn er sich nicht auf irgendeine Weise neue Schuhe beschafft, kann er nicht zur Arbeit, was zur Folge hat, daß er keine Lebensmittel mehr bekommt, kein Geld mehr verdient, und seine Familie nicht mehr ernähren kann. Das Gemüt des Mannes ist niedergedrückt, und nun verhandelt er mit den drei Schwarzhändlern, die ihn mit heiterem und frechem Blick empfangen. Der arme Arbeiter hat nur Zigaretten anzubieten, die er seit Monaten sich von seiner Rauchwarenzuteilung aufgespart hat. Es kommt auch hier wieder zu lebhaftem Meinungsaustausch und Schachern, bis dann endlich der Arbeiter sein lang ersehntes Paar Schuhe bekommt. Der Mond ist inzwischen von Wolken verdeckt worden, in der Ruinenstraße ist es dunkler geworden. Inzwischen ist ein Wind aufgekommen, dort an der Fassade schlägt ein Fensterladen dauernd an die Wand und hier hat sich ein Ziegel gelockert und fällt auf die Straße.
An diesem kurzen Bild können wir leicht den Geist unserer Zeit erkennen. Er ist gekennzeichnet durch Not und Elend.

Im Archiv:

Zigarrenschachtel »Erntekrone«. Blaue Pappschachtel mit diagonalem gelben Streifen ca. 9,5 × 6,5 × 2 cm. Darin 55 Rasierklingen der Marken »Begonia (Luxus)«, »Fledermaus (Spezial)«, »Tondeo (Die Qualitätsklinge)«, »Biedermeier Luxus (Die Klinge des Friseurs)« und »Kimsor (Gute deutsche Rasierklinge)«. Ein beigelegter Zettel mit der Bleistift-Notiz: **Zum Verkauf gerichtet!! Da schlechte Verpackung, nur schwer zu verkaufen. 55 Mal.**

In einem außer Betrieb gestellten Auto, von dem noch viel die Rede sein wird – das Fahrzeug, ein Opel, ist zur Zeit aufgebockt, möglicherweise hat man es auf Backsteine gesetzt, um die Pneus zu schonen, und ihr könnt euch vorstellen, dass es in einer Scheune steht – befinden sich im Spätjahr 1948 diese Gegenstände: Unter dem rechten Autositz eine Pappschachtel ohne Deckel mit sehr viel (zu drei Vierteln voll) Ersatzpapier (auch von roten Fotoheftchen, große blaue Hefte etc.), sowie ein ebenfalls deckelloses Zigarrenkästchen mit Schnurresten und dem morschen Wäscheseil von Karlheinzens Großmutter. Auf dem rechten Autositz: zwei Säcke aus stumpfen Papier, von denen einer für Weizen (Wz) benötigt wird, der andere hat bis vor kurzem Abfallpapier enthalten, das nun in die Werkstatt gebracht worden ist. Im Kofferraum sind zahlreiche Schachteln – darunter fünfzehn mit Einsätzen – gelagert, darauf liegt helles Packpapier, genauer: vier neue Papiersäcke und ein dünner, gebrauchter Papiersack. **»Seitlich rechts«** – der Verfasser konkretisiert diese Ortsangabe nicht – gibt es einen Koffer, der ein **»bedeckeltes«** Zigarrenkistchen, das zur Hälfte mit krummen Nägeln gefüllt ist und außerdem eine gebrauchte Kittdose enthält. Im Koffer **»seitlich links«** befindet sich eine Fahrradlampenschachtel voller Rupfenrollen.

Diese detaillierten Informationen sind einer voluminösen Gesamtübersicht – die Liste erstreckt sich über zwölf Seiten – aller Schachteln, Kisten, Flaschen und Säcke entnommen (überwiegend leer), die für einen florierenden Tauschhandel benötigt werden, und die Karlheinz im November und Dezember 1948 aufgestellt hat.

Die Familie verbringt fast jedes Wochenende in den Dörfern an der Weinstraße, die für ihre guten Rebsorten bekannt sind (Deidesheim, Leistadt, Weisenheim am Berg, Kallstadt), eine Angewohnheit, die sie die kommenden Jahrzehnte beibehalten wird. In diesen ersten zwei, drei Jahren nach Kriegsende haben die Exkursionen aber ein konkretes Ziel: das Einhandeln von Rebensaft gegen Speiseöl, das – die näheren Umstände bleiben verborgen, aber die Wahrscheinlichkeit ist hoch, dass der Dr. Naksch die Pressen und Filter einer großen Fabrik nutzen konnte – aus im Fränkischen organisierten Raps und Rübsen gewonnen wird. Die Beziehungen zu den Verwandten in der Nürnberger Gegend werden intensiviert. Das alte Motorrad mit Vater und Sohn knattert häufig in Richtung Südosten. Passierscheine zum Übertritt von der französischen in die amerikanische Besatzungszone – ein rundes Dutzend ist noch vorhanden – werden von den Bürgermeisterämtern großzügig vergeben. Karlheinz wird zum Buchhalter dieser Geschäfte. Er korrespondiert mit den Partnern, versendet Kisten, nimmt Kartons in Empfang. Rückgetauscht werden, nun gegen den guten Pfälzer Wein, Kartoffeln, Weizen, Roggen und Eier. Ein Vorratslager wird angelegt.

Im März 1948 befinden sich: »**im Topf 75, im Eimer 47, im Flachpot 70, insgesamt 192 Eier**«.

Gehungert wird nicht.

Ich bin einmal, beruflich, in einem Keller gewesen, in dem sich ein graues Paar für die Inflation oder den kommenden Krieg gerüstet hat: Dosengemüse und Büchsenfleisch palettenweise – in gekachelten Räumen. Das sieht man gleich, das geht auf die Erfahrung von Hunger zurück.

Karlheinz aber packt ein. Weinflaschen und Eier sind empfindliche Güter. Einwickelpapier gewinnt an Bedeutung. Was wird gepackt, wenn die Wohnung kurzfristig (dies ist eine durch neueste stadtgeschichtliche Forschung gestützte Mutmaßung) durch Befehl eines französischen Quartiermeisters geräumt werden muss? Wie viele Eier gehen durch einen Katastrophenschaden wie dem am 28. Juli 1948 (Explosionsunglück bei der BASF) zu Bruch?

Überall im schriftlichen Nachlass verstreut, finden sich weitere Zettel mit der Beschreibung von Kartons, ihrem Inhalt und ihrem Versteck (»**zwei längliche braune im Aborthäuschen**«).

Ich will auch die Vermutung aussprechen, dass ich einige dieser Schachteln, etwa die »**große Frodelkiste**«, die zur Hälfte mit Stroh gefüllt ist (»**Merke! In große Frodelkisten gehen 35 Flaschen**« oder die »**Bänderlose mit ¾ Holzwolle**«, die sich 1948 auf dem Scheuerboden in Schwabach befinden, vierzig Jahre später bei der Entrümpelung im Keller der Wittelsbachstraße unberührt wiedergefunden habe.

Welchen Büchern gebe ich den Vorzug

Deutschaufsatz

Entwurf auf Konzeptpapier, um 1947 [Auszug]

In meiner Freizeit, wenn ich keine besondere Beschäftigung habe, gehe ich oft an den Bücherschrank meines Vaters, um einen unter den vielen Bänden auszuwählen. Neben wissen-

schaftlichen und belehrenden Werken, finde ich eine Anzahl unterhaltsamer Bücher vor, insbesondere schöne Literatur, historische und abenteuerliche Romane, sowie Reiseschilderungen. Welch ein Genuß ist es da, das ein oder andere Werk in die Hand zu nehmen, in ihm zu blättern, einige Bilder zu betrachten, wieder ein anderes zu nehmen und so lange zu suchen, bis man ein passendes Buch findet! Eine schöne Büchersammlung ist doch ein kostbarer Besitz! Bücher, die uns gehören, begleiten uns als treue Freunde durch das ganze Leben. Wir brauchen sie immer, sei es zur Unterhaltung, Erheiterung oder Belehrung (...).

Vater Naksch steht auf einer Aufnahme, die einige Jahre nach dem Verfassen des Schulaufsatzes entstanden ist, vor seinem Bücherschrank. Das ist ein schwarzes, dreitüriges Möbel mit geschliffenen Scheiben, das circa 5 Regalmeter Buch fasst. Es wäre hilfreich, die Türen öffnen zu können, wie der Jugendliche Band für Band herauszunehmen, um etwas mehr über den geistigen Hintergrund, die Prägung der Familie zu erfahren. Das geht leider nicht. Die Vorgehensweise des Entrümplers ist, was Literatur angeht, besonders brutal. Und ich gebe zu, dass ich, im Gegensatz zum Kollegen – er ist einer der nicht loslassen kann und er ringt verzweifelt die Hände –, rabiat vorgehe. Ich weiß, dass vom Geschriebenen nur wenig Bestand hat. Ab in den Schredder mit den Taschenbüchern, den teuer gekauften Bildbänden (»Faszination Südsee«, »Die Fränkische Schweiz«), den Buchclub-Ausgaben der Buddenbrooks, der mittleren Literatur. »Nimm zehn Prozent mit!« ist die Devise. Und das ist meistens zu viel.

Im geretteten Nachlass erhalten waren, neben den Schulbüchern und einigen gebundenen Reiseführern für die deutschsprachigen Alpen, nur etwa die Hälfte der wenigen, weiter unten aufgeführten Bücher, von denen klar ist, dass Karlheinz sie wirklich in der Hand gehabt hat. Es war einigermaßen mühsam, die von mir wohlfeil verkauften oder weggeworfenen später wieder antiquarisch zu beschaffen. Vielleicht schaut ihr mal rein, wenn ihr ihm ein bisschen näherkommen wollt.

Erich Mach: »Planung und Errichtung chemischer Fabriken«
Ludwig Gattermann: »Die Praxis der organischen Chemie«
Robert Louis Stevenson: »Die Schatzinsel«
Hugo Bernatzik: »Gari Gari«
Friedrich Gerstäcker: »Die Regulatoren in Arkansas«
[»Gari Gari« und »Die Regulatoren« waren 1944 vom Deutschen
Bücherbund, dem Karlheinz für kurze Zeit beigetreten war,
versehentlich zweimal gesandt worden. Große Verwirrung.]
Wilhelm-Karl Hermann: »Ein Ritt für Deutschland«
Josef Lenhard: »Stadt der Arbeit«
Karl Alois Schenzinger: »Anilin«
Alexandra David-Neel: »Arjopa«
Paul C. von Gontard: »West von Mississippi«
Günther Tessmann: »Menschen ohne Gott«

»Die geistige Armut der Mückenflussindianer«, schreibt Günther
Tessmann, *»beruht auf der mangelhaften Entwicklung des Gehirns, die
an vormenschliche Stufen erinnert.«* Und auch: *»Ich habe schon sehr
viele Menschen im Trunke gesehen, Weiße und Neger, aber nie habe
ich in meinem ganzen Leben so tierisch Besoffene gesehen, wie bei den
Tschama-Indianern.«*

In der »Schatzinsel«, es ist die Ausgabe des Marees-Verlags aus
dem Jahr 1949, findet sich auf Seite 221 – die Piraten stehen entsetzt
vor der leeren Grube, in der sich Flints Schatz befunden hat, gleich wird
der furchtbare Schiffskoch einen von ihnen niederstrecken – ein hässlicher, dunkler Daumenabdruck, der auf den Genuss von Schokolade
schließen lässt.

Ausgehend vom Erscheinungsjahr hat es den Anschein, als habe
Karlheinz nach Beendigung der Schulzeit mit Ausnahme der »Schatzinsel« kein einziges Buch mehr angerührt, zumindest gibt es in den Aufzeichnungen keinen Fingerzeig auf eine weitere Lektüre. Gelesen hat er
die örtliche Tageszeitung, die aufbewahrten Zeitungsausschnitte deuten auf eine Vorliebe für den Wirtschaftsteil hin, Autozeitschriften, farbige Illustrierte, seine Fremdenverkehrsprospekte.

Ihr werdet selbst eine Meinung darüber entwickelt haben, welchen Anteil die von euch bevorzugte Literatur bei der Entwicklung eurer Persönlichkeit hatte. Ich selbst bin der Auffassung, dass sie das innere Leben, unsere Träume und Wünsche, vielleicht auch allgemeine Richtlinien der Moral mitprägt, aber das konkrete Handeln kaum beeinflusst. So gesagt: Da lesen zwei Buben die siebzig Bände Karl May herunter, und der eine wird zum Bloch, der andere zum Göring; kann natürlich an Karl May liegen.

Seine Träume?

Inseln. Wilde. Schätze.

Die gehen in die Ferne.

An Grippe erkrankt

Im Archiv:

Zigarrenförmige Kapsel aus Holz. Länge: 12 cm mit abnehmbarer Kappe. Darin ein Thermometer, das die Temperatur in Reáumur angibt.

Die Hülle mit Aufdruck: Dr. Wolf, Heidelberg.

Karlheinz hat häufig Fieber. Sein Leben lang holt er sich ein- oder zweimal im Jahr eine Grippe. Er notiert:»**Meine Erkrankung an Grippe. Fieber morgens 38,6°. Mein beginnendes Krankwerden infolge Grippe. Beginn meiner Erkältungskrankheit mit etwas Fieber. Meine Erkrankung an leichter Grippe. Meine Erkrankung an Grippe mit 40° Fieber. Meine Wiedergesundung. Meine völlige Wiedergesundung. Meine völlige Wiedergenesung von Grippe.**«

Mit Fieber im Bett. Lange Nachmittage. Staubteilchen in der Luft. Gedämpfte Geräusche auf der Treppe und draußen. Durch das Fenster die Äste der Platane beobachten. Wick Vaporub unter die Nase reiben, das brennt! »**Zu Mittag ›Arme Ritter‹ im Bett gegessen.**«

Eine Schale aus Bleikristall, eigentlich der Deckel eines zerbrochenen Gefäßes, enthält ein paar alte Drei- und Fünfmarkstücke: Wilhelm II., Deutscher Kaiser und König von Preußen, Otto von Bayern,

Hindenburg-Gedenkmedaille. Damit lassen sich geometrische Formen aufs Leintuch legen. Später im Buch blättern: Hugo Bernatzik, »Gari-Gari. Leben und Abenteuer bei den Negern zwischen Nil und Kongo.«

Die Bilder betrachten: »*Shillukmädchen und Shillukfrauen in ihrer Fellkleidung.*« »*Bei den Nuern wird den Kühen Luft in After und Vagina geblasen, um sie zum Milchgeben anzuregen.*« »*Morufrau zum Feste mit Ocker beschmiert und mit weißem Samen gepudert.*« Bernatziks Tochter wird sich ein halbes Jahrhundert später auf die Suche nach den Menschen machen, die ihr Vater seinerzeit fotografierte. Das Gesicht ins Kissen drücken. Später dem Rhythmus des Verkehrs in der Leuschnerstraße zuhören.

Tagebuch

Freitag, 9. Dezember

Meine Wiedergenesung von Grippe.

Zeugnis der Reife

Ein Karton aus dem Keller in der Wittelsbachstraße ist mit einer Menge chemisch-technischen Geräts gefüllt. Neben Bunsenbrennern, Kolben, Reagenzgläsern, Messpipetten und Abdampfschälchen aus Glas und aus feinstem KPM-Porzellan, finden sich ein Kühler mit eingeschmolzener Kühlschlange und eine Woulfesche Flasche. Obenauf liegt ein Katalog der Firma F.M. Lautenschläger Berlin – Wissenschaftliche Apparate für chemische und bakteriologische Laboratorien –, der die genaue Bezeichnung einiger der gefundenen Gerätschaften erleichtert und den dem Entrümpler vertrauten Geruch von feuchtem Papier verströmt. F.M. Lautenschläger wirbt mit dem Titel »Königlicher Hoflieferant«, die Glasteile sind in bröselig gewordenes Zeitungspapier eingewickelt worden – es lässt sich auf einigen der Blätter noch das Erscheinungsjahr 1952 erkennen, so dass nicht ausgeschlossen ist, dass zwei Generationen von angehenden Chemikern mit dem Material experimentiert haben.

Im Juli 1948 macht der Schüler Naksch sein Abitur. Die schriftlichen Prüfungen meistert er, im Gegensatz zu einigen Mitschülern, mit Bravour.

Mittwoch, 14. Juli 1948

Um 16 Uhr in Schule: 10 durchgefallen.

Im Mündlichen erleidet er Schiffbruch, verschlechtert sich in Mathematik und Physik im Gesamtergebnis um eine ganze Note. Noch steht die Prüfung in Chemie an, eine schriftliche Arbeit hat es hier nicht gegeben. Am 15. Juli fährt er ins nahe Speyer, wird morgens um sieben von einem Gremium älterer Herren, einer externen Kommission, zum Zusammenhalt der Stoffe befragt, steht vor der Tafel mit der Kreide in der nassen Hand, schreibt Formeln an. Erzielt anstatt der üblichen 1 oder 2 eine magere 3–4. Nicht schlimm, werdet ihr sagen. Befriedigend bis ausreichend, das ist doch voll in der Spur, da könnten wir mit anderem aufwarten. Aber es ist eine verfluchte 3–4, die erscheint in den Nächten, die lässt ihm das Leben sauer werden und wirft einen Schatten auf seinen weiteren Weg, denn Karlheinz hat beschlossen – das ist seine Bestimmung, darauf wurde er abgerichtet –, er hat beschlossen, wie der Vater ein Chemiker zu werden.

Gegen die Benotung auf Grundlage einer als unfair empfundenen Prüfungsordnung wird ohne Erfolg Widerspruch eingelegt. Die eingeholten gutwilligen Erklärungen der Fachlehrer und des Direktors helfen nicht. Ein Schema zeichnet sich ab. Das Gefühl ungerecht behandelt worden zu sein und die darauf folgenden Aktionen der Beschwerde und der Reklamation werden sich während der Laufbahn des jüngeren Naksch noch häufig wiederholen.

»Schule ist auch ein Ort wo Freundschaften – oft für das ganze Leben – geschlossen werden (...)«, schreibt der große Nachbarsjunge in einem Grußwort zum 75-jährigen Schuljubiläum des Max-Planck-Gymnasiums, wie die Schule nach Kriegsende heißt, im Jahr 2000. In dieser Festschrift findet sich auch die Fotografie *»Der Abiturjahrgang 1948 mit einigen Lehrkräften.«* Das Foto selbst ist beschriftet mit *»1. Oktober 1948«*.

Die drei Lehrkräfte sind in Reihe eins deutlich auszumachen. Ein Herr im Laborkittel, eine kräftige Dame mit Perlenkette und rechts außen ein alter Lehrer mit Heinrich-Mann-Bart. Unter den 28 Schülern und einer Schülerin müsste sich auch Karlheinz befinden, er lässt sich aber nicht eindeutig identifizieren. Möglicherweise steht er, als ganz und gar unscheinbarer junger Mann mit tiefliegenden Augen, in der hintersten Reihe, als dritter von rechts. Wahrscheinlich ist – es wäre passender, da er auf keiner weiteren erhaltenen Abbildung je als Teil einer großen Gruppe zu sehen ist und später auch keine dauerhaften Freundschaften schließt –, dass er am Fototermin nicht teilgenommen – für den 1. Oktober 1948 existiert keine Eintragung – und den Lebensabschnitt Schule bereits abgehakt hat.

Katastrophen

Taschenterminkalender 1948

Mittwoch, 28. Juli

Um 15:43 Explosionskatastrophe in I.G. Lu: 225 Tote.
21. September 1921 Explosionskatastrophe von IG Oppau:
570 Tote.

Dienstag, 10. August

Anmeldung unseres Explosionssachschadens Nr. 4634.

Wie eine letzte Blähung der finsteren Zeit – in Nürnberg wird einen Tag später das Urteil im Prozess gegen die I.G. Farben verkündet – ist am 28. Juli im Werk Ludwigshafen, wenige hundert Meter von der Wohnung in der Leuschnerstraße entfernt, ein Kesselwagen mit Dimethylether, einem Vorprodukt der Anilinfarben, explodiert. Wachgerufen wird dadurch auch die Erinnerung an das noch verheerendere Unglück von 1921 – ein weiterer Ludwigshafener Superlativ: »größte Industriekatastrophe Deutschlands«. Damals war unter nie abschließend geklärten Umständen, ausgelöst durch eine harmlose Sprengung, ein Silo mit einer Mischung aus Ammonsulfat und Ammonsalpeter in die Luft gegangen – die Bilder des riesigen Kraters sind oft reproduziert worden. Karlheinzens Angabe der Opferzahlen korrigiere ich, kleinlich wie er selbst, durch die

81

offiziellen; 207 (»zweitgrößte Industriekatastrophe Deutschlands?«) und 561. Eine dritte Explosion im Jahr 1943 mit 64 Toten wird im öffentlichen Bewusstsein durch die Häufung von Katastrophen im Krieg überdeckt.

Die kollektive Erinnerung an die Explosionen war in der Stadt lange Zeit wach, ungewohnte Geräusche, plötzliches Donnern, in den 1970er Jahren auch das Durchbrechen der Schallmauer durch einen Starfighter, führten dazu, dass wir den Kopf in Richtung Fabrik drehten. Heute ist die Angst durch das Vertrauen in eine ausgereiftere Technik gemildert und durch andere Ängste, etwa vor unbekannten, schleichenden Giften oder weiterem Stellenabbau, überlagert worden. Kommt es zu Störfällen, wird für uns gesorgt: *»Zeigt ihr Kraftfahrzeug diesen Belag, können die Waschstraßen kostenlos benutzt werden.«*

Karlheinz schweigt sich darüber aus, wie er den 28. Juli 1948 erlebt hat. Mag sein, dass er sich am Rand einer Gruppe von Kindern und Jugendlichen bewegt hat, die an diesem heißen Sommertag zum Baden an den Willersinn-Weiher, der zwischen Friesenheim und Oppau liegt, gekommen sind. Erschrocken vom Getöse der Explosion und zunächst starr beim Anblick des mächtigen Rauchpilzes, der sich über der Fabrik erhebt, sind sie barfuß nach Hause gerannt, haben sich die Füße an dem Glas zerschnitten, das aus den Fenstern gebrochen ist und wie Hagel die Straßen bedeckt. Einer hatte seine Schuhe dabei.

Es ist, so die herrschende Meinung, ein großes Glück für uns alle gewesen, dass Direktor Carl Wurster im Nürnberger Farbenprozess einen Freispruch erreicht hat, und den Wiederaufbau der zerstörten Anlagen leiten kann. Die Belegschaft hatte schon nach seiner Verhaftung aus Protest kurzfristig die Arbeit niedergelegt.

Nehmt es als Bild: Wenn die Bevölkerung auf Friedhof und Marktplatz zu den Trauerfeiern herbeiströmt, wenn der Direktor im Cut an mit Gladiolen bedeckten Hügeln vorbeidefiliert, dann wird im Unglück wieder Gemeinschaft geschweißt. Da passt kein Blatt Papier zwischen das Werk und die Stadt. Und wenn sich General Koenig für die französische Verwaltung, unter dem Katafalk auf dem Markt, in das Kondolenzbuch einträgt, weiß niemand, ob sein Beileid den 145 Witwen, 154 Halbwaisen und fünf Vollwaisen gilt oder der deutschen Chemieindustrie.

Aktionskunst

Helmut und ich nähern uns der Veranstaltung von hinten, wir versuchen den Anschein zu erwecken, wir kämen eher zufällig vorbei. Schlendern. Aktionskunst ist nicht jedermanns Sache.

Der Künstler steht auf dem Platz wie ein Fels in der Brandung. Neben ihm noch ein Sack, der außen mit einer Sammlung jener Buttons bestückt ist, mit denen man früher seine Gesinnung öffentlich zum Ausdruck gebracht hat: der mit der Taube, der mit der Sonne, der mit dem Papierkorb, der, welcher sagt: »*Mach meinen Kumpel nicht an!*« Der Aktionskünstler manifestiert bereits damit, dass er an vielen Fronten gleichzeitig kämpft. Der Sack steht beinahe aufrecht; er muss einige grobe Gegenstände enthalten. Es ist eine beträchtliche Anzahl von Zuschauern erschienen, wir zählen über drei Dutzend, vielleicht sind auch einfache Gaffer dabei. Der Aktionskünstler öffnet den Sack und deklamiert dazu Sätze, die wir, da wir uns abseits halten, nicht richtig verstehen. Er hat ein braunledernes Motorrad-Dings auf dem Kopf, das dem von Karlheinzens Vater wie ein Ei dem anderen gleicht, und unter dem etwas Gelbes hervorlugt. Ich rechne meinem Kollegen hoch an, dass er sich keinem Modediktat unterwirft. Nun hat er dem Sack ein Paar derbe Wanderschuhe entnommen, die mittels ihrer langen Schnürsenkel verknotet sind. Er hält einen Schuh fest, schwingt den anderen am Senkel wie eine Wurfleine, und befördert das Schuhpaar geschickt auf ein Straßenschild, was aber erst beim zweiten Wurf gelingt und allseits zustimmendes Gemurmel hervorruft. Wir nehmen Teil an seinem verdienstvollen, unter dem Schutz der Künste stehenden, als Performance deklarierten Feldzug für die Umbenennung derjenigen Straßen und Plätze, die noch immer nach Kolonialherren, Kriegstreibern und verdächtigen Heimatdichtern benannt sind. Die randständige Kunstform, die er betreibt, steht, wie seine Person selbst, in Widerspruch zu allem, was ist. Wenn es die Aufgabe der Kunst ist, die Finger in offene Wunden zu legen, dann erfüllt er sie ganz. Durch seine Aktionen ist es ihm häufig gelungen, Missstände in die Spalten der Lokalpresse zu tragen, auch heute ist ein Reporter am Platz.

Aber schade, es hat uns trotz unserer Vorbehalte – ein wenig Konkurrenz wird dabei sein – gepackt, kaum hat die Intervention begonnen,
ist sie schon wieder vorbei. Wir befinden uns hier nur an einer Station
von mehreren, ein Bus wird die zahlenden Teilnehmer, man kennt es
vom modernen Theater, nun an andere Orte schaffen. Es gibt noch vieles zu tun. Die Karawane der Kunstinteressierten zieht also weiter. Wir
bleiben zurück. Ein durstiger Mann bittet um Kleingeld.

Der Platz, der nach dem Vorstandsvorsitzenden und Ehrenbürger
Carl Wurster benannt wurde, ist eine öde Ecke hinter dem Einkaufszen-
trum. *»Das ist auch eine Strafe!«*, sagt Helmut.

Im Archiv

Einem Buch aus dem Nachlass – »Stadt der Arbeit – Ludwigshafen am Rhein, Einfache Geschichten aus Werkstätten und Versuchs-
räumen« von Josef Lenhard – liegt gefaltet, vermutlich vom Chemiker
Naksch hinterlegt, ein Mitteilungsblatt des Bauwirtschaftsberaters und
des Bauamtes für Technik vom April 1940 bei, das sich dem 75. Betriebs-
jubiläum der BASF widmet. Die für diesen Termin vorgesehene Schenkung eines Hallenbads an die Stadt musste, wie der Parteigenosse Dr.
Carl Wurster, Werksleiter Ludwigshafen, I.G. Farbenindustrie, im zentralen Beitrag betont, verschoben werden, *»weil Material und Arbeits-
kraft in den letzten Monaten an anderer Stelle eingesetzt werden muss-
ten«. »Keine Stunde darf an der hingebungsvollen Arbeit für die Ziele
unseres Führers versäumt werden«*, heißt es dort weiter. Ihm habe, wird
posthum kryptisch gesagt, das Herz nicht auf der Zunge gelegen. Er ist
Verwaltungsrat der »Deutschen Gesellschaft für Schädlingsbekämpfung«
gewesen, jener Firma, die das tödliche Gas vertrieben hat, und Träger des
Bundesverdienstkreuzes.

In Hameln wird am 17. September 1948 Walter Sonntag hingerich-
tet (»Tod durch den Strang«). Im 7. Ravensbrück-Prozess von einem britischen Gericht verurteilt, zeigt er bis zum Ende nur geringe Einsicht von
Schuld. *»Meine einzige Schuld, die ist auch bekannt, mag darin bestehen, dass meine äußere Haltung im Lager Ravensbrück nicht immer so*

war, daß sie auch jeden der Insassen von meiner inneren Einstellung überzeugen konnten.« Glaubt man seinen eigenen, in den Briefen an seine Familie oft wiederholten Beteuerungen, hat er seine Beteiligung an der Selektion von 2000 Frauen ganz einfach vergessen.

Aber es ist, meint ihr nicht auch, an der Zeit, eine Zäsur zu setzen, endlich Schluss zu machen mit den düsteren Farben des Krieges, dem Schwarz und Grau der Schutthaufen, den sepiafarbenen Fotografien. »War die Welt denn früher schwarz und weiß?«, fragt der kleine Salvatore. Auch in Karlheinz' Geschichte sollen frische Töne gebracht werden, und was wäre besser dafür geeignet, als ein Spaziergang in gesunder Frühlingsluft. Lassen wir uns von einigen Bildern aus einem der letzten Schulaufsätze des Schülers Naksch verführen; lesen wir eine Naturschilderung in Technicolor:

Auf dem Philosophenweg
Wir befinden uns im schönen Monat Mai auf dem Philosophenweg, einem Höhenweg bei Heidelberg, in schattigem Laubwald und haben einen herrlichen Ausblick auf den Neckar und den gegenüberliegenden, südlichen Teil des Odenwaldes. Es ist ein prächtiger Tag, der Himmel zeigt sich in tiefblauer Farbe und die Sonne strahlt mit all ihrer Kraft. Die Luft ist ruhig und die Bäume werden von keinem Hauch bewegt. Durch die wunderbare Naturstimmung fühlt man sich vollkommen beruhigt und fern vom grauen Alltag. Unter uns und gegenüber auf dem Abhang des Königstuhls blühen zahllose Bäume in den mannigfaltigsten Farben. Da sieht man Bäume mit wunderbaren rötlichen Blüten, dort wieder andere, die schneeweiß blühen. Dazwischen das malerische Heidelberger Schloß, eingebettet in das zarte Grün des Laubwaldes, das von großen, in der Nachmittagssonne braunrot leuchtenden Sandsteinfelsen unterbrochen wird (...). Hier drängen sich Birken und Erlen, da stehen Eichen und Buchen. Ihre Blätter und Blättchen zeigen alle noch das frische, zarte grün.

Am Boden liegen hier und da uralte Stämme, verwittert und verfault.

»*Zweifellos ist Heidelberg ein Juwel unter den Städten Deutschlands – und weltbekannt*«, wird der große Nachbarsjunge in seinen Jugenderinnerungen schreiben. Wie er, wird Karlheinz hier studieren.

Fünftes Kapitel,

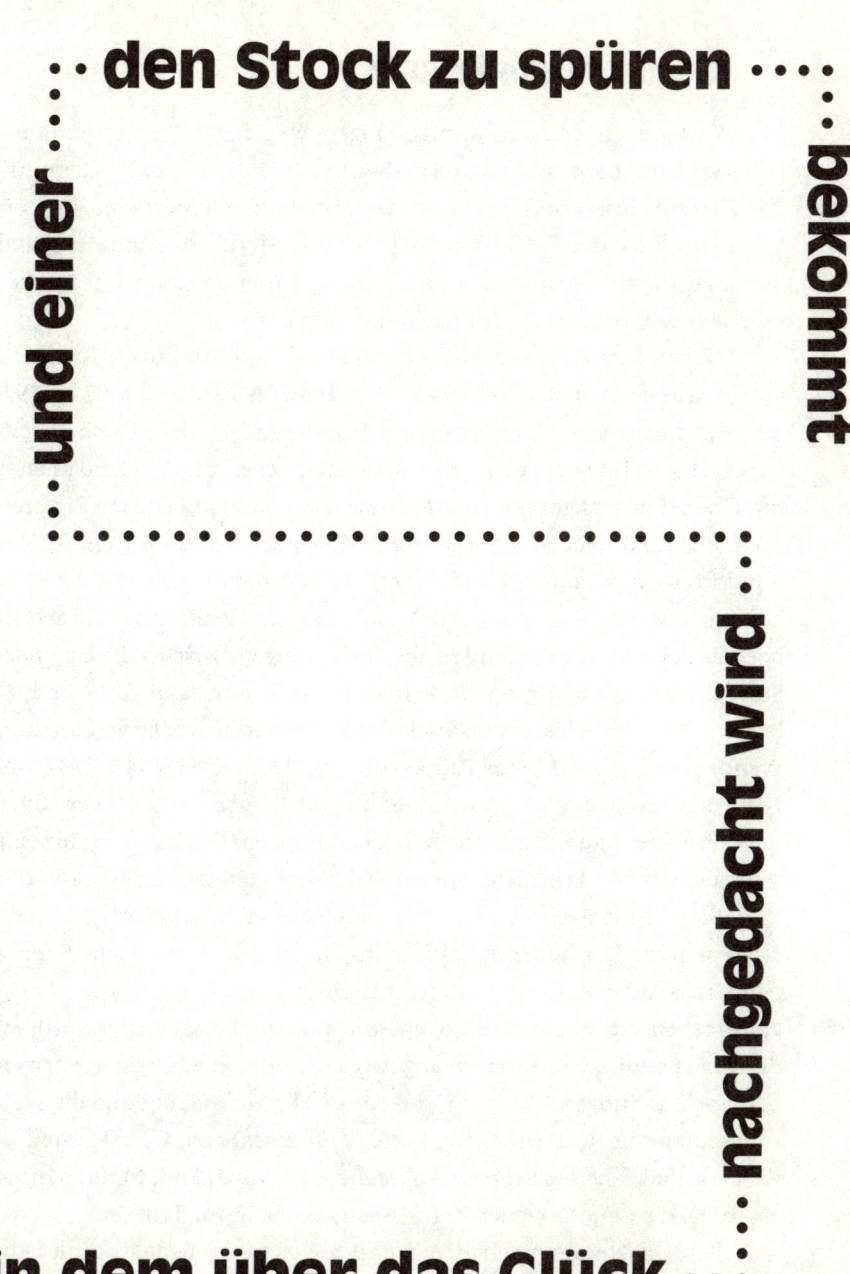

den Stock zu spüren

und einer

bekommt

nachgedacht wird

in dem über das Glück

Taschenterminkalender

Karlheinz hat ein eigenartiges Tagebuch geführt. Bereits vom fünfjährigen Kind habe ich einen Taschenkalender gefunden, in dem mit unsicherer Schrift die Geburtstage der Verwandten notiert sind. Da vom Vater ebenfalls eine Reihe von Büchlein und Merkheften erhalten sind, die in Form und Inhalt den seinen ähneln, hat er diesem wohl frühzeitig nachgeeifert oder wurde angehalten, es zu tun.

Neben dem ersten Kalender befinden sich im Archiv die Aufzeichnungen aus den Jahren 1940, 1943, 1944, 1946 bis 1958 und 1972 bis 1976 mit beinahe täglichen Eintragungen. Überwiegend handelt es sich um einfarbige, meist rote oder blaue Kleinkalender, der größte Teil fand in einer mit einem Einweckgummi zusammengehaltenen, zerbrochenen Zigarrenkiste Platz. Für jede Woche steht eine Doppelseite zur Verfügung. Am Rand findet man, durch kleine Symbole gekennzeichnet, die Auf- und Untergangszeiten von Sonne und Mond. Im Anhang informieren Tabellen über die Höhe von Postgebühren, die Entfernungen zwischen bedeutenden Städten und die wichtigsten Verkehrszeichen. Für die Jahre 1943 bis 1946 liegen außerdem beidseitig bedruckte und von Karlheinz eng beschriebene Wandkalender aus dünner Pappe vor, von denen drei (1943, 1944 und 1945) den europäischen Frontverlauf und die Bombardements der alliierten Luftwaffe auf das Deutsche Reich beschreiben. Der vierte ergänzt mit teils identischen Eintragungen den Taschenkalender desselben Jahres.

Seine Einträge verfasst er mit Bleistift oder Kugelschreiber, bis 1944 benutzt Karlheinz die Sütterlin-, danach die lateinische Schrift. Auf Grund der wenigen Quadratzentimeter, die ihm pro Tag zur Verfügung stehen, ist er auf einen extrem knappen, stichpunktartigen Stil und die Verwendung von Kürzeln angewiesen. Die am häufigsten verwendeten Abkürzungen stehen für die Art der Fortbewegung und die Nahrungsaufnahme. Es steht A. für Auto, E. für Eisenbahn, F. für Fahrrad, O. für Omnibus, Sbf. für Schwebebahnfahrt, z.F. für zu Fuß, M. für Mittagessen, K. für Kaffee, wieder A. für Abendessen, T. für Trinken.

Andere Abkürzungen dienen dagegen dazu, die Bedeutung der Eintragungen zu verbergen. Ihr werdet sehen, dass es dabei um das sexuelle

Leben geht. Einige Jahre lang hat er jeden Tag mit einem Häkchen versehen. Dieser Tag ist erledigt. Daneben finden sich andere Markierungen
x und/oder y, manchmal mit Rotstift ausgeführt, die einen bestimmten
Rhythmus aufweisen, sich manchmal verdichten, deren Sinn aber rät-
selhaft bleibt. Sie können auf Selbstbefriedigung ebenso hindeuten wie
auf erfolgreiche Darmentleerung oder die regelmäßige Einnahme eines
Medikaments.

Die Tagebücher von 1972 bis 1976 befanden sich in einem transpa-
renten Folienbeutel und sind in makellosem Zustand. Die Häufigkeit
der Zeichen hat sich seit den Fünfzigerjahren vervielfacht; sie setzen
sich jetzt auch im Text selbst fort, hier wird fast jeder Sinnzusammen-
hang durch nervöse h- oder n-förmige Marken überhöht. Wenigstens
ein Teil des Niedergeschriebenen ist nicht spontan entstanden, sondern
konzipiert worden. So sind einige, mit den Kalendern weitgehend über-
einstimmende Eintragungen auf gefalteten A4-Blättern erhalten, auch
stößt man auf Textstellen, die darauf hinweisen, dass es sich um zeit-
lich versetzte Nachträge oder um zweite Fassungen handelt. Ich will
den Begriff »Reinschrift« verwenden, um auszudrücken, dass Karlheinz
hier Endgültiges niedergelegt hat. Auf einem seiner zahlreichen Notizzettel, mit denen er sein tägliches Leben strukturiert, vermerkt er: »**An
Memoiren gearbeitet.**«

Die Inhalte der Tagebücher berühren an keiner Stelle – sieht man
vom Frontverlauf des Krieges ab – irgendetwas außerhalb des persönlichen Lebensumfelds des Autors. Es finden sich keinerlei Bezüge zu politischen, sozialen oder kulturellen Ereignissen, die für den beschriebenen Zeitraum bedeutsam waren. Als am 21. Februar 1972 Mitglieder der
Roten Armee Fraktion die Hypobank in Ludwigshafen überfallen, notiert
er: »**Bei Dr. Kunz, nur Rezept**«.

Auch inneres Erleben findet hier keinen Ausdruck. Es spiegeln sich
weder Hoffnung noch Angst. Schwerpunkte der Aufzeichnungen – und
es muss davon ausgegangen werden, dass Karlheinz das niedergeschrieben hat, was ihm wirklich wichtig war – bilden die zusammen mit den
Eltern absolvierten Wanderungen in Pfälzer Wald und Odenwald, die
jährlichen Urlaubsfahrten in die Alpen, die Arztbesuche und der all-

gemeine Gesundheitszustand, ebenso der Zustand des Familienautos (Opelauto) und das Studium.

Sonntag, 9. Juni 1957

Auto: Zusammen in die Pfalz über Neustadt, Elmsteiner Tal, ins Weltersbachtal bei Mückenwiese (Mittagessen als Picknick). Rückfahrt: Über Elmstein, Iggelbach, Helmbach, Elmsteiner Tal nach Neustadt (Kaffee). Zu Fuß: Von Kurhaus Kohler auf Höhenweg zur Königsmühle (Trinken).

Freitag, 30. April 1976

Frei. Bei Dr. Riedel, Halsarzt, Ludwigshafen, Lutherplatz, Halsentzündung (Hustensaft, Penicillintabletten). Zu Fuß: ab Rothsteig-Parkplatz; in Bad Dürkheim (Kaffee).

Die sozialen Kontakte, die in den Tagebüchern sichtbar werden, beschränken sich zum allergrößten Teil auf den Besuch von Verwandten. Am häufigsten werden Tante Muri – eine ältere Person, es könnte eine Cousine der Mutter sein – und die Familie Gertrud und Harry Säbel erwähnt. Auf einigen Fotos sieht man Harry: großgewachsener Mann mit Mittelscheitel, der in fortgeschrittenem Alter eine Hornbrille trägt. Die genauen verwandtschaftlichen Beziehungen bleiben auch hier unklar. Seine alljährlichen Besuche, obwohl Karlheinz vom Lebensalter her näher stehend, gelten den Eltern.

Tagebuch

Samstag, 6. Dezember 1958

Besuch von Harry Säbel aus zur Zeit Mühlacker bei uns in Ludwigshafen und eine Übernachtung.

Sonntag, 7. Dezember 1958

Abreise von Harry Säbel bei Nebel von Ludwigshafen nach zur Zeit Mühlacker.

In den hochgradig geregelten und von außen betrachtet ungemein monotonen Alltag mogeln sich hier und da von der Norm abweichende, besondere Ereignisse; kleine Erlebnisse wie »**Sekt getrunken**«, »**von Hagelschauer überrascht**«, »**mit Papa im Kino gewesen**«. Am Montag, dem 21. August 1950 beobachtet er im Urlaub bei Oberstdorf die Befreiung eines »**Verstiegenen**« aus der Bergnot. Am 7. August 1952 unternimmt er »**zusammen mit Mutti**« eine Tretmobilfahrt auf dem See. An Pfingsten 1955 ist er dabei, als der Riesenwal Jonas (55.000 kg), der im Auftrag eines norwegischen Konsortiums durch Europa gekarrt wird, am Ludwigshafener Hauptbahnhof Station macht. »Jonas – The Traveling Whale« – ein mit Formalin vollgepumpter Kadaver –, ein gewaltiges, stinkendes Stück Fleisch, in das hineingekrochen werden kann. Wal: größtes Tier der Welt.

Beim Abtippen der Kalender – der Stapel, der neben mir liegt, umfasst gegen hundert ausgedruckte Seiten – waren diese Momente auch für mich kleine Höhepunkte, die sich zu Bildern verdichten:

Der Held, der ein Glas Sekt erhebt.

Die Familie – die Regenhauben sind über die Köpfe gezogen – hastet durch den Wald einem sicheren Unterstand entgegen.

Auf einer Filmleinwand erscheint in zerrissenen Buchstaben das Wort »Rommel«.

Karlheinz im Glück

Taschenkalender 1949

19. Mai

Veröffentlichung der Lösung der Sural-Preisaufgabe und meines Gewinnes von 500,– DM im »Quick«.

Im Archiv:

Postkarten in Briefumschlag (16,5 x 11,5 cm)

Erste Postkarte: Aufgeklebtes kariertes Papier mit der Zeichnung eines magischen Quadrates, mittig ist die Zahl fünf eingesetzt. Handschriftlich wurde notiert: »**Aufgabe: In das**

abgebildete Quadrat sind die Zahlen von 1–9 so einzuset-
zen, daß sie in allen Richtungen so oft wie möglich die Zahl
15 ergeben. Keine Zahl darf sich wiederholen!«

Auf eine zweite Postkarte wurde ein Zeitungsausschnitt – es liegt
nahe, dass er aus der »Quick« stammt – geklebt, der die Rätselauflösung
eines Preisrätsels (magisches Quadrat) der Firma J. A. Sural, Versandge-
schäft enthält.

Unter den namentlich aufgeführten Gewinnern – es werden jeweils
100 DM ausgeschüttet, ein Jahr nach der Währungsreform ist das eine
Menge Geld – finden sich neben Karlheinz fünf seiner Verwandten, darunter Tante Muri, unter deren aller Namen – eine kleine Manipulation,
der andere Manipulationen folgen werden – er die Lösung ebenfalls ein-
gesandt hat. Der schlitzohrige Gewinner hätte somit 600 DM einstrei-
chen können, aber die Rechnung geht nicht auf. Ein winziges Stückchen
roter Plastikfolie, das sorgsam auf den Zeitungsausschnitt aufgebracht
und von mir ebenso sorgsam mit der Pinzette gelöst wurde, verbirgt den
Namen Dr. Christian Naksch, der durch das Überkleben aus der Liste
der legitimen Gewinner eliminiert worden ist. Ich unterstelle einmal,
dass er den Hunderter selbst einbehalten und damit den berechtigten
Unmut seines Sohnes erregt hat.

Innerhalb der Familie wird zu dieser Zeit korrekt abgerechnet.

Im Archiv:

Quittungsformular

(Reichsmark handschriftlich durch DM ersetzt)

Quittung über DM 100,– (in Worten: -einhundert-) von Karlheinz als 1. Rückzahlung meines am 27. IV. 1950 an Karlheinz
gegebenen Darlehens von insgesamt 200,– DM erhalten zu
haben, bescheinigt Papa. Ludwigshafen, den 24. März 1951.

Quittungsformular

(Reichsmark handschriftlich durch DM ersetzt)

Quittung über DM 65,– (in Worten: -fünfundsechzig-) von

Karlheinz als 10% Zinsen für mein am 30. Dezember 1950 an
Karlheinz gegebenen Darlehens von 1200,– DM, das monat-
lich mit 100,– DM zurückgezahlt wurde, erhalten zu haben,
bescheinigt Papa, den 25. Dezember 1951.

Quittung über DM 36,– (in Worten: -sechsunddreißig-) von
Karlheinz als 10% Zinsen für laufendes Darlehen im Jahr
1952 erhalten zu haben, bescheinigt Papa. Ludwigshafen, den
1. Januar 1953.

Wir Entrümpler sind Glücksritter der Dachböden. Wir träumen
vom Fund, der uns von der Arbeit erlöst. Wohl fand sich einmal ein gol-
denes Band, einmal das Geheimfach im Sekretär, da war noch ein Bild
von der Kurischen Nehrung. In Wahrheit, eingedenk der Jahrzehnte,
sind wir nie auf eine richtige Ader gestoßen. Nur Katzengold. Peanuts.
   Eines der unfreiwilligen Gespräche: Eine hagere Person, sie zählt
zur Kategorie derer, die unseren Laden aufsuchen, weil sie dort nicht
gleich wieder weggeschickt werden, immerhin gehört sie der Unter-
gruppe an, die sich das Gespräch durch die Mitnahme eines kleinen
Gegenstands (Buch aus der Krabbelkiste oder Vase) erkauft, im Gegensatz zu denen, die den Kauf nur vortäuschen, indem sie etwas »zurück-
legen« lassen, spricht über das Glück. Sie weiß, es muss vorausgeschickt
werden, dass ich sie als Anhängerin aller gängigen Verschwörungstheo-
rien (Kennedy-Mord, Barschel, 11. September) bereits kennengelernt habe
(Psychiatrieerfahrung bleibt Vermutung), dass die Chemische Industrie
jene Glückspillen, »dünne Plättchen«, die eine gesteuerte Ausschüttung
von Glückshormonen (Endorphine, Dopamin etc.) erlauben, schon lange
entwickelt hat, so dass »jeder Mensch, mehrfach am Tag, das Durchrie-
seln von Glück durch den Körper, von oben nach unten«, ein Gefühl,
an das sie sich aus Kindheitstagen erinnert, erleben könne. »Vollkommen ungefährlich! Wie Pfefferminzbonbons!« Sie weiß auch, dass »die
dünnen Plättchen« bereits millionenfach irgendwo lagern [BASF?] und

bewusst zurückgehalten werden, um den kapitalistischen Warenfluss, *»die falschen Glücksversprechungen dieser Gesellschaft«*, nicht zu hemmen. *»Mehr bräuchte ich nicht!«*

Eine gebildete Frau, obwohl in ihrem Redefluss die Begriffe »endogen« und »exogen« durcheinandergeraten.

Student in Heidelberg

Im Archiv:

Weißer Wäschesack aus Leinen (30 × 36 cm)

Ein eingenähtes weißes Band zum Zuschnüren. Im Zentrum sitzt eine rote Stickerei mit dem Namenszug Naksch.

Im Mai 1949 schreibt sich Karlheinz im Fach Physik an der Uni Heidelberg ein. Erst zwei Jahre später, eine Folge des Versagens in der mündlichen Abiturprüfung und mit vielen Bittgängen verbunden – **»Donnerstag, 28. September 1950: nach Heidelberg zu Frau Chemie-Prof. Goehring wegen Zulassung zum Chemiestudium: Aussprache«** –, kann er auch Chemie studieren.

Tagebuch

Donnerstag, 19. April 1951

Meine Immatrikulation für das Studium der Chemie an der Universität Heidelberg. Papas Fahrradsturz und Prellung seines Kniegelenkes.

Schon im Frühling des vorangegangenen Jahres sind das Fahrrad des Sohns und ein neues Radio (**»mein Grundig-Radio«**) ins 20 Kilometer entfernte Heidelberg geschafft worden. Die folgenden Semester verbringt er die Nächte in möblierten Studentenzimmern bei vier unterschiedlichen Zimmerwirtinnen. An den Montagvormittagen fährt er mit der Bahn zum Studieren, freitagmittags kehrt er heim nach Ludwigshafen. Die Semester sind kurz.

Tagebuch

Donnerstag, 4. Mai 1950

Erste Übernachtung in neugemietetem Zimmer bei Frau Glück, in Heidelberg, Ladenburgerstr. 45/1.

Montag, 8. Mai 1950

Zweite Übernachtung in Heidelberg bei Frau Glück.

Dienstag, 24. April 1951

Papas Bein kommt in Gipsverband.
Beginn der Vorlesungen an der Universität Heidelberg.

ICH VERMUTE, DASS ES IN JAPAN KEINE ZIGARETTENAU-TOMATEN GIBT. Ich denke diesen verlorenen Satz im vorderen Teil eines Restaurants auf dem Heidelberger Schlossberg, einige Minuten, nachdem meine Tochter mir zugeflüstert hat: »*Papa, ich muss mal*«.

GIBT ES IN JAPAN ZIGARETTENAUTOMATEN? Ich verzichte auch jetzt darauf, diese Frage durch ein paar Fingerbewegungen zu klären, weil meine Welt dadurch kleiner würde, und wende mich dem Clown der Truppe zu, der eben um den mit Holzimitat beklebten Heidelberger Automaten herum gehüpft ist, und Grimassen schneidend jede einzelne Marke unter den beleuchteten Plastiktasten kommentiert hat. Er zieht aus seiner Jackentasche eine Handvoll europäischer Münzen, aus denen er, wie aus einem Muschelhaufen, vier deutsche Markstücke herausfischt und sie, nachdem er sie seinem Publikum vorgezeigt hat, in den Schlitz des Automaten fallen lässt.

Dieser Mensch hat ziemlich große Zähne (möglicherweise ist er deswegen zum Clown der Truppe geworden), was meine Tochter vermutlich an Frau Holle oder den bösen Wolf erinnert, so dass sie sich zunächst an mich drückt, bis sie begreift, dass hier offenbar eine Art Theaterstück in Gang ist (was sie schon kennt), und sie mitzulachen beginnt. Und als er, Höhepunkt der Darbietung, eine exotische Packung KURMARK aus der Mulde angelt und triumphierend in die gezückten Nikon-Kameras hält, applaudiert sie begeistert.

95

Ich hatte mir für unsere Exkursion viel vorgenommen und geplant, hinter dem Schloss den Schloss-Wolfsbrunnenweg entlang zu gehen, bis zu der Villa, die die I.G. Farben Carl Bosch gebaut haben, und von dort aus einen Blick auf das Café Haarlass zu werfen oder sogar bis auf die andere Seite des Neckars zu kommen, wo am Beginn des Philosophen-wegs das Physikalische Institut steht, nicht weit von der Ladenburger-straße und der Bergstraße entfernt. Unser Student hat dort in seinen ers-ten Semestern gewohnt.

Aber nachdem wir über die alte Holztreppe auf das große Fass klet-tern und ich ihr den Zwerg zeige, sieht mich die Kleine mit diesen Augen an, in denen so viel Vertrauen liegt und so viel Hoffnung auf das am Mor-gen versprochene Eis, dass ich alle Pläne umwerfe. Es gibt Wichtigeres als Karlheinz.

So schaffe ich es an diesem Tag nur, sie am Alten Chemischen Insti-tut in der Plöck vorbeizulocken, dem Bunsen-Bau, aber da sind jetzt irgend-welche Linguisten drin, und wir setzen uns in der Hauptstraße auf eine Bank neben der Providenzkirche und essen unser Eis, und vor der Kirche jongliert eine Akrobatin für die Touristen. Ich werde mein Kind niemals dazu zwingen, Chemikerin zu werden oder Entrümplerin oder sonst was.

In dieser engen Straße: Meine eigene Erinnerung reicht nur so weit zurück, dass die letzten Parolen des KBW hier besonders eindrucksvoll verhallt sind, was davor lag (Karlheinz-Zeit) ist angelesen: also Geruch von Kohlefeuerung, Einlösen von Bahnsteigkarten, das flache Gesicht einer Straßenbahnschaffnerin, ein schwarzer Mercedes 170 S. Wir sind noch sehr früh in den Fünfzigern. Plakatiert wird nicht *»Keine Experi-mente!«*, sondern *»Wo Ollenhauer pflügt sät Moskau!«* Zum Thema Kofferradio: Der »Grundig Boy Junior« kostet über 120 Mark und ähnelt doch sehr einer Damenhandtasche.

In dieser engen Straße: *Er* gleicht ein wenig dem rasierten Studen-ten, der da ein Retro-Fahrrad vorbeischiebt, mit Echtledersattel, *er* aber mit Clips an den Hosenbeinen des Spinnstoff-Anzugs, damit nichts an die Kette kommt. Ich weiß wenig davon, was *er* hier gemacht hat.

Im Archiv liegen neben den Vorlesungsverzeichnissen und Lehr-büchern auch einige Pappen mit Aufzeichnungen über durchgeführte

Analysen. Im Tagebuch notiert er sporadisch die Teilnahme an Vorlesungen. Allmählich erschließt er sich die neue Stadt, lernt die Cafés und Kinos kennen, erwähnt einmal die Teilnahme an einer studentischen Weihnachtsfeier im großen Hörsaal des Chemischen Instituts, ein andermal den Besuch des städtischen Gaswerks »**zusammen mit anderen Chemiestudenten**«. Womit sein Mitwirken am geselligen Teil des Studentenlebens bereits vollständig abgehandelt ist. Lieber wandert er alleine auf den wohlbekannten Philosophenweg, um »**das große Feuerwerk mit Schlossbeleuchtung**« zu betrachten. Schließlich versucht er sich auch in sportlichen Aktivitäten – zwei Stunden lang nimmt er Tennisunterricht.

Tagebuch

Freitag, 25. Mai 1951

Mein erstes Tennisüben am Universitäts-Tennisplatz in Heidelberg.

Dienstag, 29. Mai 1951

1. Tennisstunde bei Tennislehrer Lehr am Universitäts-Tennisplatz Heidelberg.
Beerdigung von Großmutter Naksch in Schwabach.

Samstag, 2. Juni 1951

Meine 2. Tennisstunde bei Herrn Lehr, Heidelberg.
Mein erstes praktisches Lernen von Autofahren durch Papa.

Im Februar 1952 lässt er in einem Fotoautomaten neue Passbilder machen: »**mein mich fotografieren lassen in Heidelberg**«. Der neue Reisepass vom 1. März 1952 nennt seine Gestalt schlank, die Gesichtsform oval und die Farbe der Augen blau.

Papa fotografiert meine elektrische Eisenbahn

Es kommt der Tag, da ist mit der Kindheit Schluss. Das kann ein selbstbestimmter Schritt sein; ein Beruf wird ergriffen, eine eigene Wohnung wird bezogen, sexuelle Partnerschaften werden gewählt. Es kann aber auch sein, dass man von außen, durch fremde Macht an eine andere Stelle gesetzt wird, in eine Kaserne, in ein Büro, in eine Fabrik. Es werden, von diesem Zeitpunkt an, andere Maßstäbe angelegt. Das Baustellenschild »Eltern haften für ihre Kinder« zählt nichts mehr.

In der Rekonstruktion, wie ich sie praktiziere, muss Karlheinz jetzt einen Schritt nach vorne treten. In einer chaotischen Collage, man erkennt Schulhefte, Uniformen, ein Fieberthermometer, ein Porträt des Vaters, der vor dem Spiegel seine Krawatte zurechtzieht – alles ist auf einen alten Stadtplan geklebt –, wird sein Foto durch ein grob ausgeschnittenes, deutlich größeres ersetzt. Was ihn bisher umgeben hat, wird von nun an wie eine Schleppe aus Unrat hinterhergezogen.

Es kommt der Tag, von dem an die äußeren Faktoren der eigenen Prägung geringer gewertet werden, der Tag, an dem das Formende zurücktritt und die Eigenverantwortlichkeit schwerer wiegt.

Den Moment des Erwachsenseins, den Punkt, der, unabhängig von juristischer Volljährigkeit, gesetzt werden muss und der hier mit Milde gesetzt wird – Karlheinz steht schon im vierundzwanzigsten Jahr –, bestimme ich über den letzten Aufbau seiner elektrischen Eisenbahn. Die Dampfmaschine ist zu diesem Zeitpunkt schon verkauft, »**an Arbeiter der Rheinpfalz-Zeitung. Zusätzlich große Sperrholz-Platte zum Aufmontieren der Dampfmaschine etc. kostenlos dazu gegeben. Verkaufspreis = 81,8 % vom Jetztpreis. Verkaufspreis liegt 18,2 % unter Jetztpreis.**«

Tagebuch

Donnerstag, 25. Dezember 1952

Aufstellen meiner elektrischen Eisenbahn.

Montag, 5. Januar 1953

Bei Dentist Bardens.
Papa fotografiert meine elektrische Eisenbahn in meinem Zimmer in Ludwigshafen, Leuschnerstr. 19.

Vier identische Schwarz-Weiß-Fotografien, ca. 12 × 8,5 cm.

Auf einem abgenutzten Teppich ist eine elektrische Eisenbahn der Spur 0 aufgebaut. Die Gleise verlaufen in vier enger werdenden Ellipsen. Im Hintergrund rechts ist ausschnittweise der Eichenschrank, spätes Biedermeier, jetzt bei Klebers im Keller, zu sehen. Ein Gleis der Bahn verschwindet unter dem Schrank. Das Zubehör mit Bahnhof, Übergang, Stellwerk etc. entspricht dem von Karlheinz in einem Aufsatz zehn Jahre zuvor beschriebenen. Das dort erwähnte, selbst gebastelte Holzhaus, fehlt. Vor dem Bahnhof und auf dem Übergang wurde ein gutes Dutzend Eisenbahnfiguren aufgestellt. Das rollende Material besteht aus drei Zugmaschinen und acht Anhängern, darunter befindet sich der *»Plattformwagen mit Panzer – mit starkem Uhrwerk, Schutzfarbenlackierung und Gummiraupen«*, der, wie die meisten anderen Teile, im Märklinkatalog 1938/39 abgedruckt ist. Karlheinz hat zu einem nicht zu bestimmenden Zeitpunkt den Wert der einzelnen Bestandteile der Anlage auf einer mehrseitigen Liste zusammengestellt – **»Figur 27 Pfennige«** – und einen Gesamtwert von 271,59 Reichsmark ermittelt.

Links lässt sich, ebenfalls nur unvollständig, ein Teil eines weiß lackierten Küchenstuhls erkennen, der zu einem Ensemble aus vier Stühlen gehört, von denen einer bis heute erhalten geblieben ist. Von diesem letzten habe ich ein etwa 12 cm langes Stück eines Beins entfernt und als Bestandteil eines Objektkästchens – kleine Bastelei – verwendet, dessen Hintergrund wiederum das von Papa fotografierte Bild der elektrischen Eisenbahn bildet. Das abgesägte Stuhlbein habe ich durch ein Stück Mahagoniholz ersetzt. Der Stuhl ist mein bevorzugter Sitzplatz bei dieser Niederschrift.

Tagebuch

Sonntag, 8. Februar 1953

Abschlagen und Einpacken von meiner in meinem Zimmer, Ludwigshafen, Leuschnerstr. 19, aufgestellten elektrischen Eisenbahn.

Im Keller der Wittelsbachstraße 82 fand sich eine große, mit Kartons gefüllte Holzkiste. Der erste Karton enthielt einen Modell-Eisenbahntunnel. In einer weiteren Schachtel der oberen Schicht waren die Blechlokomotive (Aufzugsmodell) und einige Waggons, die ihr aus der Bildbeschreibung »Weihnachten 1932« kennt.

Die übrigen Kartons waren leer.

Das erste Mal

Am 10. Februar 1953 treffen sich der Student Karlheinz Naksch und die Studentin Florenza Dolfi im Heidelberger Café »Haarlass« und nehmen anschließend gemeinsam das Abendessen im Studentenzimmer des Herren ein. Ein singuläres Ereignis, das sich zeitlebens nicht wiederholen wird. Karlheinz wird sich nie mehr alleine und ohne dass geschäftliche Beziehungen bestehen, mit einer Frau treffen. Sein Nachlass gibt jedenfalls keinerlei Auskunft über Liebesbeziehungen oder sexuelle Kontakte, die über den sehr seltenen Besuch von Prostituierten hinausgehen. Was immer der Grund für diese einmalige Zusammenkunft gewesen ist, das Bild, das ich mir von ihr mache, ist vom Rumoren einer Zimmerwirtin – es handelt sich zu diesem Zeitpunkt um Frau Günther in der Bergstr. 29/II –, von hartgekochten Eiern und einem aufgeregten Zupfen an der Hosenfalte geprägt. Als Wandschmuck denkbar: gerahmte Seelandschaft.

Um die Begegnung mit der Kommilitonin Dolfi nachzuarbeiten oder als Vorbereitung auf mögliche weitere Kontakte mit dem weiblichen Geschlecht, stehen einige Kinobesuche in der ersten Jahreshälfte 1953 auf dem Programm. Am 25. Februar, am selben Tag wird auch **»Chemisches Kolloquium bei meinem Assistenten Herrn Weiß über HCL- und H2S-Gruppe«** notiert, sieht er im Mannheimer Pali-Kino einen Film, dessen Titel er mit: **»Gfhrn. dr. Lb.; fklrngsflm.«** [»Gefahren der Liebe«, Aufklärungsfilm] verschlüsselt. Am Tag darauf sitzt er in Heidelberg-Pfaffengrund im Fipa-Kino im Film: **»S. jng. nd. s. vrdrbn«** [»So jung und so verdorben«] und einige Monate später, am Freitag dem

5. Juni, besucht er im Kino Fauler Pelz, Heidelberg, den »**fklrngsflm: Flsch. Schm.**« Vokale bitte selbst ergänzen!

»Gefahren der Liebe«, Regie: Gösta Werner, Schweden 1951 und »Falsche Scham«, Regie: William Beaudine, USA 1945, sind zwei der zeittypischen Aufklärungsfilme, die lange vor der sexuellen Revolution, also gut fünfzehn Jahre vor Oswald Kolle entstanden sind. In magere Spielhandlungen eingebettet, sind Grafiken der weiblichen Geschlechtsorgane und ekelige Nahaufnahmen von mit Tripper und Lues befallenen Körperpartien zu sehen, ansonsten kein Stück nackte Haut. Es ist nicht mehr nachvollziehbar, welche Art von Erregung diese Filme hervorgerufen haben. »Falsche Scham« war ein Kassenschlager mit weltweit 175 Millionen Zuschauern – eine echte Geburt wird teilweise gezeigt – der amerikanische Originaltitel, das zum Unterstreichen seiner Harmlosigkeit, war »Mom and Dad«.

Auch bei »So jung und so verdorben« (»So young – so bad«), USA 1950, Regie: Bernhard Vorhaus, einem Drama in Schwarz-Weiß, das in einer Erziehungsanstalt spielt, ist, wie ich das beurteilen kann, Karlheinz nicht auf seine Kosten gekommen, und so bleibt nur der Titel selbst übrig, der pornographische Assoziationen wecken kann und kodiert werden muss.

Tagebuch
___
Mittwoch, 9. Dezember 1953
___
Meine Eisenbahnfahrt alleine nach Karlsruhe (Mittagessen); in Technischer Hochschule (in Vorlesung) und Fahrt zur Technischen Westhochschule.
1. Mal: 5,– DM [im Original fett geschrieben]

Es mag sein, dass der erste Akt eher beiläufig am Straßenrand zustande gekommen ist [hat er eine Erinnerung daran?] und die Fahrt nach Karlsruhe in erster Linie im Zusammenhang mit einer Neuorientierung hinsichtlich der Berufsziele des Studenten Naksch steht. Mit dem Ende des Wintersemesters 1953/54 unterbricht er jedenfalls für drei lange Jahre und ohne dass Gründe dafür sichtbar werden, sein Studium. ICH VERMUTE, DASS ER KRANK WAR.

101

Sonntag, 28. Februar 1954

Meine letzte Übernachtung in meinem Semesterzimmer in Heidelberg, Bergstr. 29 II bei Frau Günther; obiges Zimmer ab 1. März aufgegeben; großer Fastnachtumzug am Bahnhof Ludwigshafen vorbei.

Freitag, 7. Mai 1954

In Heidelberg: Meine Abmeldung im chemischen Institut und bei meinem Assistenten Herr Weiß, sowie meine Exmatrikulation bei der Universität; bei Oberarzt Dr. Zierz, Hautklinik Heidelberg, wegen Pickel am Kopf.

Der Stock

Tagebuch

Mittwoch, 27. Oktober 1954

Autofahrt von Eltern alleine nach Nürnberg und Schwabach zur Außerbetriebsetzung und Überwinterung unseres Opel-Autos.

Freitag, 29. Oktober 1954

In Mannheim-N. (15,– DM !!!).

In der Mannheimer Neckarstadt befindet sich in der Lupinenstraße das Prostituiertenquartier. Die drei Ausrufezeichen zollen dem seit dem ersten Mal um das Dreifache gestiegenen Preis Tribut.

Tagebuch

Montag, 1. November 1954 (Allerheiligen)

Rückkunft von Papa aus Nürnberg.

Im Archiv:

Hellbrauner Rohrstock. Durchmesser ca. 2,5 cm. Spitze abgestumpft, eisenbeschlagen. Griffende mit eichelförmigem Metallaufsatz. Bezeichnet SILBER ALP.

Dienstag, 28. Dezember 1954

Abends im Keller, Ludwigshafen, Leuschnerstr. 19: Papa schlägt mich mit Stock und entzieht mir meine »Erika«-Schulbücher.

Wenn ihr bei den wenigen Gelegenheiten dabei gewesen seid, bei denen ich öffentlich über Karlheinz berichtet habe, werdet ihr vielleicht ein Kribbeln gespürt, einen Moment der Unmittelbarkeit erlebt haben, als ich euch den Stock in die Hand gedrückt habe. Damit ist Karlheinz geschlagen worden!

Der ist auf seinen Rücken niedergefahren!

Obwohl diese Züchtigung der einzige Fall ist, bei dem Gewalt innerhalb der Familie zu Tage tritt, bestimmt sie doch die Vorstellung, die sich uns vom geschlagenen Sohn aufdrängt. Die furchtbare Erniedrigung, wenn uns körperliche Gewalt angetan wird. (Selbst nach so langer Zeit ist das Gefühl nicht gänzlich verschwunden. Wie die zwei großen Jungs mich niederdrücken. Der Schönere spuckt in mein Gesicht. Starb später bei einem Motorradunfall!)

Er ist bei etwas Verbotenem erwischt worden. Keinen blassen Schimmer, was es mit Erika Nakschs Schulbüchern auf sich hat, wahrscheinlich geht es um die klammheimliche Aneignung der Bücher, die der Schüler von der älteren Schwester übernommen hat. Was will er damit, der Schelm?

Ihr könnt euch den Keller vorstellen. Ihr könnt auf der Grundlage des bisher Erfahrenen definitiv einige Gegenstände bestimmen, die dort gelagert sind. Die Kiste mit der elektrischen Eisenbahn. Die Gasmaskenschachtel. Die Kartons mit den Holzscheiten und Schnurresten. Ein Weinregal.

Zu hören ist ein kurzes Geschrei. Der Stock kommt ins Bild. Karlheinz – im Strickpullover – hat den Arm zum Schutz erhoben. Zu autoritätsgläubig, um sich aktiv zu wehren (du sollst Vater und Mutter ehren!) wird er immer weiter nach hinten getrieben. Dann drückt er sich am Vater vorbei, huscht weg. Der Pullover bleibt am Bretterverschlag hängen und reißt etwas ein; ein späterer Bewohner des Hauses Leuschnerstraße 19 bestätigt, dass die Kellerräume in der Tat durch Lattengestelle voneinander getrennt sind. Er bietet mir auch an, den Keller zu besichtigen, was mich aber ängstigt. Am Abend wird die Mutter das Loch stopfen. Karlheinz bleibt auf seinem Zimmer.

Dreißig Jahre später, als im Streit um das Erbe der körperliche und geistige Zustand des Vaters zur Debatte steht und die Gegenseite im Prozess zum Beweis der Hinfälligkeit des Alten angibt, er habe in seinen letzten Jahren einen Stock benötigt, wird Karlheinz an den Rand einer Akte kritzeln: **»Papa immer schon Stock benutzt!«** Den kennt er, den Stock.

Tagebuch

Sonntag, 23. Januar 1955

Zusammen mit Papa im Film »Ferienparadies Schweiz« (im Rheingold-Kino, Ludwigshafen).

Alles ist wieder gut.

Gut muss auch »Ferienparadies Schweiz« gewesen sein; der einzige Film, den er sich zweimal angesehen hat.

Liste der von Karlheinz in den durch die erhaltenen Tagebücher beschriebenen Zeiträumen gesehenen Filme und Dia-Vorträge

1948	»Caesar und Cleopatra« (von Shaw)	1949	»Erdölgewinnung in U.S.A. und Arabien« (im IG Farben-Vereinshaus)
1949	»Fabiola (im kaiserlichen Rom zur Zeit der letzten Christenverfolgung)« (zusammen mit Eltern)	1950	»Der Dieb von Bagdad« (mit Eltern)
1949	»Der Tiger von Eschnapur«	1952	»Casablanca«
1949	»Das indische Grabmal«	1952	»Rommel, der Wüstenfuchs« (mit Papa)

1952 »Weltrevue, die letzten
50 Jahre«
1952 »Herbsttage im Grand
Paradieso Italiens«
1952 »König Salomons Diaman-
ten – Afrika Expedition –
Farbfilm« (mit Eltern)
1952 »Reiseeindrücke von einer
Amerikareise – zum Teil
Farblichtbilder«
1952 »Wunderwelt der Alpen«
1952 »Unter dem Himmel
von Paris«
1953 »Gefahren der Liebe«
1953 »So jung und so verdorben«
1953 »Falsche Scham«
1954 »Martin Luther« (mit
Mutti im Union-Kino,
Ludwigshafen)

1954 »Vom Winde verweht«
(mit Eltern)
1955 »Europa und Afrika«
1955 »Ferienparadies Schweiz«
(mit Papa im Rheingoldkino)
1955 »Verrat an Deutschland.
Dr. Sorges Spionage-
organisation in Japan«
(mit Eltern und Harry Säbel)
1955 »Krebs ist heilbar«
1955 »Der 20. Juli«
1955 »König Ludwig II.
von Bayern«
1956 »Farbdias von Riviera
und Spanien«
1956 »Ferienparadies Schweiz«
(mit Papa im Pfalzbau)
1972 »Sex-Film 1a«
1972 »Sex-Film 1b«

Sechtes Kapitel, ·

··· **Landschaften fährt**

durch die ···

··············

mit dem Opel

··· **in dem einer** ···

Ordnung I

Karlheinz organisiert, wie es wahrscheinlich viele seiner Artgenossen tun, seinen Alltag über kurze Notizen, in denen er systematisch die zu erledigenden, drängenden Aufgaben zusammenfasst.

Vielleicht unterscheidet er sich von vielen seiner Mitmenschen durch die Intensität seiner Ordnung. Er ist überorganisiert und gerät – denkt an die Papierflut in seinem Zimmer – auf einer Schleife zum Chaos.

Notizzettel Karlheinz A4-Format, fünfspaltig beschrieben

Im Haus erledigen:
a) sofort: Regenhaube falten, 2 Regenmäntel waschen. Gasmaskenschachtel. Bücher mit Folie einbinden, baden.
b) bald: Folienbeutel beschriften, frühere Fotos beschriften, Radio entstauben, Reservebleis in Hose nähen, Ohren-Lärmschützer besorgen, breite Kragenstäbchen aus Celluloid schneiden.
c) später: Fußgymnastik, Kreislaufbad, neue Fotos beschriften, an den Märklin-Trafos Schrauben anziehen, Fotografien datieren, in Memoiren Daten ergänzen, Urlaubsprospekte zum Teil in kleinere Warenprobenbeutel einsortieren.
d) immer: Aktienkurse, Briefmarken, Zeitungsartikel und Reklame, Quickartikel und Reklame, Urlaubsquittungen, Urlaubszusagen, Ärzte-Quittungen, Mutti um Schuhschachteln fragen, Papa Zigarrenkistchen.
e) eventuell später: BASF anschauen
f) achten: Sparkassenmitteilungen, Mottenpulver, Kleiderbügel, Spazierstock, Burg in den Keller, Schulbücher in den Keller, elektrische Eisenbahn in den Keller, verschiedenes in den Keller.

Eine Analyse von mehreren Dutzend erhaltener Notizblätter der Kategorie »Ordnung« – etliche sind in zehn und mehr Spalten untergliedert – bringt einige Eigenheiten zu Tage: Diagnostiziert werden kann der Hang zum Verpacken in Kisten und Schachteln sowie ein häufiges, womöglich zwanghaftes Herauskramen und Wiederverstauen von Gegenständen im und aus dem Keller – der Keller ist sein Reich. Eine Vorliebe für Folien und andere Kunststoffe. Die Tendenz, gekaufte Gegenstände wieder umzutauschen bzw. Fehler zu reklamieren (»**lange Unterhosen reklamieren**«). Und ein sensationeller Verbrauch von Regenmänteln.

Unser Opelauto

Wenn ich mir ansehe, wie Karlheinz seine positiven Regungen auf die Welt, die ihn umgibt, verteilt, so folgt nach Vater und Mutter an zweiter Stelle das Familienauto. Genauer gesagt: es handelt sich im Laufe seines Lebens um mehrere Generationen von Fahrzeugen, die zu einem ideellen Ganzen verschmelzen, zu »**unserem Opel-Auto**«.

Der Vater ist sehr früh motorisiert. Schon in den 1920er Jahren fährt er, neben einem Motorrad der Marke Triumph, zu dem es auch einen Beiwagen gibt, einen amerikanischen Hudson Essex mit der Fahrgestellnummer 824306; es ist die seit 1925 gebaute Ausführung »Super Six« mit 6 Zylindern und 2500 ccm Hubraum. »*Hudson gelingt es damit erstmals*«, so die Fachliteratur, »*den Preis für ein geschlossenes Fahrzeug unter den eines Cabrios zu drücken.*« Auch für den Laien ist der Essex auf Grund der zweigeteilten Stoßstange unverwechselbar. Sie ist auf einem im Archiv erhaltenen Bild leicht zu erkennen: Drei unbekannte Personen stehen aufrecht – das Faltdach ist zurückgeschoben – im Inneren des kastenförmigen Wagens und taxieren die Landschaft. Der Ersatzreifen am Heck ist zu sehen, die Scheinwerfer wirken wie große Fahrradlampen.

Das Schicksal des Fahrzeugs, Verbrauch, Unfälle und Verschleiß, hat der Besitzer in seinen Merkbüchlein in aller Ausführlichkeit niedergeschrieben. Ich beschränke mich auf die Informationen, dass es nach 1933 nicht mehr mit Shell-, sondern mit Leuna-Benzin betankt und nach 75.800 gefahrenen Kilometern durch einen »*2 Liter Opel*« ersetzt worden ist, der erstmals am 10. Januar 1936 an eine Zapfsäule rollt.

Obwohl ich außerstande bin, über die Ästhetik von Autos zu urteilen, muss ich doch anerkennen – eine Beeinflussung durch Karlheinz will ich nicht leugnen –, dass dieser Opel etwas Besonderes hat: einen Schuss Futurismus, der sich im Schwung der Kotflügel ausdrückt, und dem großzügig ausgestülpten Hinterteil. Leicht wie ein Falke eilt der Wagen über die Reichsautobahnen. Er nimmt ohne Mühe die Anstiege im Gebirge. Vorder- und Hintertür werden, im Gegensatz zu den meisten aktuellen Modellen, nach unterschiedlichen Seiten geöffnet. Ist das geschehen, entsteht ein fast offener Raum, der nur durch einen schmalen Zwischensteg geteilt wird, an dem jetzt – wir sind für einen kurzen Moment in das Jahr 1936 zurückgekehrt – an der Innenseite der Hut des Vaters hängt, während Karlheinz vorne, die Schwester – schon ganz Dame – dahinter, zum Fotografen blicken. Durch die drei gegenüberliegenden Seitenfenster ist ein Jägerzaun zu sehen, der mich an einen merkwürdigen Gegenstand aus dem Besitz der Familie erinnert: ein kleines, ursprünglich grün lackiertes hölzernes Karree, das zur Aufnahme von Ostereiern gedient hat. Die Osterimpression lässt sich weiterspinnen, indem ich erwähne, dass die beiden Kinder lebendige Tierchen – die Gattung ist auf dem Bild nicht eindeutig auszumachen, es kann sich um Zicklein handeln – auf ihren Schößen halten. Karlheinz trägt diesmal Kniestrümpfe, kurze Hosen und einen karierten Pullunder. Ein netter Junge.

Anderthalb Jahrzehnte lang fehlt dann jede Spur vom Opel-Auto. Die wenigen Eintragungen des jungen Karlheinz in den Taschenkalendern 1943 und 1944 machen deutlich, dass die Familie in diesen Jahren größere Entfernungen mit der Eisenbahn zurückgelegt hat. Irgendwann in den Kriegsjahren, so wird später klar, ist das Auto nach Schwabach gebracht und eingelagert worden. Treibstoffmangel und die Ängste vor Requirierung und Beschädigungen während der Fliegerangriffe mögen die Gründe dafür gewesen sein. Erst 1951 endet für den Opel der Stillstand. In den folgenden Jahren wird er nur im Sommer gefahren und im Winter wieder untergestellt.

Taschenterminkalender

Dienstag, 15. Mai 1951

Erste Wiederzulassung unseres Opelautos nach Kriegsende in Schwabach für 5 Monate.

Erste Autofahrt nach Kriegsende zusammen mit Eltern über Mannheim, zum Teil Autobahn, Bensheim nach Lindenfels (Kaffee, Burgbesichtigung und im Kurpark), unterwegs vorher Picknick (Mittagessen); dann zurück über Waldmichelbach, Hirschhorn, Heidelberg (zusammen mit Eltern im Semesterzimmer).

Mein 2. praktisches Lernen von Autofahren durch Papa.

Mein 3. praktisches Lernen von Autofahren durch Papa.

Mein 4. praktisches Lernen von Autofahren durch Papa. (Kupplung kommen lassen!)

Karlheinz hat 1950 den Mopedführerschein gemacht. Die Fahrlizenz für das Auto erwirbt er, trotz der Fahrstunden von Papa, erst sehr viel später, am 7. Februar 1961 (beide Führerscheine sind im Archiv erhalten). Zehn Jahre lang müssen wir ihn uns als Beifahrer vorstellen, als einen Lotsen, der, die ausgebreitete Karte vor sich, mit dem Zeigefinger die richtige Strecke sucht. Ab dem Zeitpunkt der Wiederinbetriebnahme des Opels ist »A. für Auto« das mit Abstand meist gebrauchte Kürzel in Karlheinz' Tagebüchern.

Beginn unserer ersten Urlaubs-Autotour nach Kriegsende auf Autobahn über Mannheim, östlich Karlsruhe, nördlich Pforzheim. (Mittagessen als Picknick kurz vorher), südlich Stuttgart, Autobahnraststätte Gruibingen (Kaffee) nördlich Ulm nach Günzburg (Abendessen und 1× Übernachtung im Hotel Bären).

111

Stillegung und Aufbocken unseres Opelautos nach 5 Monaten Betrieb in Schwabach (Mittagessen); Eisenbahnfahrt zusammen mit Papa und ab Nürnberg mit Mutti über Nürnberg, Würzburg, Mosbach, Heidelberg nach Ludwigshafen.

Auf Semesterzimmersuche in Heidelberg.
Eisenbahnfahrt von Eltern nach Nürnberg zum Wiederinbetriebsetzen und Holen unseres Opel-Autos von Schwabach.

Vorlesungsbeginn. Papa bringt unser Opel-Auto zu Firma Abend, Mannheim-Käfertal zum Ausschleifen und Überholen des Motors.

Autotour zusammen mit Papa über Neustadt, Edenkoben auf Kropsburg (Kaffee) (dabei meine Selbstfahrt von Ludwigshafen bis vor Edenkoben); von Kropsburg Spaziergang ins St.Martiner Tal zu Anlagen.

Autofahrt zusammen mit Eltern nach Heidelberg; dann Autotour nur von Eltern, Erika Hirsch und 3 kleinen Kindern nach Nürnberg zur Unterstellung und Stillegung unseres Opel-Autos.

Zusammen mit Eltern in Frankenthal: unser mit beschfarbenem Kunstharzlack neugespritztes Opel-Auto von Firma Gaul abgeholt.

Neben dem täglichen Hin und Her durchlebt das Auto viele spannende Abenteuer. Am 27. Juli 1954 stößt es in Füssen mit einem Motorradfahrer zusammen, »wodurch linker Kotflügel und zwei linke Türen beschädigt, Mittagessen«. Ein anderes Mal, nachdem seine Passagiere Schloss Neuschwanstein besucht haben, muss es sich durch schweres Hagelgewitter kämpfen. Im August 1957 zerspringt ihm die Windschutzscheibe und es rollt unmittelbar darauf an einem schweren Autounfall (»mit zwei Toten an Baum«) vorbei.

Der Chronist dieser Ereignisse hat, das ist nicht übertrieben, jede einzelne Fahrt, an der er teilgenommen hat, notiert. Auch über die Fahrzeuge der mit ihm in Beziehung stehenden Menschen wird Buch geführt. Familie Säbel, die ihr bereits kennengelernt habt, fährt ein »Olympia-Auto« (1952), ein »DKW-Auto« (1954), ein »neues Mercedes-Auto« (1956), was entweder auf hohen Verschleiß oder auf raschen sozialen Aufstieg schließen lässt. Familie Hirsch fährt Opel Rekord.

Taschenterminkalender 1955

Dienstag, 16. August

Über Naturschwimmbad zum Schiefshaus bei Erlenstegen (Essen; zusammen zum 1. Mal Federballspiel).

Im Archiv:

Schwarz-Weiß-Fotografie, ca. 7 x 10 cm (Hochformat)

Eine Lichtung im Nadelwald. Am Boden dichtes Gras. Weit im Hintergrund ist das Heck eines parkenden, hellen, wahrscheinlich beigen Vorkriegswagens auszumachen, ein weiterer, wenn auch nicht eindeutiger fotografischer Beweis für die tatsächliche Existenz des Opelautos. Im Zentrum des Bilds Vater Naksch, der sich, den Schläger in der rechten Hand, nach einem Federball bückt. Am linken unteren Bildrand ist ein winziger Ausschnitt eines weiteren Federballschlägers zu erkennen.

Im April 1962 wird der Opel in Heidelberg von einem die Vorfahrt missachtenden Wagen »*mit aller Wucht gerammt und umgeworfen*«, wie es in einem Schreiben des mit der Schadensregulierung beauftragten Rechtsanwalts heißt. Mit eingedrücktem Dach – es ist auch von zerbeulten Türen und Kotflügeln, von gesplittertem Holz und gebrochenem Glas die Rede – liegt er auf der Seite wie ein verwundetes Pferd. Ein Anblick, der zu einem Haiku-Gedicht verleiten könnte oder zu einem längeren, bezieht man das Unglück der Mutter mit ein, die vom rechten Vordersitz auf den linken Hintersitz geschleudert wird. »*Hierbei wurde ihr Kopf von der Rückenlehne derart unglücklich und stark nach vorne abgeköpft, dass sie fast erstickt wäre. Dies haben auch noch die beiden Polizeibeamten Hirn und Gutfleisch von der Heidelberger Verkehrspolizei festgestellt und insbesondere das Röcheln vernommen.*«

An Eides statt versichere ich an dieser Stelle, dass die Namen der zwei Polizisten nicht meiner Phantasie entsprungen sind, und dass ich mich auch nicht erdreistet hätte, sie auszuwählen; vielmehr habe ich lange darüber gegrübelt, ob die Bildung des Teams »Hirn und Gutfleisch« auf eine Laune ihres Dienststellenleiters zurückzuführen ist und wie die Verteilung der Aufgaben bei diesem Paar ausgesehen haben mag. »Gutfleisch, du bist der Mann fürs Grobe!«

Die verstauchte Halswirbelsäule der Mutter führt glücklicherweise nicht zu bleibenden Schäden und kann mit Dampf, Massage und Gymnastik behandelt werden. Für das Auto dagegen gibt es keine Rettung mehr. Am 23.7.1962 übernimmt es der Schrotthändler. Der Schrottwert wird auf 90 DM festgesetzt. Es hat 144.000 Kilometer zurückgelegt.

Mit dem Auto in die Pfalz

»Rings um Ludwigshafen die dunstige Ebene mit Sumpflöchern und Wassertümpeln, eine Art Präirie die keine Gütchen und Idyllen kennt, zu der Fabrikmauern und Feuerschlote bedeutend passen, die Telephonstange singt dazu.«

Ernst Bloch, Erbschaft dieser Zeit

Sonntag 19. Oktober 1952

**Autofahrt zusammen mit Eltern über Neustadt, Hambach –
auf Hambacher Schloss (Kaffee). Fußtour in Richtung Hambach und Richtung Neustadt. Autorückfahrt über Hambach,
St. Martin, Totenkopfhöhenstraße, Breitenstein, Elmsteiner Tal, Neustadt (Abendessen).**

Auch bei uns daheim fuhr man am Sonntag in die Pfalz. Das waren
kurze Spaziergänge in Halbschuhen. Auf dem Waldboden dicke schwarze
Käfer: Waldpolizisten. Vater, immer ein Stück voraus, die Hände auf dem
Rücken, hält das Handgelenk der Rechten mit der Linken umfasst – eine
Angewohnheit, die ich bei mir selbst wiederentdecke.

Ab einem bestimmten Alter beginnt man, sich den Sonntagsaus-
flügen zu entziehen, das ist ein Akt der Emanzipation, den man in der
ganzen westlichen Hemisphäre findet. Man zieht es vor, den Sonntag-
nachmittag vor dem Fernseher zu verbringen (»Bonanza«). Im Haus und
auf der Straße ist es ruhig. Mutter hat Erdbeerkuchen vorbereitet, vielleicht kommt ein Freund vorbei.

Karlheinz hat keine Freunde. Sein ganzes Leben lang bilden die
Ausflüge mit den Eltern die Höhepunkte der Wochen. Jede Gelegenheit, jeder freie Tag wird dafür genutzt. Niemand kennt so gut wie er die
Ausflugsziele, die Waldschänken, die Rastplätze des Pfälzer Waldes und
des Odenwalds. Es sollen die Namen einiger der regelmäßig besuchten
Ziele genannt werden, verbunden mit der Hoffnung, dass im Klang dieser Namen eine Vorstellung von Orten und Gegend aufscheint:

Drachenfels, Saupferch, Wolfsbrunnen, Brandbuche, Taubensuhl,
Morgenstern, Peterskopf, Lolosruh, Weißer Stein, Madenburg, Horn-
nesselwiese, Stilles Tal, Schwarzsohl, Drei Eichen, Silberthal, Eiswoog,
Königsmühle, Langer Kirschbaum, Kropsburg, Sonnenwende, Wolfs-
grube, Goldbrunnen, Alte Schmelz, Kaiser-Wilhelmhöhe, Bismarckturm,
Kehrdichannichts, Isenachweiher.

Der Isenachweiher ist ein winziges gestautes Gewässer mit einem
Ausflugslokal. Ganz grün mit rotem Rand liegt er mitten im Wald. Man

kann ihn in einer halben Stunde umrunden oder in gemieteten Booten eine Weile auf ihm rudern.

Es finden sich Belege, dass Karlheinz 58 mal den Isenachweiher besucht hat, 56 mal die Ortschaft Heldenstein, dies mit wenigen Ausnahmen zum nachmittäglichen Kaffee trinken.

Es ist mir wichtig, einige Bemerkungen zu der Landschaft zu machen, die Karlheinz durchfährt und durchwandert, denn das ist seine Welt. Da gibt es Wege, die er ein halbes Jahrhundert lang immer wieder zurücklegt. Die Landschaft verändert ihr Aussehen im Verlauf der Jahrzehnte. Eine Fahrt in durcheinandergeratener Zeit zwischen 1930 und dem Ende:

Die Strecke führt durch die Arbeiter- und Bauerndörfer der Rheinebene, früher ärmlich, heute Speckgürtel, über die alte Bundesstraße 38 zur Haardt, der Randerhebung des Pfälzer Waldes. Durch das Seitenfenster des Wagens erkennt man die landwirtschaftlichen Anbauflächen, die längs des Rheins liegen: Kartoffeln und Weizen, Gemüse, etwas Obst in niedrigen Plantagen, am Ende dann Weinreben. Von der Ebene bis in den Hang hinein und teilweise terrassiert, erstrecken sich die Weinberge bis zum Waldrand. Raubvögel hocken auf den Pflöcken der Spaliere. An der Haardt, jetzt den Kopf starr nach vorne gerichtet, deutlich auszumachende Landmarken: Flaggenturm, Klosterruine Limburg, die Antennen des Weinbiet, Pfalzblick mit Fahne, Hambacher Schloss. Der Straßenrand ist auf der zweiten Hälfte der Strecke von Nuss- und Birnbäumen gesäumt – ihr könnt im Spätsommer anhalten und schnell eine Birne stehlen –, der Haardt zu: Kirschen mit weißen und Mandeln mit rosa Blüten.

Tagebuch
_____

Sonntag, 16. Mai 1954

Autofahrt zusammen mit Eltern über Frankenthal, dann auf Pfälzer Autobahn nach Schorlenberg, über Enkenbach (Mittagessen). Fußtour zusammen zum Eiswoogweiher (Kaffee). In Schorlenberg (Abendessen).

In den Ortschaften wächst über die Jahre das Kopfsteinpflaster mit Asphalt zu. An den Rändern der Dörfer entstehen Neubaugebiete, ordentliche weiße Flecken, die sich von den roten und braunen Farbtönen der alten Bausubstanz abheben. In den Ortskernen wuchern und verschwinden Eternitfassaden und brusthohe gekachelte Verblendungen, werden hölzerne Haustüren und Hoftore durch Aluminium und Plastik ersetzt, zwei, drei Jahrzehnte später wieder rückgebaut, jetzt in neuem, gelblich lasierten Holz. Fachwerk wird von Putz überdeckt und wieder freigelegt. Bäche in Betonbetten gezwungen und wieder renaturiert. An den Geschäften und Wirtshäusern werden in den Wirtschaftswunderjahren eckige Leuchtreklamen angebracht; nunmehr sind es in den Weindörfern mit Geranien umrankte schmiedeeiserne Schilder. An der Südseite der ummauerten Höfe wachsen Feigen. Nach und nach durchschneiden Autobahnen diese Landschaft. Zubringer und Querverbindungen legen ein Gitter über die Ebene. Umgehungsstraßen schlingen sich um die Dörfer, die an der Weinstraße allmählich zu verniedlichten, blankgescheuerten Imitationen ihrer eigenen Vergangenheit werden. Tagestourismus. Wohnen mit Blick auf die Ebene. Sprunghaft gestiegene Grundstückspreise. Restauration alter Bauernhäuser. Kleine Plätze mit Kunstsandsteinbrunnen und altem landwirtschaftlichem Gerät. Wiederentdecktes Brauchtum. Heimatmuseum. Weinlehrpfad. Weinstuben mit verfeinerten traditionellen Gerichten.

Die Makler werben: Leben an der Weinstraße – zwanzig Minuten bis Mannheim/Ludwigshafen.

Donnerstag, 10. Mai 1958, beispielsweise:

Auto: Zusammen über Neustadt, Elmsteiner Tal, Harzofen nach Schwabenbach. Zu Fuß: Zusammen auf Höhenweg nach Schwarzsohl (Kaffee) und zurück. Zu Fuß: Mit Mutti zur Dicken Eiche. Rückfahrt: Über Neustadt (Abendessen).

Die Anstiege der Haardt sind manchmal beschwerlich. Ich erinnere mich an die beiden argentinischen Trotzkisten, Pampabewohner würde Karlheinz wissend sagen, die bei einem Besuch um 1980 den

Weg zur Maxburg nur mühsam meistern konnten, sich vielmehr benahmen wie Landratten, die zum ersten Mal auf einem Walfänger um Kap Hoorn reisen, die sich besonders beim Abstieg schwankend von Baum zu Baum hangelten, denen später auch im Winzerverein der Saumagen nicht behagte. Unser Wald – größtes zusammenhängendes Waldgebiet Deutschlands! – wird von Besuchern oft als düster empfunden. Je tiefer man eindringt, desto mehr überwiegen die Nadelhölzer. Die Nadeln bedecken den Boden, so dass kaum ein Grün wächst.

Der Geruch des Wagens, in dem ich selbst als Kind gesessen habe, war eine widerliche Mischung aus Benzin, Abgasen, »Peter Stuyvesant« und »4711«-Erfrischungstüchern. Ihr Duft entströmte dem Handschuhfach und wurde besonders von mir wahrgenommen. Wegen häufigem Kotzen durfte ich vorne sitzen – soll helfen. Gekotzt habe ich während der Fahrt auch in eine steife graue Mütze mit Schirm, die, von Mutter später ausgewaschen, trotzdem für alle Ewigkeit säuerlich riechend, verschmäht wurde. In den Sechzigerjahren haben sich Kinder beim Autofahren häufiger übergeben als heute, was auf die Qualmerei und die schlechtere Belüftung zurückzuführen ist.

Blick in die Ebene

Von den zahlreichen Aussichtspunkten am Haardtrand, den bewirtschafteten Burgen, etwa dem Hambacher Schloss oder der Rietburg (Im Postkartenarchiv: Drei identische Farbpostkarten 6732 Edenkoben an der Weinstraße. Blick von der Rietburg. Rückseitig Stempel der Höhengaststätte Rietburg. Rhodt/Pfalz. Inh. M. Moser.), erschließt sich ein häufig durch dort aufgestellte Münzteleskope verstärktes, großartiges Panorama der Rheinebene. Beliebteste Fixpunkte bilden dabei in späterer Zeit die Kühltürme der Kernkraftwerke von Biblis und Philippsburg, das Mannheimer Großkraftwerk. Die Schlote der großen Fabrik sind fast alle verschwunden, den Rauch, der die Sicht zum Odenwald früher versperrte, hat Karlheinz aber noch gesehen. Davor liegt heute vor allem unruhige, zersiedelte Landschaft, zusammenwachsende Dörfer ohne Mittelpunkte. Kaum bezahlbar soll die Vogelschau (!)

118

aus den in den Sommermonaten träge dahinschwebenden Heißluftballons sein.

Ihr müsst einmal im Juli auf der A6 von Kaiserslautern kommend in die Ebene fahren. Drückt aufs Gas! Ihr schießt dann bei Hettenleidelheim aus dem dichten Wald heraus und wie über eine Rampe, wie auf einer Achterbahn, hinein in sandfarbene Kornfelder, und gleich darauf kommt noch einmal ein Sprung – ein Ausläufer des Gebirges schiebt sich ein letztes Mal in den Weg, auf der Höhe kann man linker Hand fast nach Burg Neuleiningen greifen, *hupps* hinein in die Reben –, die Lage heißt an dieser Stelle Sausenheimer Höllenpfad. Auf der Abfahrt habt ihr zwei Minuten lang den besten Blick hinunter, ein wenig Dunst da, wo der Rhein fließt, und hinüber zum Odenwald, der nachmittags satt in der Sonne liegt.

Sonntag, 10. Oktober 1954

Autofahrt zusammen mit Eltern über Neustadt, Edenkoben ins Tiefenbachtal über Meyerhof (Mittagessen) zum Hüttenbrunnen; dann Fußtour zusammen auf Rietburg (neue Sesselbahn) und zurück über Ludwigsturm und Kohlplatz zum Hüttenbrunnen und noch weiter zum Edenkobener Naturfreundehaus (Kaffee); Autorückfahrt vom Hüttenbrunnen über Edenkoben, Neustadt (Abendessen).

Hier am Rande der Kastanienwälder des Pfälzer Waldes liegt auch die Villa Ludwigshöhe (die Talstation der Rietburg-Sesselbahn gleich daneben), wo der inzwischen ziemlich dick gewordene Nachbarsjunge unvergessliche Begegnungen mit den Präsidenten Frankreichs und Tschechiens, auch mit dem Ministerpräsidenten der VR China erlebt. Einen anderen, historischen Blick hat er von dieser Warte: auf das Straßburger Münster, den Speyerer Dom (acht deutsche Kaiser begraben), den Dom von Worms und das Heidelberger Schloss (von Franzosen zerstört). »Das ist Nibelungenland« raunt es. Die Villa, einst vom kunstsinnigen bayrischen König – »the grandfather of the Schwanstein king« – erbaut, beherbergt inzwischen die Sammlung Max Slevogt –

bedeutender Impressionist – Lieblingsmaler – Gemälde im Kanzleramt – erstrangiges Wandgemälde – Kreuzigung – in protestantischer Kirche von Ludwigshafen durch Bombenangriff beschädigt, später von Friesenheimer Schuljugend ganz zerstört – Kindheitserinnerung – großartiger Blick – Hambacher Schloss – Wiege der deutschen Demokratie – Einheitswille zum Ausdruck gebracht – Jetzt regionale Spezialitäten probieren.

Mit dem Dunkelwerden beginnen die schwarzweißen Begrenzungspfähle der Straße zu leuchten. Kinder beginnen zu zählen. Im Autoradio Regionalliga Südwest, später Zweite Bundesliga. In der Wirtschaft dunkle Holzpaneelen und vierarmige Leuchter mit grünen Glasschirmen. Leberknödel mit Kraut, Rumpsteak mit Zwiebeln, Mußbacher Eselshaut, Dürkheimer Hochbenn, einmal Sinalco.

Im Regelfall kehrt die Familie Naksch auf ihren Ausflügen dreimal ein: Mittagessen, Kaffee und Abendessen – in der Pfalz geht das Kaffeetrinken selten ohne ein Stück Apfelkuchen, gelben Streuselkuchen oder Bienenstich vorbei. An Speisen dominiert das saure Kraut, wahlweise mit einem Paar Bratwürsten, den Leberknödeln oder dem von den Trotzkisten gefürchteten Saumagen. An kalten Speisen mächtige Portionen von Blutwurst, Leberwurst und Schwartenmagen, mit aufgefächerten sauren Gurken garniert, bei der Käseplatte werden zur Dekoration gerne Salzstängchen und kleine Salzbrezeln verwendet und aufgestreuter Paprika. Die Portion »Weißer Käse«, der eingelegte »Handkäs mit Musik«, in den 1950er und 1960er Jahren fehlen auch nie die »Russischen Eier«.

Jüngst habe ich in Fischlingen oder Fischbach ein gutbürgerliches Restaurant alter Art entdeckt, wie es die Familie Naksch bevorzugt haben dürfte: Das Haus, schon von außen abwaschbar, innen durchweg Buche-Imitat, die Chefin mit gestärkter Schürze, die Deckchen auf den Tischen diagonal aufgelegt, hat eine eigene Metzgerei, Schweinebraten dominiert. Ein Biotop mit echt sonntäglicher Atmosphäre, die Dorfbewohner kommen im guten Anzug.

Karlheinz hat die Serviette um den Hals gebunden, ein Stück Fleisch auf die Gabel gespießt und er strahlt wirkliche Zufriedenheit aus. Selbst fremden Tischnachbarn gegenüber lobt er die Güte des Essens und das gesunde Preis-Leistungs-Verhältnis.

Auch die ritualisierten Autotouren und Wanderungen der Familie Naksch sind nicht frei von Höhepunkten. Einmal erlebt Karlheinz das Feuerwerk auf dem Dürkheimer Wurstmarkt, dem größten Volksfest der Pfalz, auf dem der Wein in Halbliltergläsern ausgeschenkt wird. Am Rand des Festplatzes befindet sich ein Restaurant in Form eines überdimensionalen Fasses, das ebenso wie das berühmte Heidelberger Fass gern als »*größtes Fass der Welt*« bezeichnet wird. (Im Archiv: Postkarte Wurstmarktgelände mit großem Fass.) Ein anderes Mal, es ist Mitte der Fünfzigerjahre, wohnt er auf der Amicitia-Hütte im Modenbachtal einem Auftritt des Bellemer Heiner, einem seinerzeit bekannten pfälzischen Mundartdichter, bei. Dann stößt man im Wald auf einen Kollegen des Vaters (»**Papas Dr. Heller getroffen**«), lupft die Hüte, tauscht Höflichkeiten über das Wetter und die Beschaffenheit des Weges aus. 1957 wird eine kurze intensive Phase innerfamiliären Federballspiels vermerkt. Das Mittagessen wird gelegentlich durch ein Picknick ersetzt – ein zusammenklappbarer, ganz kleiner Picknickstuhl mit Streifenmuster, der auf einigen Fotos erscheint, liegt im Wäschekorb. Die Ausflügler werden am 26. September 1954 am Isenachweiher (»**Kaffee**«) von einem Regenguss überrascht. Am 8. April 1972 herrscht in der Gegend des Weinbiets ein starker Sturm und drei Jahre später, am 19. Juli 1975, gerät die Familie bei Ramsen gar in ein Gewitter.

Trotzkis Koffer

Erinnert ihr euch an die schwarze Dschunke, die vor einem Klavier spielenden Jungen auf einer Anrichte aus hellem skandinavischem Holz gestanden hat? Ich muss einen Rückzieher machen, will meine eigene Methode, die Gegenstände sprechen zu lassen, zur Disposition stellen, alles bis hierin Erzählte relativieren. Dinge die reden, sagen natürlich nicht immer die Wahrheit.

Der Mann, der Trotzkis Koffer besitzt, sieht aus, als wäre er erst gestern aus der Gefangenschaft zurückgekommen. Er trägt eine grüne

Filzkappe mit harter Krempe, wie sie früher auf dem Land die Feldhüter trugen, und spricht eine Art Ostpreußen-Dialekt. Er wohnt in einer freistehenden Bruchbude am Ende der Stadt zusammen mit zwanzig Katzen und einem Hund, der im Garten an einen Seilzug gebunden ist, der zwischen Haus und Gartentür verläuft, was das Tier dazu zwingt, den immer gleichen Weg hin und her zu laufen. Trotzkis Koffer wird aus einem Regal genommen, in dem sich ansonsten Katzenfutter befindet.

Wir, die Genossen aus Buenos Aires, sind dabei, versammeln uns um Trotzkis Koffer.

Er sieht aus wie alle alten Koffer aussehen, so wie Karlheinzens Koffer auch aussehen, ein verschrammtes altes Ding mit verstärkten, jetzt abgestoßenen Ecken.

Die Erzählung des Mannes ist die: Während des Russlandfeldzugs habe er den Koffer von einer jungen Frau erhalten (ich erfahre später, dass es sich um eine Liebschaft gehandelt hat), die ihm mehrfach versichert habe, dass Trotzki ihn auf der Flucht bei ihrer Familie zurückgelassen hat. Der Ort und der Zeitpunkt, Ursache und Ziel dieser Flucht lassen sich nicht genauer verifizieren.

Der Koffer steht auf dem mit Wachstuch bespannten Küchentisch. Unter dem Tisch liegen einige Katzen. Der Koffer ist leer.

Ich weiß nicht, was ich erwartet habe. Ein Namensschild »Trotzki«, »Bronstein« oder »LDT«? Einen Aufkleber der zaristischen oder sowjetischen Staatsbahn, auf dem der Bestimmungsbahnhof »Alma Ata« angegeben ist? Handschriftliche Entwürfe für die »Verratene Revolution«? Einen zerlesenen Zola-Roman? Trotzkis Zahnbürste? Eine ungelenke Stalin-Karikatur?

Das ist Trotzkis Koffer. Belegt durch die Aussage eines katzenliebenden Russlandkämpfers, der sich auf die fünfzig Jahre alte Aussage einer Liebschaft beruft. Eine Reliquie!

Der Mann schiebt den Koffer zurück in das Regal. Von Kaufen oder Verkaufen ist beiderseits nicht die Rede gewesen. Wir verabschieden uns höflich.

Trotzkis Koffer steht bei uns in Ludwigshafen.

Fastnacht

Tagebuch

Sonntag, 24. Februar 1952

Besuch von Harry und Gertrud Säbel aus Stuttgart mit neuem Olympia-Auto bei uns in Ludwigshafen bei gleichzeitiger Anwesenheit von Familie Erika und Kurt Hirsch mit 3 kleinen Kindern. Fastnachtsumzug vor'm Haus.

54 Jahre später, am 26. Februar 2006, verfolge ich vor dem Haus Leuschnerstraße 19 die Aufstellung des Fastnachtumzugs, der, das ist eines der wenigen gemeinsamen Projekte der Schwesterstädte, im jährlichen Rhythmus einmal links und einmal rechts des Rheins ausgerichtet wird.

Vor mir macht sich der närrische Lindwurm einer sozialen Einrichtung bereit. In einem grünen Stoffschlauch stecken annähernd zwanzig Narren und Närrinnen, als letzter im Glied ein depressiver Mann, dessen Nasenspitze rot angemalt ist. Funkenmariechen mit nackten Beinen schlagen zum Aufwärmen Rad. Aus der Anlage eines armselig geschmückten Gardewagens dringen schier unglaubliche Titten- und Möpse-Lieder – »*Ich hab den Tripper von der Anna*«.

Die Wohnung im ersten OG links steht zu dieser Zeit leer, wie auch der ganze Block zu einem großen Teil entmietet ist. Einer aktuellen Pressenotiz zufolge existieren seitens der BASF keine konkreten Pläne darüber, wie die Wohnlage weiter genutzt werden soll. Meine Familie – eine größere Bleibe wird gesucht – hat auf meine vorsichtigen Bemerkungen, die Karlheinz'sche Wohnung wäre vielleicht zu haben, mit offener Abscheu reagiert.

Vor einem halben Jahrhundert war oben im ersten Stock beherrschte Ausgelassenheit. Etwas Tischdekoration: Konfetti, das einem schwarzen Bürolocher (im Archiv) entnommen wurde, sowie einige Luftschlangen. In der Pfalz heißen die Krapfen »Kiechle« und werden mit ganz wenig Zucker hergestellt. Wer will, kann sie aber anschließend in Zucker wälzen und wenn sie zu dunkel geraten sind, werden sie mit Puderzucker bestäubt. Vielleicht wird ein kleiner Schluck Sekt getrunken (Pikkolo).

Am offenen Fenster – er hat sich ziemlich lässig einen Schal umgebunden – grüßt Karlheinz mit dem Handrücken den Zug, und fällt gelegentlich in die »Ahoi«- und »Helau«-Rufe ein.

Als Kind ist er einmal als Bajazzo, späterhin als Indianer gegangen.

Weinprobe Naksch

Wir sind die Letzten: zurückgeblieben auf einer der Veranstaltungen, für die wir der Künstlergruppe den hinteren Raum im alten Laden manchmal zur Verfügung stellen, die Möbel haben wir zur Seite geräumt und mit Leintüchern verhängt, sieht hussig aus. Das Bier ist getrunken, obwohl Helmut noch einmal an der Tankstelle war, um einen Kasten Eichbaum zu holen. Es sind immer dieselben, die bleiben: Der Mützenmann, der Rentner, der Blonde, der nie etwas sagt, natürlich der Grafiker, dem ein Schneidezahn fehlt, das ist ein Trunkenbold, der im Vorderhaus wohnt, zwei oder drei andere, die ich vergessen habe. Sie haben sich ein paar Korbstühle in den mittleren Raum gerückt, der Blonde bleibt stehen, ein Bein nach hinten abgewinkelt, den Fuß an der Wand; er wahrt so die Distanz. Beinahe denke ich, dass ich auch selbst nicht dazugehöre, aber das Gefühl ist dem Umstand geschuldet, dass ich der Chronist bin, das braucht etwas Abstand. Nein, ich bin sicher, ich gehöre dazu, ich bin ein respektiertes Glied dieser Clique und so lasse ich mich, betrunken wie alle, auf einer Flachdeckeltruhe nieder, auf der noch die Dose Sprühlack steht, mit der am Vormittag das Gestell einer Nähmaschine geschwärzt worden ist. Hinter mir hängt ein Thermometer (das grüne von »Underberg«), auf dem ich, würde ich die Energie aufbringen mich zu drehen, herbstlich milde dreizehn oder vierzehn Grad ablesen könnte. Es ist ein goldener Oktober, und deshalb entschieden zu warm für den ungekühlt gelagerten Weißwein von Dr. Christian Naksch. Außerdem riecht es hier wieder, wie soll man es nennen, nach altem Kartoffelsack?

Für Interessierte: Bis vor einer halben Stunde haben zwei Autoren über den Pfälzer Separatismus gesprochen, ein randständiges historisches Thema. Der einzig gelungene Putsch der an Aufständen reichen Frühphase der Weimarer Republik: Hitlers Bierhallen-Putsch wurde in München niedergeschlagen und »*bei Leuna floss Arbeiterblut*«. Aber in der Pfalz eroberten 1923 Bauern und Weinhändler die Macht, unter der schützenden Hand französischer Truppen, gewiss. »*Separatistengesindel!*« Damit macht man hier kurzen Prozess. Heinz, der Präsident der »Freien Pfalz«, wurde dann in Speyer erschossen, seine letzten Anhänger in Pirmasens gelyncht.

»*Nein, das Bier ist vollkommen alle!*«

Weinprobe also: Wir trinken die klingenden Namen: Honigsäckel, Musikantenbuckel, Forster Kirchenstück, Deidesheimer Kieselberg, Gerümpel und Nußbien. Aus Dreiviertel-Liter-Flaschen. Auf etlichen klebt die Silberne Kammerpreismünze. Es sind typische Geschenkweine, die man älteren Herrschaften mitbringt. Ungefähr zwanzig Flaschen der Jahrgänge 1968 bis 1977 sind da.

Alter Wein wird nicht sauer, er wird einfach nur schlecht. Geschmacksvarianten: Kork, dieser selbst schleimig und schwarz. Keller. Blutig metallisch: nach Kupfer und Eisen. Sherry, in den man einen Teelöffel Gartenerde rührt.

»*Der kann in den Gully!*«

Es folgen die Wein-Geschichten, die man sich immer erzählt: dass die Jahrgänge in den Dreißigern »Rassereiner« und »Gleichschalter« hießen und die Weinstraße von Gauleiter Bürckel erfunden wurde und wie wir, damals bei Silke, Vaters Guten sinnlos gesoffen haben; und schmunzelnd gedenken wir dem Ärger danach.

Durcheinandergerede.

Der, dessen Vaters Wein wir leeren, um ihn nicht ganz zu vergessen, wird von mir zwar einige Mal mit dem Glas in der Hand vorgeführt, aber er hat nicht getrunken, jedenfalls nicht in dem Maße wie wir mitunter trinken, ein Schlückchen in Ehren von dem roten Likör, den Sekt – Rüttgers Club »Nur zum Anstoßen«. Er hatte immer die Promillegrenze im Blick und die schlechte Verträglichkeit von Alkohol mit bestimmten Medikamenten. Grund zum Trinken hat er sicher gehabt.

Und weil gerade gefragt wird »*Wer hat noch Tabak?*«; er hat auch nicht geraucht, jedenfalls nicht regelmäßig. Es lag aber im Nachlass eine angebrochene Schachtel ECKSTEIN, die grüne Packung, sechs Zigaretten für ein paar Groschen. Zigaretten also, keine Zigarren, so dass sich vorstellen lässt, dass er bei besonderen Anlässen, auswärts in Frankfurt, ausnahmsweise mit gespreizten Fingern eine gequalmt hat, aber nicht über Lunge. Er ist ein Kaffeetrinker gewesen und ein »Süßer«.

Die Diskutanten, wie Männer so sind wenn sie reden, versuchen sich mit Lautstärke zu übertrumpfen, besonders einer wird laut, so ein Krakeeler. Bald werden sie noch anfangen zu singen. »*Bring den Rum nach Hinten, Darby M'Graw!*«

»Seid lieber leise!«

Die Wahnsinnige, die zwei Stock über dem Grafiker im Vorderhaus lebt, wirft uns in solchen Nächten gerne Dinge aufs Dach, Feldfrüchte zumeist, einmal sogar eine Flasche.

Gesprochen wird über Regionales: Beschaffenheit der Erde. Ackerkrume. Grenznähe. Sonneneinstrahlung und Menschenschlag: Pfälzer Lebensart. Das ist alles 19. Jahrhundert! In Zeiten der Vollerntemaschine wird heute jedes Weinfest zu Geschäftsidee und Hochglanzbroschüre. Traurige Sache. Und wenn trotzdem, in Zeiten wie diesen, das Glück in den kleineren Einheiten gesucht wird: Ausschluss und reaktionärer Reflex! Aber mal ehrlich: der Riesling ist Riesling geblieben.

»*Wir sollten …*«, sagt einer.

Einer der Weine ist ölig geworden er fließt nur langsam und glänzend ins Glas, so wie mein Leinöl. Möglicherweise gibt es ihn doch, den guten alten Wein.

»*Wir sollten vielleicht …*«

Die versoffene Clique schaukelt sich weiter hoch, und fasst weinselig den Entschluss, sich zu einer Art Partei zu formieren. Sie wird bei den kommenden Kommunalwahlen mit Methoden der Übersteigerung unter dem Namen Pfälzer Liste/Liste Pfalz kandidieren, etwa ein Prozent der Stimmen erzielen und verblüfft feststellen, dass sie sich auf einer Welle befindet, von der nicht klar wird, ob sie Ausläufer von etwas Altem oder Beginn von Neuem ist. Eine hübsche kleine Welle ist das, die dieser kleinen Gruppe von Weintrinkern zu neuen Begriffen verhilft. Sie wissen jetzt, dass sie mit ihren Handlungen die »*kulturelle Grammatik*« durchlöchern. Bist du, schöne Welle, kräftig genug, auch uns eine Zeitlang zu tragen, ehe du in Museen und Akademien versandest?

Der Grafiker, dem ein Schneidezahn fehlt, ist nochmal ins Vorderhaus gegangen, um eine Flasche ehrlichen sauren Riesling zu holen, aber
nicht mehr zurückgekommen und es wird demzufolge allgemein aufge-
brochen. Es ist im Ergebnis doch das gewesen, was man einen »großen
Abend« nennt. ENTSCHEIDEND IST, hat mal einer gesagt, WAS HIN-
TEN RAUSKOMMT.

Ich weiß nicht mehr, ob es im Zusammenhang mit der Weinprobe
geschehen ist, dass eine der sündhaft teuren Rostkunstskulpturen, die
aus unbekannten Gründen über die Stadt verteilt werden, mit den Buchstaben »CDU« verschandelt worden ist. Ich weiß aber, wer hier morgen
aufräumen muss.

Ordnung II

Notizzettel (ohne Datum)

***

Kaufen a) größer: Brille (biegbar), Matratzen (Backstein-
form), lange Laborhose, Arlon-Regenumhang, Dralon-Re-
genjacke (alte mitnehmen!), Matrifa-Unterhosen, Netz-Un-
terhosen, Slips.

Kaufen b) kleiner: Konzeptpapier, weiße Sonnenblende,
Sonnenbrille bzw. Sonnengläser, Krawattennadel, Plas-
tik-Motorradkopfhaube, Plastik-Tankschutz, Herrensocken,
Wicklein-Lebkuchen, Wanderkarte, Generalstabskarte.

Kaufen c) später, größer: lange Dralon Sommerhose, Knirps,
Schulfüllhalter, Vierfarbstift, Pelikan-Druckbleistift, Hem-
den (Capri-Seidenglanz aus knitterfreiem Leinen), Sommer-
schlafanzug mit kurzen Hosen, Winterschlafanzug mit
Spezialhose, Nachthemd, Kleppermantel plus Beinschutz,
»Umgangsregelbuch«, Ernährungsbuch.

Kaufen d) später, kleiner: Plastikbeutel Hansa (gelb und
braun), Kaloderma Seifenschälchen, Schuhlöffel (rosa, gebogen), Spitzhüllen für Rotblaustift, große Fotoklebeecken,
Chromseifenschale, Plastikaugendusche, Apfelsaftglas mit
Henkel (von Autobahnrasthaus), Plastikbecher mit Deckel,

Quark-Cellondose, Märklin-Kohlebürsten, kleine Märklin-Birnen für D-Zug-Beleuchtung, kleine Quark-, Sauermilch-Glasschüssel für Urlaub.

Im Gebirge

Brief an den Vater

An   Herrn Dr. Chr. Naksch
Ludwigshafen a/Rhn
Leuchnerstr. 19

Kitzbühel, 13.5.52

Euer Wohlgeboren!
Durch den hiesigen Verkehrsverein erhilt ich Ihre geschätzte Anschrift, woraus ich ersehe, daß Sie Ihren Sommeraufenthalt in Kitzbühel verbringen wollen und auf Privatzimmer reflecktieren.
Ich erlaube mir Ihnen zur Wahl zu offerieren:
Ein 2 Bettzimmer mit Wohnzimmer (S. 45,– pro Tag) ferners ein 2 Bett und ein 1 Bettzimmer (18,– pro Bett und Tag). Komplettes Frühstück S. 6,– pro Person. Bad, Fließwasser, große schöne Glasveranda mit herrlicher Aussicht. Über Wunsch ist auch für ein kleines Nachtmahl Gelegenheit vorhanden.
Sollten Sie von meinem Angebot Gebrauch machen wollen, vwbitte ich um ehebaldige Nachricht damit eine eventuelle Reservierung stattfinden könnte.
Hochachtungsvoll:
Kraus

Im Archiv:

A4-Blatt mit handschriftlicher Übersicht

der Sommerurlaube 1949 bis 1959

1949 Ottenhöfen	**1951 Ramsau (Huber)**
1950 Oberstdorf (Zobel)	**Obersalzberg**

1952 Partenkirchen (Keller)   1953 Kitzbühel
1954 Füssen   1955 Kreuth (Schmaus)
1956 Ramsau (Adlerhorst)   1957 Partenkirchen (Keller)
1958 Kitzbühel (Flöhe!)   1959 Ramsau (Buhl)

Tagebuch

Samstag, 24. Juli 1954

Urlaubsautotour mit unserem neulackierten Opelauto zusammen mit Eltern von Ludwigshafen über Mannheim, dann auf Autobahn über – bei Karlsruhe, bei Pforzheim (Mittagessen als Picknick), bei Stuttgart, Gruibingen (Kaffee), bei Ulm, dann weiter über Ulm, Kempten, Weißensee nach Füssen (Abendessen). Anfangs 2× meine Übernachtung alleine bei Weeren, Haus Biffi, Weidachstr. 32; später 17× Übernachtung zusammen mit Eltern bei Held, Tegelbergstr. 12.

Vater, Mutter und Sohn verbringen ihre Ferien in den Alpen. Den »Sommerautotouren«, wie Karlheinz sie nennt, wird in den Taschenkalendern großzügig Platz eingeräumt. Dem immer dreiwöchigen Urlaub, bevorzugter Monat ist der August, schließt sich regelmäßig eine Woche bei der Nürnberger Verwandtschaft an. Um die Osterzeit fahren die drei alljährlich einige Tage in den Schwarzwald. Sie sind leidenschaftliche Wanderer, bevorzugen aber den breiten Weg, nicht den Klettersteig. Die Sonnenmützen der Eltern harmonieren nicht mit der Straßenkleidung; der alte Chemiker hat die Hosen mit Gürtel und Trägern bis zu den Rippen gezogen. Im Laufe der Jahrzehnte werden die Urlaubstouren und Sonntagsausflüge kürzer und schließlich fast vollständig durch ein müßiges Umherstreifen mit dem Fahrzeug ersetzt. Cafés mit Seeblick werden angesteuert, kurze Halte an bedeutenden Aussichtspunkten gemacht. Am Königssee fahren sie mit dem elektrischen Motorboot hinüber nach Bartholomä. Mit der Schwebebahn geht es zur Mittelstation und wieder hinab.
Die Planung der Touren, die Korrespondenz mit Fremdenverkehrsvereinen und Pensionen – es werden günstige Privatunterkünfte

bevorzugt und Probleme bereitet mitunter die Bereitstellung eines zusätzlichen Einzelzimmers – kann getrost als einer von Karlheinzens zentralen Lebensinhalten betrachtet werden. Und natürlich gehört auch die sorgfältige Nachbereitung des Familienurlaubs dazu, das Sortieren und Beschriften von Postkarten und Fotos, eine dezidierte Schlussrechnung. Schon 1939, als Zehnjähriger, hat er die Verwaltung der Urlaubsprospekte übernommen, sie mit Jahresstempeln versehen, archiviert und mit seinem Namen gekennzeichnet. Ein kurzer Griff in dieses Schatzkästlein touristischen Schrifttums, die Sammlung reicht bis zum Beginn der 1960er Jahre und füllt heute einen der Reisekoffer der Familie, fördert einige Juwelen zu Tage: *»Grüß Gott, lieber Gast!«*

Die landschaftliche Schönheit im Allgemeinen: *»große Mannigfaltigkeit zeichnet die Gegend aus. Die Straßen und Wege sind mit Bäumen bepflanzt«* (Prospekt Kitzbühel 1939). Und im Besonderen: *»der wildromantische Klobensteinpaß, durch den die Ache sich brausend zwängt«* (Prospekt Schlechting). Die herrliche Aussicht: *»Der Tiefblick auf Mayrhofen (530 m vertikal) gleicht einer Fliegeraufnahme«* (1955). Das gesunde Klima: *»Die Stärke des Windes ist eine Schwäche. Die Luft ist nahezu völlig frei von organischem und anorganischem Staub«* (Kitzbühel 1944). *»Seine nebelfreie, staublose und bakterienarme Lage«* (Wiessee). *»Im allgemeinen frei von Nebel«*, meldet wiederum Kitzbühel, *»nebelfrei«* ist Ramsau, *»fast völlige Nebelfreiheit«* herrscht auch in Bad Herrenalb. Die Ruhe: *»Hier schreckt kein Kraftwagensignal den Wanderer aus seiner stillen Betrachtung auf«* (Oberstdorf 1942). *»Wer stillen Naturgenuß mit einer angenehmen Lektüre verbinden will, der steigt zum lieblichen Kalvarienberg hinauf«* (Prutz), *»bis das Abendglöckchen von der nahen Kirche tönt«* (Tannheim 1939). Regionales Handwerk, regionale Kultur und Attraktionen: *»Da zeigt sich im Marmorbruch die schaffende Heimat«* (Ruhpolding 1939). *»Täglich Zither- und Harfenkonzert«* (Plansee), *»wundervolle Bergkristallsammlung«* (Meiringen, Berner Oberland). Ein großer Erdbeerreichtum am Plansee, ein hübsches Kriegerdenkmal in Mayrhofen, *»seit 1930 ist Dorf Mayrhofen übrigens auch mit einer Schwemmkanalisation versehen«*. Dass dort alles in Ordnung ist: *»Ein anderer großer Vorzug ist das nette Dorf*

(*700 Einwohner), mit den reinlichen Häusern, den sauberen Mietwoh-nungen und freundlichen Bewohnern*« (Tannheim Tirol). Die deutsche Hotelordnung regelt zeitweise die Beziehungen zwischen Herberge und Gast: »*Juden nicht erwünscht*« (Tegernsee 1940). Hier also »*genießen die Gäste aus allen deutschen Gauen in vollen Zügen die Ferien vom Ich*« (Wiessee 1955).

Wer einmal hier war, der kommt bestimmt wieder. »*Preise wie im Tal!*«

<hr>

Tagebuch

Montag, 26. Juli 1954

Autofahrt zusammen mit Eltern nach Oberkirch am Wei-ßensee (Mittagessen); dann Fußtour zusammen mit Mutti (Papa fährt mit Auto) über Sattel zum Alatsee und zusam-men mit Eltern rund um Alatsee (Junghans-Armbanduhr gefunden); Autorücktour vom Alatsee über Faulenbach nach Füssen (Kaffee).

Neben den Prospekten liegt im Archiv auch eine Sammlung von etwa 600 unbeschriebenen, nicht »gelaufenen«, wie Sammler sagen, Ansichtskarten überwiegend aus Ferienorten der deutschsprachigen Alpenländer. Die Karten stammen in ihrer großen Mehrheit aus den 1950er und 1960er Jahren. Es gibt ebenso viele schwarzweiß wie farbig gedruckte. Soweit sie noch in ihrer ursprünglichen Ordnung vorhanden sind, wurden sie in robusten roten und braunen Umschlägen gesam-melt. Vier rote Umschläge sind beschriftet mit: »**Fürs Album**«. Einige andere haben Aufschriften wie »**Garmisch-Partenkirchen 1952, 1957**«. »**Ramsau 1951, 1956, 1959**«. Zwei Umschläge mit insgesamt etwa fünf-zig Karten sind mit der Bemerkung »**wegwerfen!**« versehen worden, ein Vorsatz, der offensichtlich – das noch einmal zu Karlheinzens zweifel-haftem Ordnungssinn – nicht in die Tat umgesetzt wurde. Ein ande-rer Umschlag trägt die Aufschrift »**fast doppelt**«, ein weiterer diese: »**doppelt vorhanden – wegen Zugspitzstempel aufheben.**« Innerhalb der großen Umschläge findet sich ein weiteres Ordnungssystem: kleine

Kartenbündel sind in den dünnen, mit Werbung bedruckten Papierhüllen belassen worden, die man in den Souvenirläden und Kiosken manchmal erhält: »*Bazar Alpengruß Kleine Scheidegg 2061 m.ü.M. Lies was die Welt liest. Das Beste aus Readers Digest! Auch unterwegs – täglich die Frankfurter Rundschau!*« Viele Karten sind mehrfach vorhanden. Alleine sechzehn zeigen »*Isenfluh. Sulwald mit Eiger, Mönch und Jungfrau*«. Es handelt sich um eine Panoramaaufnahme der schneebedeckten Berge, im Vordergrund eine Berghütte mit Viehtränke. Auf fünf dieser Karten ist zusätzlich eine braune Kuh an die Tränke getreten. Zwanzig Karten präsentieren den Blick auf »*Lauterbrunnen mit Jungfrau und Breithorn*« (die Ortschaft im Tal, rechts ein Wasserfall, im Hintergrund Bergmassive). Sechs Karten bilden drei Wanderer vor der Kulisse von Eiger, Mönch und Jungfrau ab. Sieben weitere (Alpengarten, Schynige Platte) zeigen einen befestigten Aussichtspunkt, an dem einige, freundlich zum Betrachter lächelnde ältere Frauen sitzen. Daneben wurden zwei Mädchen in Trachtenkleidung postiert. Hinten natürlich Eiger, Mönch und Jungfrau.

Nicht einmal Karlheinz traue ich zu, dass er ein Dutzend identischer Ansichtskarten gekauft hat, zwei, drei oder vier freilich schon (»**Doppelt vorhanden, da besonders schön**«). So vermute ich, dass eine beträchtliche Zahl der Karten der Korrespondenz der Fremdenverkehrsvereine und Zimmervermieter beigelegt wurden. Die selbstgekauften – an einigen Tagen wird auf jeder Hütte und jedem Gasthof eine erstanden – sind wohl unter dokumentarischen (hier gewesen!), und ästhetischen Gesichtspunkten (landschaftliche Erhabenheit) ausgewählt worden. Die Tagebücher werden so durch die Hinzunahme der Postkarten zu Bildergeschichten.

Wenn er historischen Boden betritt – »**Autofahrt über Berchtesgaden auf Obersalzberg (Mittagessen); Besichtigung von Hitlers Gutshof, Hitlers Berghof, Goehring und Bormann-Häuser, Kasernen und Hitlers Gästehaus; in Berchtesgaden (Kaffee und Abendessen) 4. August 1951**« – dann bedarf es der Illustration nicht. Ihr habt die Bilder im Kopf. Karlheinz, der vor dem riesigen, herausgebrochenen Panoramafenster von Hitlers Berghof steht. Am folgenden Tag geht es hinüber zur Scharitzkehl.

Die Ordnung der Bilder und der touristischen Werbematerialien lassen den Plan einer gewaltigen Dokumentation erahnen: KARLHEINZ NAKSCH: MEIN LEBEN IN DEN BERGEN. Das Anlegen der Alben, das Einkleben von Gondelbahn-Coupons, bedruckten Würfelzuckerverpackungen und Restaurantquittungen ist im Ansatz steckengeblieben, könnte aber mit dem vorhandenen Material posthum vollendet werden.

Als positives Beispiel kann hier der Architekt Alfred Schmidt dienen, dessen Nachlass ich Anfang der 1990er Jahre entrümpelt habe. Er hat sein Projekt konsequenter betrieben und eine lückenlose Reihe von Alben aus dem Zeitraum von 1951 bis 1990 hinterlassen. Herr Schmidt bewies eine Vorliebe für die norwegischen Fjorde (Kriegserinnerungen), die er mit Gattin fünfmal besuchte. Abenteuerlich erscheint eine Busreise durch Frankreich und Spanien nach Nordafrika (auch Kriegserinnerungen?). In diesem Album befindet sich die humoristische Fotografie *»Unser Fahrer Herr Mutschler als Mustafa verkleidet«*. In einer kargen Landschaft stehen ein Kamel und Herr Mutschler, der einen Fez trägt und in ein langes hemdartiges Gewand geschlüpft ist. Einige Nordafrikaner verfolgen das Treiben mit ungläubigen Mienen.

Tagebuch

Dienstag, 12. August 1951

Meine Eisenbahnfahrt alleine nach Ehrwald; dann Omnibusfahrt nach Obermoos; dann um 9 Uhr Schwebebahnfahrt zum österreichischen Zugspitz-Berghotel (Kaffee); zu Fuß auf Zugspitz-Westgrat und zurück; dann Fußtour durch Felsstollen zum Schneefernerhaus und weiter über Zugspitz-Westgrat zum Münchener Zugspitzhaus (Mittagessen), in Wetterwarte (Kaffee); zurück über Zugspitz-Westgrat direkt zum österreichischen Zugspitz-Berghotel; um 18 Uhr Schwebebahn-Hinunterfahrt.

Siebtes Kapitel, · ·

...einer ··· auszieht

sich

·· in dem ···

Bei Dr. Güküll!!!

Karlheinz ist nackt. Seine Kleidung liegt ordentlich gefaltet auf einem cremefarbenen Hocker. Der Patient dreht sich um seine Achse. Da in dieser Szene im Augenblick sonst niemand zugegen ist, besteigt er heimlich die Waage – sie könnte neben einem kleinen Paravent stehen –, ein Rohrgestell, das mit einem bedruckten Vorhang bespannt ist. Sein Gewicht liegt zwischen sechzig und siebzig Kilogramm, in seiner zweiten Lebenshälfte wird er zehn oder fünfzehn Kilo zulegen.

Ich tue mich schwer mit der Zurschaustellung seines blassen Körpers. Ich weiß, dass ich damit eine moralische Grenze überschreite. Der Körper ist heilig. »**Ein Afterriss. Zum ersten Mal Blut im Stuhlgang. Ein kleiner Abszess am Nabel. In Hautklinik Heidelberg wegen Pickel am Kopf. Blauer Hodensackpilz und Haarausfall. Samstag, 23. Juli 1954: Zum 1. Mal 25 cm langen Spulwurm in meinem Stuhlgang gefunden. Einlagen verordnet.**«

Karlheinz führt Buch über den Zustand seines Körpers. Obwohl er seinen Funktionen viel Aufmerksamkeit schenkt, bleibt die Hülle ihrem Bewohner fremd. Dieser Körper ist zusammengesetzt wie eine alte Maschine. Die Gliedmaßen, der Rumpf, der Hals, die Ohren. Die Summe aller Organe bildet kein Ganzes. Der Eindruck mag durch Karlheinzens Hang zum Possessivpronomen (»**unser Opelauto**«) entstehen. Er besitzt einen Körper. »**Untersuchung meines Halses, Röntgendurchleuchtung meiner Lunge.**«

Karlheinz ist krank.

Die Beschwerden, die er verspürt, sind chronische Erkrankungen der Atemwege, Mattigkeit, Kopfweh, Nervosität und allgemeines Unwohlsein. Die Krankheit sitzt in den Körperöffnungen. Immer aufs Neue werden die Ohren durchgeblasen, der Rachen gepinselt, Nase, Kieferhöhlen und Mandeln gespült. Die Mediziner verordnen Aufbauspritzen, Bestrahlungen, Inhalationen. Einige rustikale Behandlungsmethoden – »**Fahrt zusammen mit Mutti per Droschke ins Städtische Krankenhaus Ludwigshafen. Erhalt von Spritze in Hals**« – lassen das Bild einer Ärztegeneration entstehen, die schon in Stalingrad mit rostigen Drähten operiert hat, wie Dr. Ruutz beschwörte, ein beliebter, inzwischen leider verstorbener Sammler von allerhand technischem Gerät (*»Habe mit Siemens gesprochen, es ist ein Grubentelefon!«*), der, als gebürtiger Augsburger, Liebhaber von Rudolf-Diesel-Devotionalien gewesen ist, und darüber hinaus ein grandioser Erzähler: *»als einer der letzten noch vom Flugplatz Pitomnik ausgeflogen worden – unvorstellbares Leid«.*

Tagebuch

Dienstag, 9. November 1954

In Krankenhaus Ludwigshafen bei Hautarzt Dr. Güküll (!!!).

Freitag, 12. November 1954

In Krankenhaus Ludwigshafen bei Hautarzt Dr. Güküll (!!!).
[Das sind wohl drei rassistische Ausrufezeichen!!!]

Karlheinz wird mit dem Beginn seines dritten Lebensjahrzehnts einer, der häufig zum Arzt geht, der die Vormittage in überfüllten und warmen Wartezimmern verbringt, in den Lesezirkel-Zeitschriften blättert, der die Ärzte häufig wechselt. Fünfzig Mal ist er vom Oktober 1950 bis Februar 1951 beim Arzt. Fünfzig Besuche verzeichnet er auch für das Jahr 1957. Und 1972 sind es sogar noch mehr. Das sind die Perioden mit der größten Häufigkeit. Die Behandlungen seiner Krankheit und die damit verbundenen Arzttermine strukturieren sein Leben ebenso wie die Autotouren und Wanderungen.
»Bei Dr. S. (8. Injektion von An.-Ca., 20. Kurzwellen-Bestrahlung). Bei Dr. S. (29. Injektion von An.-Ca.). Bei Prof. T. (4. Mandelspülung). Bei Dr. B. (8 mal Kurzwellenbestrahlung der Lunge). Bei Dr. K. (bei Arzt selbst).«
Mitunter nehmen seine Behandlungen so viel Raum ein, dass kaum noch Platz für etwas anderes ist.
Am 10. Januar 1957 lässt er bei Dr. H. Blut entnehmen, begibt sich im Anschluss in die BASF-Ambulanz zur Röntgendurchleuchtung der Lunge, lässt sich dort – **»durch Herrn Zahn«**, wie besonders vermerkt wird – eine Vitamin-B-Injektion ins Gesäß verpassen, sucht schließlich Prof. T.

im Städtischen Krankenhaus auf, wo ihm die sechste Kiefernspülung links (»**fast kein Eiter**«) verabreicht wird. Am 1. Februar desselben Jahres lässt er sich bereits die siebte Vitaminspritze geben, beide Ohren werden durchgeblasen, die Nase durch den Rachen geduscht, er wird mit Kurzwellen bestrahlt, er inhaliert. In anderen Phasen sind die therapeutischen Methoden so milde, als solle der Kranke nur beruhigt werden.

»**24.4.61 Verordnung des Arztes: ›Früh Morgens Trockenbürsten, nach dem Mittagessen eine halbe Stunde ruhen. Nachmittags die gezeigten Wippbewegungen mit den Beinen durchführen. Zweimal die Woche soll für körperliche Ausarbeitung (z. B. Schwimmen) gesorgt werden. An den Wochenenden sind leichte Wanderungen** [das kommt dem Patienten sehr entgegen] **zweckmäßig. Bei stärkerer Ermüdbarkeit im Laufe des Nachmittags sollen im Bedarfsfall 1 – 2 Dragees Sympatovit gelutscht werden.‹**«

Ein klares Krankheitsbild kann ich nicht erkennen. Ich kann die Scharniere an einem alten Schrank reparieren, einen abgebrochenen Möbelfuß verleimen, aber davon verstehe ich nichts. Doch auch bei den Spezialisten klingt Ratlosigkeit an. Kreislaufbäder werden empfohlen. Von der Untersuchung von Hals, Ohren und Nase gehen sie zur Untersuchung der Nerven über.

Dienstag, 2. Juni 1953

In Uni-Nervenklinik Heidelberg bei Oberarzt Prof. B.: wegen meines Hals-Kopfwehes. Untersuchung meiner Nerven.

Psychische Labilität wird diagnostiziert. Der dauerhaft Kranke macht sich, wenn die Ärzte nicht mehr weiter wissen (»**Röntgendurchleuchtung meiner Lunge, kein Tumor**«), in Zeitungen und in der Bibliothek kundig, erstellt Exzerpte und sammelt Artikel. In der Selbstdiagnose kann er einen Feind tatsächlich aufspüren: den Lärm.

Im Archiv:

schwarze Ohrenschützer an sehr flexiblen, dünnen Metallstreifen, die immer wieder in ihre ursprüngliche Form zurückspringen, dadurch zusammenklappbar.

Im Archiv ebenso:

Zeitungsartikel aus dem Darmstädter Echo vom 20. Juni 1959

Maschinen sollen leiser dröhnen. Richtlinien für die Lärm-bekämpfung sind jetzt fertig!

Notizzettel ohne Datum mit den Stichworten:

Lärm der Nerventöter. Seelische Belastung durch Verkehrs-lärm, Verkehrsgefahren, Radio. Reizüberlastung – Seeli-scher Erregungsspiegel.

Der Verkehrslärm hat Karlheinz zu mehrfachen, verwirrenden Um-zügen innerhalb der großen Wohnung in der Leuschnerstraße bewogen. Die Himmelsrichtungen fliegen einem dabei nur so um die Ohren. **»Freitag, 25. Juni 1954. Mein Umzug in Ludwigshafen, Leusch-nerstr. 19, von vorderem Eckzimmer in hinteres, ehemaliges Unter-mieter-Eckzimmer** [hier sind in der unmittelbaren Nachkriegszeit Dip-lomingenieur Wittmann und Frau untergekommen].« **»Mittwoch, 15. Februar 1956. Mein Umzug von Südwestzimmer (Hofseite) in früheres Nordostzimmer (an der Leuschnerstraße). Diens-tag, 12. Juni 1956 Nord-West-Fenster in meinem Westzimmer in Ludwigs-hafen, Leuschnerstr. 19, mit Sperrholz und Sillan-Steinwolle gegen Lärm isoliert – und später an anderem Ort: Mittwoch, 2. April 1958. Doppel-fenster in meinem Zimmer Ludwigshafen, Wittelsbachst. 82 montiert.«** Endlich stellt er auch Zusammenhänge zwischen seinem labilen Herzen – **»Ich: Herzspüren nach Anstrengung«** – und der Kindheit im Luftschutzkeller her. **»Fliegerangriff nachts – Herz!«**, notiert er.

Das Dröhnen und Pfeifen.

Das Bellen und Krachen.

Die Geräusche im Kopf.

Der Sound der Fünfziger- und frühen Sechzigerjahre, von dem wir eine bestimmte Vorstellung haben: in der Jukebox die Schlager von Freddy und Fred, von Wencke, Caterina, Peter und Vico, ist in dieser Umgebung nur zu erahnen. Dämmstoffe überall.

Die Krankheit belastet das finanzielle Budget der Familie. Zuzah-lungen sind zu leisten. In den Jahren, in denen er nicht immatrikuliert ist, werden die Arzthonorare zur Gänze privat beglichen. Als guter Sohn kümmert sich Karlheinz im Gegenzug auch um die Leiden der Eltern, sammelt auch dazu Artikel und berät, so gut er es kann.

Ein Zeitungsausschnitt vom 6. Dezember 1968 (»Mannheimer Morgen«) befasst sich mit den Gehirnkrankheiten des Alters, was an Papa denken lässt, während auf der Rückseite über den tragischen Tod zweier türkischer Gastarbeiter berichtet wird, die mit ihrem Opel-Rekord, hier die andere mögliche Verbindung, in den Mannheimer Rheinau-Hafen gestürzt waren.

»Ein übereifriger Maulwurf führte rein zufällig auf die Spur der Türken: Am Mittwochmittag ärgerte sich der Prokurist der Firma Peiner Stahlhandel, Hans Schwarz, über einen rasch wachsenden Erdhaufen auf der grünen Rasenrabatte nahe zum Hafenbecken IV. Schwarz gab Anweisung den Maulwurf zu fangen und besah sich dabei den Rasen näher. Plötzlich fielen ihm die Spuren auf, die schnurgerade über die Kaimauer ins Leere führten.«

Student sucht Zimmer

Im Archiv:

Zeitungsausschnitt mit blauem Tagesstempel (19. Sept. 1959)

Rot markiert

Student su. ruh., möbl. Zim. i. Dst. od. Umgebg. Angeb. Unt. R 9663.

Tagebuch

Mittwoch, 25. September 1957

Eisenbahn: Mit Fahrrad nach Darmstadt zur Zimmersuche (Mittagessen). Gefundenes Zimmer bei Frau Rudolph, Darmstadt, Moosbergstr. 16.

Im Herbst 1956 unternimmt Karlheinz erste Anstrengungen, um sein unterbrochenes Studium fortzusetzen. Erkundungstouren führen ihn nach Karlsruhe und Darmstadt. Schließlich immatrikuliert er sich im Sommersemester 1957 in Tübingen, verschafft sich ein Zimmer, kehrt der Stadt aber schon nach drei Wochen wieder den Rücken, nicht ohne die Umgebung mit dem Fahrrad touristisch erschlossen zu haben (»**Ausflug nach Schloss Lichtenstein – Besichtigung, Kaffee**«). Im September 1957 mietet er ein Studentenzimmer in Darmstadt (»**Frau Rudolph, Moosbergstr.**«), erkrankt am 2. Oktober an Grippe (»**40 Grad Fieber**«), gibt am 30. Oktober das Zimmer bei Frau Rudolph wieder auf, wird am 18. November mit dem Opelauto zusammen mit Papa und den Koffern in sein nach mehrwöchiger Suche endlich gefundenes, neues Zimmer bei Frau Kraft in Weiterstadt gebracht.

Die Suche nach einem Semesterzimmer hat für Karlheinz Routine. Ich weiß nicht, ob er sich regelmäßig mit seinen Zimmerwirtinnen überwirft – bereits in einem der ersten Studienjahre in Heidelberg prozessiert er ohne Erfolg – »**meine Schuld**«– wegen einer Heizkostenabrechnung – oder ob es andere Gründe gibt: es vergeht kaum ein Semester, in dem er nicht sein Quartier wechselt. Seine Ansprüche an die Unterkunft sind freilich gewaltig. Wie hoch, zeigt einer seiner Zettel, auf dem er für sich selbst, in Form einer Tabelle, notiert, welche Vorteile das gefundene Zimmer für den zukünftigen Bewohner birgt, welch ideale Wahl getroffen worden ist.

Von Außen [dies rot unterstrichen] ist erstens die Lage günstig, – nahe Universität, Straßenbahn und Tennisplatz, zweitens ist die Lage ruhig, es gibt dort a) vorne keine Hauptverkehrsstraße mit Straßenbahn, b) hinten keine Motorradwerkstatt oder Schlosserwerkstatt, es ist dort c) innen keine Klavierlehrerin im Haus, auch kein Kindergarten etc. und d) oben [dieser Punkt wurde offensichtlich später mit einem anderen Stift ergänzt], d) also, befindet sich oben kein Kinderzimmer.

Drittens ist die Lage hell und frei.

Von Innen ist erstens das Zimmer a) sauber, b) groß, c) hell und sonnig, hat d) kein vis a vis, es gibt e) auch in dieser Wohnung selbst kein Kind, das Zimmer ist f) gut heizbar und es befindet sich kein Geschäft darunter, schließlich liegt g) keine Küche, kein Klo oder Bad unter oder neben oder über diesem Zimmer.

Zweitens ist das Bett gut und groß, vorhanden sind auch Nachttisch und Nachttischlampe.

Drittens gibt es einen Schrank, ein Büchergestell, gibt es Tisch und Stuhl, Sessel und Sofa.

Viertens sorgt eine helle, künstliche Beleuchtung, sorgen auch Tischlampe und Nachttischlampe für Licht und Vorhänge und Fensterläden für Dunkelheit.

Fünftens enthält der Preis auch Frühstück, Strom, Bettwäsche und Heizung.

Sechstens sind auch Waschgelegenheit und Klosett am rechten Ort.

Siebtens, was die Unterbringung des Fahrrads angeht, ist der Keller gut zu erreichen.

Achtens gibt es zum Nachmittagskaffee auch gekochte Eier.

Neuntens [dieser letzte und alle anderen Unterpunkte sind blau unterstrichen] ist auch ein guter Ofen da.

Im Archiv:

Immatrikulationsschein

Herr Karlheinz Naksch, Studierender der Fakultät für Chemie, hat durch Handschlag feierlich versprochen, die Hochschulgesetze zu achten, die Ordnung zu schützen, den Frieden zu wahren, Kameradschaft zu halten, und gelobt, nach Wahrheit zu streben und sein Wissen zu mehren, um nicht nur sich selbst zu nützen, sondern auch nach seinen Kräften das Wohl der Menschheit und ihre Kultur zu fördern, und ist so in die Gemeinschaft der akademischen Bürger unserer alma mater aufgenommen worden.
Darmstadt, am 28. November 1957.
Der Rektor

Wittelsbachstraße, Viertes OG

Taschenterminkalender

Donnerstag, 19. Dezember 1957

Unser Umzug von Ludwigshafen, Leuschnerstr. 19 I.
nach Wittelsbachstr. 82 IV.

Ein Fahrrad klappert. Unsere Ladenglocke klingelt stürmisch. Der Besuch des Kartoffelmanns droht. Seine Familie hat in besseren Zeiten jahrzehntelang einen kleinen Stand mit Kartoffeln und regionalem Gemüse vor Tor 2 betrieben. Seine Leidenschaft gilt alten Becker-Autoradios, einer Tonträger-Sammlung mit Aufnahmen der Sänger Fritz Wunderlich und Josef Schmidt, und den alten Ludwigshafener Adressbüchern aus dem Karl Waldkirch-Verlag. Diese schweren, in dicken Karton gebundenen Folianten listen nicht nur in alphabetischer Reihenfolge die Einwohner der Stadt mit Adresse und Berufsbezeichnung auf, sondern verschaffen, im zweiten nach Straßen sortierten Teil, einen soziologisch interessanten Einblick in die Zusammensetzung von Hausgemeinschaften und die soziale Struktur ganzer Viertel. Dieser, den Datenschutz ignorierende Aufbau ist dem Kartoffelmann zur Offenbarung und zum Verhängnis geworden, nachdem ihn der Verlust seiner Fahrerlaubnis und seines geliebten hellblauen Heckflossen-Mercedes aus der Bahn geworfen haben. Die genauen Umstände sind mir nicht mehr in Erinnerung, in seiner Geschichte spielen aber ein quasi geklonter zweiter hellblauer Heckflossen-Mercedes und etliche Statisten eine Rolle, mit deren Hilfe ihm der Staat oder eine andere höhere Macht auf einer Umgehungsstraße bei Oggersheim eine teuflische Falle gestellt hat. Die beteiligten Polizeibeamten, die Zeugen *(»gekaufte Schauspieler!«)*, sowie eine Reihe persönlicher Feinde aus seinem dörflichen Umfeld verfolgt er seitdem mit Hilfe der Waldkirchner Adressbücher bis in die dritte Generation. Mal weist er die Häufung von Polizisten und Schauspielern unter den Bewohnern bestimmter Straßenzüge nach *(»das kann doch kein Zufall sein!«)*, mal weitet er seine Suche auf verwandte Berufsgruppen (Werkspolizisten, Hilfsaufseher, Schausteller) aus oder stellt Personen aufgrund entfernter Namensähnlichkeiten unter Verdacht. Immer stärker verstrickt im engen Netz seiner abstrusen Forschungen – die Seilschaften der Gegner reichen bis ins Kanzleramt –, beginnt seine Gesundheit zu leiden, er wirkt erschöpft und vernachlässigt auffällig Kleidung (bevorzugt Fellmütze mit Ohrenklappen) und Körperhygiene. Auch wenn ich mir Sorgen um seine weitere Zukunft mache, beobachte ich das offensive Vorgehen des Kartoffelmannes mit einer gewissen Bewunderung. Er dringt in fremde Hausflure vor, führt unerwünschte Telefonate, befragt ältere Nachbarn (»*Hat hier nicht der Kriminalkommissar Fleischmann gewohnt?*«) Immerhin haben seine forschen Ermittlungen dazu geführt, dass er von der Schwester des verstorbenen Sängers Wunderlich zu Tee und Gebäck gebeten worden ist.

Im Adressbuch des Jahres 1964, das er beim heutigen Besuch mit sich führt, finden sich Informationen über die Bewohner der Häuser Leuschnerstraße 19 und Wittelsbachstraße 82. Während in der ehemaligen Ostmarkstraße überwiegend Meister, Fachwerker und Vorarbeiter aufgeführt sind, ist das neue Haus mit einer Ausnahme nur von Akademikern bewohnt: promovierte Chemiker und solche im Ruhestand, Diplomingenieure, Architekten. Die protestantische Kirchengemeinde der Friedenskirche beklagt dagegen in der Broschüre zu ihrem 50-jährigen Bestehen den Rückgang der Akademikerfamilien unter den Gemeindemitgliedern von 25 Prozent (1956) auf 8 Prozent (1982).

Tagebuch

24. Mai 1955

Wegzug von Dr. Schlüter aus unserem Haus in Ludwigshafen, Leuschnerstr. 19, nach Heidelberg.

Die Familie Naksch, so eine einfache Schlussfolgerung, hat sich diesem Trend angeschlossen. Das fabriknahe Viertel wurde vom Bürgertum nach und nach aufgegeben und ein anderes in Beschlag genommen. Im Adressbuch von 1964 wird, das nur, um es euch nicht vorzuenthalten, auch der Name Naksch, Karlheinz (ohne Berufsbezeichnung) genannt.

Die Bildunterschrift in einer Veröffentlichung der Stadtverwaltung (Ludwigshafen am Rhein. Stadt der Chemie, Hanau 1959) bezeichnet das Haus als einen »*in Gestaltung und Farbgebung besonders schönen Neubau in der Wittelsbachstraße*«.

Die Abbildung zeigt ein teils fünf, teils sechs Stockwerke hohes Eckgebäude im Stil der 1950er Jahre. Eine vielleicht doch ein wenig zu tonnenförmig geratene Rundung erstreckt sich in Richtung Straßenkreuzung. Der linke Teil des Gebäudes wird durch lange, nur einmal durch ein

Treppenhaus unterbrochene Balkonreihen gegliedert und farbige Längsstreifen lockern die Fassade zusätzlich auf. Zwischen zwei Betonsäulen verläuft die Einfahrt zu den Garagen, an einer lehnt ein Herrenfahrrad.

Ich habe Mitte der 1980er Jahre einige Nächte in der kleinen, balkonlosen, über der Einfahrt gelegenen Wohnung einer Freundin, fast Wand an Wand mit Karlheinz, verbracht, ein der geringen Größe unserer Großstadt geschuldeter Zufall. In meinem Gedächtnis ist nur das Knirschen (Eisen auf Eisen) der Straßenbahnen geblieben.

Sich nach vielen Jahren an die Einrichtung und die gewachsene »Ordnung« einer Wohnung zu erinnern, in der man sich nur einige Stunden aufgehalten hat, ist beinahe unmöglich. Zumal dann, wenn der einzige Grund der Anwesenheit darin besteht, die vorgefundene Systematik zu zerstören, die Gegenstände von ihren Plätzen zu nehmen, Möbel wegzutragen, Schränke auseinanderzuschlagen. Einige Szenen kann ich aber noch aufrufen:

Das kleine mit Papier angefüllte Zimmer. Der bis zum Bersten mit durcheinandergeratenen Akten gefüllte Büroschrank. Das landschaftsgleiche Ensemble aus losen Blättern, Fotos, Kontoauszügen, Notizheften und Broschüren auf dem am Fenster stehenden Schreibtisch. Der Stapel original verpackter Regenmäntel mit beiliegenden Kassenzetteln. Eine aus der Küche stammende zylindrische, graue Blechdose, in der sich ein Rest Weißmehl befindet, bewahre ich bis heute auf. Auch der Balkon steht mir vor Augen: er konnte kaum betreten werden, weil sich dort zwischen vertrockneten Geranien hunderte Ausgaben des »Mannheimer Morgen« türmten.

Im Archiv befinden sich insgesamt vier mit Bleistift akkurat auf kariertes Papier gezeichnete Grundrisse der Wohnung. Auf einem ist vermerkt, dass das Haus im Mai 1956 fertiggestellt worden ist. Zwei Pläne zeigen unterschiedliche Variationen der rechts des Eingangs liegenden Sanitär- und Abstellräume, was darauf hindeutet, dass noch vor dem Einzug der Bewohner auf deren Wunsch hin bauliche Veränderungen vorgenommen werden konnten. Zur Option standen ein an die Küche angrenzender Vorratsraum, ein begehbarer Wandschrank im Flur, und außerdem wird dort der Umbau eines Balkons zu einer geschlossenen

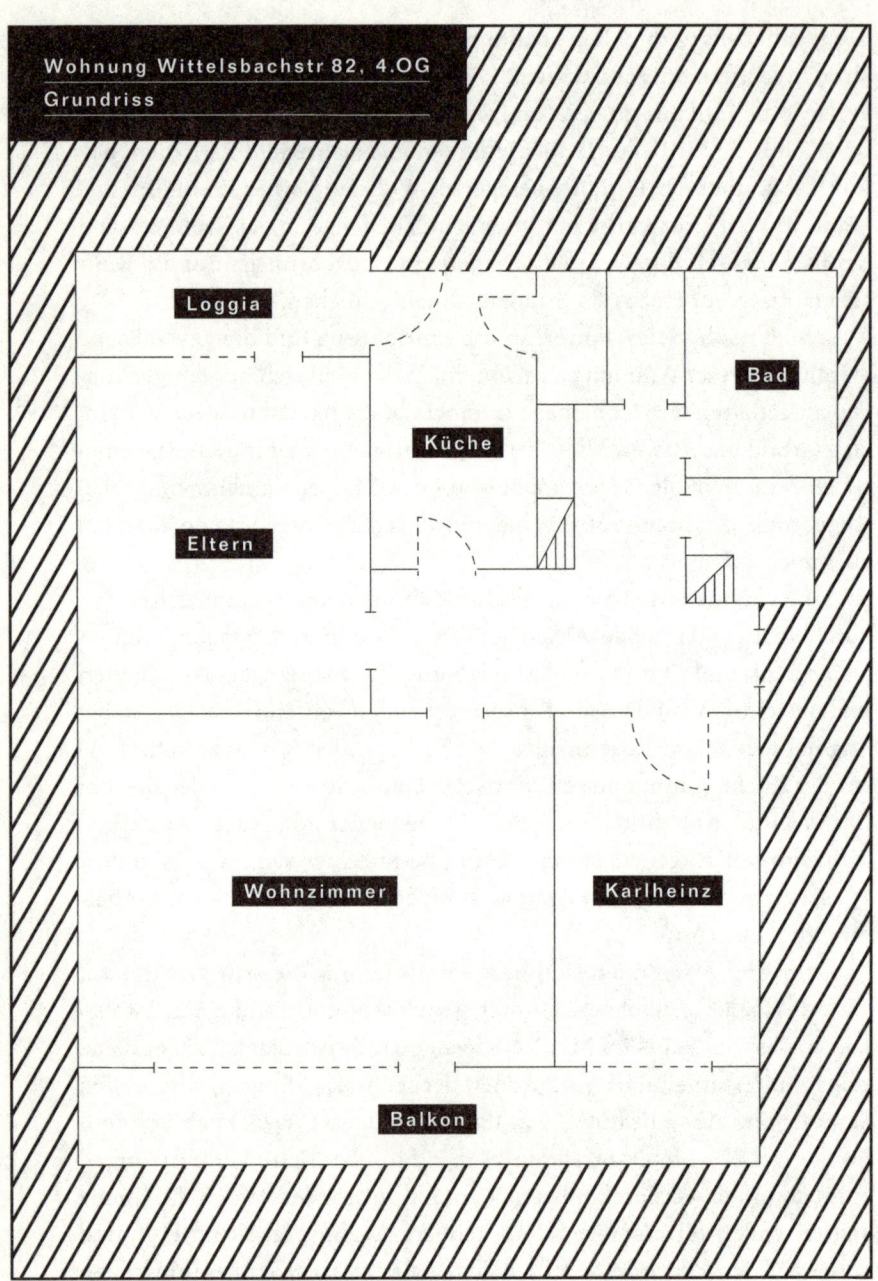

Wohnung Wittelsbachstr 82, 4.OG
Grundriss

Loggia

Bad

Küche

Eltern

Wohnzimmer

Karlheinz

Balkon

146

Loggia vermerkt. Die Wohnung misst 87 qm, hinzu kommen noch ein an der Vorderseite gelegener über 8 Meter langer, aber nur 1 Meter tiefer Balkon und die erwähnte 5,5 qm große hofseitige Loggia, die durch die Küche und das Schlafzimmer der Eltern zu erreichen ist.

Um das Domizil der Familie Naksch zu beschreiben, kann ich neben meiner Erinnerung auf gut zwei Dutzend Fotografien zurückgreifen, die alle in den späten 1960er und den 1970er Jahren entstanden sind. Sie zeigen allerdings, mit zwei Ausnahmen, nur das Wohnzimmer.

Man betritt die Wohnung über einen breiten, L-förmigen, mit Linoleum oder Stragula ausgelegten Flur, dessen längerer Teil auf das Schlafzimmer der Eltern zuläuft. Linker Hand erschließt er zunächst das kleine Zimmer, das Karlheinz bewohnt hat, dann erreicht man das Wohnzimmer. Gegenüber davon liegt die Küche. Rechts von der Eingangstür: das WC (1,7 qm), das Bad (4,86 qm) und der begehbare Wandschrank (2,2 qm).

Eines der Fotos ist vom Eingang her aufgenommen worden. Es zeigt die überrascht lachende Mutter, die in der geöffneten Schlafzimmertür steht. Im Schlafzimmer (15,8 qm) ist eine helle und, soweit ich das erkennen kann, mit Weinblättern bedruckte Tapete verklebt worden, und man sieht einen Stuhl und teilweise das Bett mit rötlichem, stark geflammten Birkenfurnier. Die Leisten sind schwarz abgesetzt, das Kopfteil des wohl aus den 1920er Jahren stammenden Bettes mutet klassizistisch an. Nicht zu sehen ist der etwa 1850 aus massiver Eiche gebaute Schrank, der hinter der Tür steht. Es ist das älteste Möbel der Familie. Die Türfüllungen sind mit Nussbaum furniert und später schwarz lasiert worden, ein schlecht gelungener Versuch, den Brandschaden zu verdecken, der sich, drei Finger breit, in der oberen Hälfte der linken Tür befindet. Ein hässlicher Fleck, der mit dazu beigetragen hat, dass ich den Schrank, nachdem ich ihn restauriert und selbst einige Jahre benutzt habe, zu einem wirklich günstigen Preis verkauft habe. Im Flur steht an der Wand zwischen Wohn- und Schlafraum eine ebenfalls aus Eichenholz gefertigte Standuhr jüngeren Datums, die stilistisch zu den Wohnzimmermöbeln passt. Am linken Bildrand erkennt man eine wahrscheinlich beim Umzug neu angeschaffte Garderobe aus messingfarbenem Metall, die nicht mit dem übrigen Inventar harmoniert.

Das Wohnzimmer ist mit über 26 Quadratmetern der größte Raum der Wohnung. Es wird durch eine breite Fensterfront und die verglaste Balkontür dominiert. Möbliert ist es mit einem 2 Meter langen Büffet, einer dazugehörigen Anrichte mit kleinem Aufsatz und einem passenden Esstisch und vier gepolsterten Stühlen. Es sind solide, zwischen 1920 und 1930 gefertigte Möbel aus dunkelbraunem Holz. Die Backen der Schränke sind mit floralen Schnitzereien versehen, solcher Zierrat ist auch auf die Türen aufgesetzt. Im Vitrinenaufsatz des Büffets entdeckt man Weingläser, Mokkatassen, versilberte Zuckerdosen, kleine Blumenvasen und ein Kaffeeservice mit Blumendekor. Eine schwere Schale aus Bleikristall, zwei kleine Porzellanfiguren (ein Vogel mit ausgebreiteten Schwingen und eine nackte Tänzerin mit erhobenen Armen), ein graues Telefon mit Wählscheibe, ein Rehkitz aus Terrakotta (im Archiv), eine Blumenvase (ebenfalls aus Kristall) und einige Fotografien nehmen die übrige Stellfläche ein. Gleich neben der Tür befindet sich die Anrichte. Zwischen ihr und dem großen Schrank steht ein rotes, sehr durchgesessenes Sofa, auf dem meist eine helle Decke und drei große Kissen mit ungleichen Bezügen liegen. Darüber hängt eine Alpenlandschaft in einem nicht allzu üppigen Goldrahmen, die, wie könnte es anders sein, von einem starken, schneebedeckten Bergmassiv beherrscht wird.

Zur Einrichtung gehören außerdem: Ein ebenfalls enorm durchgesessener, eigentlich kaum noch zumutbarer rötlicher Sessel, der meist in der Ecke zwischen Büffet und Fenster steht. Ein kleiner runder Tisch, Art déco, mit Zwischenablage, dessen Rand mit einem etwa handbreiten Messingband eingefasst ist. Auf dem Tisch liegen Rauchutensilien, zwei Metalldöschen, sowie einige Zeitungen. Eine Stehlampe mit schlankem Holzfuß und einem Stoffschirm, dessen Form an die Hüte von Reisbauern erinnert. Ein Schreibtisch, der frei in der linken Zimmerhälfte steht und einen schmalen Durchgang vom Eingang zur Balkontür lässt, und der von den Fotos nie vollständig erfasst wird. Trotzdem lässt sich ermitteln, dass sich darauf eine Schreibgarnitur aus schwarzweißem Marmor oder Marmorimitat befindet, ebenso eine eckige Tischuhr aus Nussbaum mit rundem Ziffernblatt, mehrere geordnete Papierstapel und zwei oder drei gerahmte Fotografien.

Es fehlt im Wohnzimmer das Fernsehgerät. Wenn ich meine Erinnerung bemühe, dann kann ich für den Zeitpunkt der Wohnungsauflösung die Existenz eines Apparats weder bestätigen noch verneinen. Bei der Klärung dieser, wie ich meine, hinsichtlich des Lebensstils bedeutungsvollen Frage, bedarf es einer Hilfestellung von außen. Sie soll durch Helmut geleistet werden, der als studentische Hilfskraft an dieser und einer Reihe von anderen Entrümpelungen mitgewirkt hat, und dessen Elefantengedächtnis ihn zwar hier ebenfalls im Stich lässt, der aber mit der Bemerkung *»Was nicht sein kann, das nicht sein darf«* eine Marke setzt, und mit der Gewissheit des Statistikers argumentiert, dass mit Ausnahme der Behausungen einiger obskurer Hochschulprofessoren und christlicher Fundamentalisten die Verbreitung des Geräts, spätestens seit der Olympiade 1972 (Farbempfang, PAL-System), vollkommen flächendeckend gewesen sei. Selbst der eingefleischte Vegetarier Albert Fröhlich, an dessen Auflösung er ebenfalls beteiligt war, habe sich dem Besitz eines solchen nicht verweigert, was wiederum durch fotografische Dokumente belegt werden kann. Fröhlich hat eine Nymphe aus weißem Porzellan auf die Oberseite gestellt, um das Gerät wohnlicher zu machen.

Lassen wir also – ich fühle mich unwohl bei diesem Verstoß gegen die selbst gesetzten Regeln – in einer Ecke ein Gerät von Nordmende erscheinen, ein vom Fachhändler auf- und eingestelles, unbegreifliches Wunderding aus deutscher Produktion, das durch Tastendruck und durch die Drehung eines in verschiedenen Stellungen einrastenden Knopfes bedient wird. Gehen wir davon aus, dass es sich um eine mit Sorgfalt ausgewählte Anschaffung handelt, die als willkommene Ergänzung zu Tagespresse und Radioempfang begriffen wird, mit der man sich, nachdem der Tisch abgeräumt und das Geschirr abgespült ist, zunächst von Tagesschausprecher Karl-Heinz Köpcke (frappierende Namensgleichheit) über Regierungswechsel, Mondlandungen und Kriege in Asien informieren lassen kann, um sodann gemeinsam entweder bei der Ausstrahlung eines heiteren Beruferatens im Ersten oder eines Fliegerfilms (mit Hardy Krüger) im Zweiten den Abend ausklingen zu lassen. Die Auswahl zwischen zwei Programmen birgt freilich Konfliktstoff, so dass, wenn nicht im Konsens entschieden wird, die Frage auftaucht: Wer hat in dieser Wohnung die Autorität?

Wenn wir also die Existenz des Gerätes unwillig als gegeben akzeptieren, so nicht ohne die Einschränkung, dass seine Bedeutung schon deswegen als unterdurchschnittlich eingeschätzt werden kann, weil die Sitzmöbel nicht, wie vielerorts üblich, komplett nach ihm ausgerichtet worden sind.

Auf der Fensterbank werden hinter den Gardinen Zimmerpflanzen gehalten; im Raum gibt es einen fast bis zur Decke reichenden Gummibaum und einen niedrigen Blumenständer aus den 1950er Jahren (ihr wisst schon: pastellfarbene in Goldblech gefasste Stellflächen). Die Pflanzen stehen in weißen, hässlich gelb verfärbten und rissigen Plastikübertöpfen.

Es kann als gesichert angenommen werden, dass der Geruch des Raums zu Lebzeiten des Vaters auch bei ausreichender Lüftung von Zigarrenrauch bestimmt war.

Auf dem Balkon werden im Sommer Geranien gezüchtet. Man hat Aussicht auf den wenig ansehnlichen Wittelsbachplatz und die stark befahrene Ausfallstraße nach Süden. Rechts sieht, wer sich ein wenig über die Brüstung lehnt, ein Stück des Bahndamms und der Hochstraße, die über den damals noch neuen, heute sehr unansehnlichen Bahnhof hinweg in die Pfalz führt.

Ein letztes Foto, aufgenommen am 13. Mai 1973, zeigt den Blick von der Loggia auf die im Hof befindlichen Garagen und den bereits älteren Baumbestand.

Karlheinz' Zimmer ist 446 cm lang und 265 cm breit. Es hat ein großes Südfenster, aber keine Tür, die zum Balkon führt.

Er wird bis zu seinem Tod in dieser Wohnung leben.

Letzte Woche, Dienstag

»*Helmut-Kohl-Boulevard!*«

Städtebaulich tut sich was in unserer Stadt. Ein Prachtboulevard ist in Planung, und den Mann mit der Mütze treibt aufs Neue die Frage der Namensgebung um.

»Wollen wir wetten? Helmut-Kohl-Boulevard!«

Er fährt mit mir im Transporter aufs Dorf. Mein Vater hat sich ver-
kleinert, die alte Küche muss raus. Hinter Maudach: Ein Unfall, nichts
Schlimmes, aber wir kommen zu spät und mir klingen die Signale der
Rettungswagen manchmal so lange im Ohr. Mutterstadt. Dannstadt.
Rechts wird eine Ausfahrt gebaut. Auf den Feldern bücken sich Ernte-
helfer aus Polen, am Ortseingang lädt dagegen ein großes, über die Straße
gespanntes Banner zum Feuerwehrfest. »Die nächste dann links, nach
der Bushaltestelle.« Mein Schulbus ging morgens 7 Uhr 8. Die Busse
davor brachten müde Männer zur Schicht.

Der Kollege wird blass, als er den Küchenschrank sieht; schwer
quält sich der zwischen Moderne und Gelsenkirchener Barock, aber
Top-Zustand! Wie gestern gekauft.

»Meine Knochen!«

Unter dem Schrank habe ich als Kind meine Soldaten in Stellung
gebracht. Warum haben die Küchenstühle abends immer geknackt?
Unerklärlich. Die Löffel klappern im Teller. Wir sitzen beim Essen –
eine kleine Einheit – fast immer zu dritt ...

»Vorsicht die Treppe!«

Ich bin der Sohn einer katholischen Hausfrau und eines Versiche-
rungsangestellten, der vom Käfer auf den Mercedes gekommen ist. Er
wollte aus dem Bäuerlichen raus, das kann man verstehen. Die Großeltern trugen noch die Erde an den Schuhen ins Haus. Ihm ist jeder Krü-
mel ein Gräuel. Das Tischfeuerzeug wird mit spitzen Fingern an die richtige Stelle gesetzt.

Das Haus ist verkauft. Er hat, für mich ein Segen, eine sehr viel
jüngere, sehr nette Frau kennengelernt, die ihn im Alter versorgt. Liebe
und Pflegesyndrom. Noch ein Sprung in den Garten: Pergola, Putten und
Waschbetonplatten. »Den Grill kann ich brauchen.« Was hat der Mann
Mühe und Geld in den Garten gesteckt, mit Eisenbahnschwellen, Erd-
buckeln und aus dem Wald geholten Sandsteinbrocken das Grundstück
neu strukturiert, winterharte Bodendecker, Rhododendren und eine
Linde gepflanzt. Die Linde ist, soweit ich weiß, ein langsam wachsen-
der Baum, der aber fünfhundert Jahre und älter werden kann. Sie ziehen

demnächst in ein neues, kleineres Haus, altersgerecht, dort sind nur ein paar Rosen zu schneiden.

»Also dann los!« Auf dem Rückweg fahren wir nicht durch die Dörfer. Schneller geht es über das Oggersheimer Kreuz. Der alte Kanzler soll krank sein, wird in den Kneipen gemunkelt. Mein Kollege reibt seine Gelenke – »*Drecksschrank*« – und er fragt mich nach Mutter.

Ich drücke das Radio an. Landfunk: Zeit für den Rebschnitt. Rapunzel – anderer Name für Ackersalat.

Ordnung III

Notizzettel Karlheinz A4-Format, fünfspaltig beschrieben

Zu Hause: Mit Papa Geld verrechnen, Briefmarken und Kalender verrechnen, 2× rote Folienbeutel verrechnen, Schokolade verrechnen, »Chemie für Labor und Arbeitsplatz« verrechnen, Aktentasche waschen, Handschuhe stopfen, Pullover, Jackenkragen putzen, Knopf in Hose nähen, nach »Kreislaufschäden-Film« erkundigen, Baden, Mutti verschiedene Lappen waschen lassen, Taschentuch waschen.

Kaufen: Krawatte zu blauem Anzug, Daunendecke, bei Knagge+Peitz (Engelhorn) zweite Hose bestellen, bei Brenninkmeyer Hose kaufen (24,–DM), Hosenbügel, Fahrradflickzeug, Cebion.

Mitnehmen: Fahrradgriffe, »UHU«, neue Aktendeckel zum Mitschreiben, Nadeln zum Unterhose auftrennen, Vorlesungsverzeichnis (in Schublade), FKK (in Schublade), Packpapier für Gepäckträger, Ölkännchen für Fahrrad.

Ferner (sofort): Eisenbahnkiste hochstellen und ausräumen, Moped zusammenbauen und einfetten, Post für mich aufheben und wegtun, Schöpflin-Regenmantel bestellen.

In Ludwigshafen (Prüfen): Armbanduhr, Aktenmappengriff, Schießer-Unterhose, neue Krawatte, Stutzen, Schöpflin-Regenmantel.

Erregung

1958 ist für Karlheinz ein Jahr, das vom Anblick nackter Körper, sexuellem Drang und am Ende von einer geheimnisvollen Bekanntschaft geprägt wird.

Im Januar tritt er dem »Orplid – Bund für Körper- und Geisteskultur« in Darmstadt, einem traditionsreichen FKK-Verein, bei. *»Die Aufnahme setzt eine genaue Kenntnis der Persönlichkeit des Antragstellers voraus«*, heißt es in einem ausgefüllten, aber nicht abgesandten Antrag. *»Um gewissenhafte Beantwortung der Fragen wird gebeten.«*

»Welchen ähnlichen Vereinigungen haben sie angehört oder gehören Sie noch an?« Karlheinz macht keine Angaben. *»Haben Sie sportliche Interessen?«* **»Ja«**, schreibt Karlheinz, **»für Schwimmen, Tischtennis und Federball«**. *»Leiden Sie an irgendwelchen Krankheiten oder deren Folgen?«* **»Nein«**, antwortet Karlheinz. *»Was kann für das Bundesleben von Ihnen geboten werden?«* Karlheinz macht keine Angaben.

»Erst wenn wir bar der Kleider all,
Umweht von linden Lüften,
Begeistert springen nach dem Ball,
Mit leicht beschwingten Hüften«,
wird im »Geländelied der Lichtfreunde« gesungen.

Allzu lind können die Lüfte Anfang 58 nicht gewesen sein, noch im März wird das Opelauto bei der sonntäglichen Spazierfahrt im Schnee stecken bleiben. Am 20. Januar notiert er unverdrossen: **»Fahrrad: Im Schnee von Weiterstadt nach Arheilgen. Erstmals ›Orplid‹– FKK-Gelände besichtigt.«** In den folgenden Wochen wird er einige Male das Hallenbad von Frankfurt-Fechenheim besuchen (erstmals beim FKK-Schwimmen). Ansonsten verlaufen die ersten Monate des Jahres im bekannten Rhythmus. Am 2. April wird zum Schutz der geplagten Nerven endlich das **»Doppelfenster in meinem Zimmer, Ludwigshafen, Wittelsbachstr. 82 montiert.«** Familie Hirsch ersteht den neuen Opel Rekord.

Freitag, 18. Juli 1958

**Semesterschluss an der Technischen Hochschule Darm-
stadt. Eisenbahn: Nach Neu-Isenburg (FKK besichtigt) und
nach Frankfurt (einmal imitiert).**

Samstag, 19. Juli 1958

Eisenbahn: Nach Mainz-Bischofsheim. Rückfahrt über Ginsheim auf Rheininsel Langenau (beim FKK).
Der Naturistenbund Rhein-Main hat am Rheinstromkilo-
meter 489, rechtes Ufer Insel Langenau, südlich Ginsheim
bei Mainz, ein zum Teil mit Weiden, Schilf und Pappeln
bewachsenes 12.000 qm großes Gelände mit 300 Meter
Strandlinie und zwei Sandbuchten hinter Buhnen. Nacktes
Schwimmen im Strom.

Montag, 21. Juli 1958

**Eisenbahn: Nach Frankfurt (beim FKK-Schwimmen in
Fechenheim).**

Mittwoch, 23. Juli 1958

Eisenbahn: Nach Frankfurt (Mittagessen, Kaffee), (1× richtig).

Im Archiv:

Fahrkarte vom 23.Juli 1958

Personenzug von Frankfurt am Main Hbf nach Darmstadt
Hbf (28 km), 2. Klasse, zum Preis von 2,20 DM. Die Fahrkarte
besteht aus orangefarbenem, festen Karton (ca. 3 × 5,5 cm)
mit roten und schwarzen Aufdrucken. Sie ist durch Lochung
entwertet.

Wer sich, wie wir, mit Karlheinz' kryptischen Aufzeichnungen
eingehend beschäftigt hat, wird entschlüsseln, dass es sich bei den
Umschreibungen »**einmal imitiert**« und »**1× richtig**« um zwei unter-

schiedliche sexuelle Praktiken handelt, über die ich nicht weiter spekulieren will. Es kann aber davon ausgegangen werden, dass er sich dabei professioneller Hilfe bedient hat. Es ist nicht sonderlich weit hergeholt, einen Zusammenhang zwischen seinen Besuchen im Hallenbad von Fechenheim, den Besichtigungen in Neu-Isenburg und auf der Rheininsel Langenau und dem Wunsch nach sexueller Erleichterung herzustellen. Dies will allerdings nicht recht mit der Ethik der Lichtfreunde übereinstimmen. In der Fortsetzung ihres Geländeliedes heißt es:

>»Dann sind verwandelt wir geschwind*
und gar nichts andres eben,
als jeder wieder wie ein Kind,
das spielen will und leben.«

Ein undatierter Briefentwurf in der vertrauten Handschrift, er lässt sich dem Frühjahr 1958 zuordnen, ist an den Betreiber des Heideheims in Glüsingen, einer kleinen Ortschaft in der Lüneburger Heide gerichtet.

»Sehr geehrter Dr. Fränzel«, heißt es da, **»ich wende mich an Sie auf Empfehlung von Hr. Stein, Darmstadt. Ich hätte Interesse meinen diesjährigen Sommerurlaub in Glüsingen zu verbringen. Können Sie mir ggf. ein Prospekt zusenden (...).«**

Es ist ein großer und wahrhaft glücklicher Zufall, dass uns der Nachlass von Herrn Albert Fröhlich aus Mannheim einen zeitgenössischen Einblick in die Welt der Freikörperkultur, der sich Karlheinz gerade annähert, verschafft. Fröhlich, ein begnadeter Amateurfotograf, überzeugter Vegetarier und Naturfreund, war nicht nur ein intimer Kenner der Freikörperkultur im Allgemeinen, sondern auch Gast im Heideheim Glüsingen. Und so befindet sich seit der von mir eigenhändig vorgenommenen Entrümpelung eine marmorierte, mit roten Ecken verzierte Pappkassette in meinem Besitz, die mit annähernd 150 auf Karton aufgezogenen und teilweise beschrifteten Fotos gefüllt, Herrn Fröhlichs Erinnerung an zwei dort verbrachte Ferien in den Sommern der Jahre 1958 und 1960 wach hält.

Das Heideheim ist das Reich von Dr. Fränzel, einem weißbärtigen Patriarchen mit runder Brille und schon etwas gebeugtem Rücken,

155

der bei einem Sigmund-Freud-Ähnlichkeitswettbewerb die Konkurrenz nicht zu fürchten hätte. Im Gegensatz zu den meisten anderen Personen, die auf den Fotos zu sehen sind, tritt Dr. Fränzel immer bekleidet auf, meist trägt er zur weiten dunklen Hose ein ungebügeltes weißes Hemd mit kurzen Ärmeln und eine äußerst leger gebundene, dünne Krawatte. Fröhlichs Fotografien – hier grüßt Fränzel auf der Veranda seines Hauses eine davor versammelte Schar, dort steht er klatschend in der Mitte eines Kreises tanzender Nackter – weisen ihn als eine von allen verehrte Führerpersönlichkeit aus. Ich will behaupten, dass er sich in vielen Jahrzehnten um die FKK-Bewegung verdient gemacht hat. (Eine Recherche hat mittlerweile ergeben, dass Walter Fränzel ein heute vergessener Reformpädagoge der Weimarer Zeit gewesen ist. Jugendfreund Karl Korschs! Er hat auch den Gedichtband »Quecksilberne Sonette und andere Lieder von Licht/Luft/Leben aus der ersten Blütezeit der Lichtbewegung« veröffentlicht.)

Glüsingen im Sommer: das sind Sonnenblumen, Brombeeren, Obstbäume und trockene Wiesen. Das Gelände liegt bei einem von Kiefern und Birken umstandenen Waldsee, das Badevergnügen wird aber durch im Wasser treibende Äste und starken Pflanzenbewuchs getrübt. Wie gut, dass auch im Zentrum der Anlage ein großes, wenn auch flaches Planschbecken für die Naturfreunde bereitsteht. Nicht weit davon lädt ein bogenförmiges, sehr hoch angebrachtes und aus Birkenästen gefertigtes Schild in den dahinter liegenden Bereich ironisch – man ist ja abstinent – ins »Wirtshaus zum Blauen Krug« ein. Ein Tisch, zwei Bänke, mehr ist es nicht. Unter dem Bogen steht eine junge Frau im geblümten Kleid und spielt Gitarre. Die Unterbringung erfolgt in einfachen und luftigen, aus Stämmen gebauten Hütten, die mit Eisenbetten ausgerüstet sind, oder im eigenen Zelt. Nach den Worten seines Begründers will Glüsingen »*kein Licht-Hotel und kein Sanatorium sein, sondern eine Freikörperkulturstätte für Rührige, Rüstige und körperlich Rege*«.

Gelebt wird hier, allem Anschein nach, in der Gemeinschaft – gemeinsames Essen, gemeinsames Turnen, Tanzen und Singen. Die Gespräche, die in abendlicher Runde beim Schein von Fackeln und bunten Lampions geführt werden, umkreisen, so meine durch Nutzung von

Fröhlichs Spezialbibliothek untermauerte Annahme, Themen wie die
»Thesen der internationalen Mazdaznan-Tempelgemeinschaft aus Herr-
liberg bei Zürich«, »Die Küche als Urheberin der Krankheiten«, »Die
wunderbare Heilkraft des Kohlkopfs« oder »Die Darmreinigung nach
Franz Xaver Mayr«.

Einen Höhepunkt des Sommers 1960 bildet Dr. Fränzels 69. Geburtstag. Der Meister sitzt am Kopfende einer mit flachen Obstkuchen,
Feldblumensträußen und bunt zusammengewürfeltem Geschirr bedeckten Tafel. Ein schildkrötenhafter Mann hält später am Tag – die Festtags-
kleider sind inzwischen abgelegt worden – einen humoristischen, mit
Zeichnungen und Sprüchen illustrierten Vortrag. »*Fränzels Bart – besondere Art. Essensglocke – Waldlauf locke. Doktor Bein – Baum soll
sein*« – hierzu wird die Zeichnung eines Wasser lassenden Hundes hoch-
gehalten. Das Schildkrötenhafte des Festredners entsteht, das nebenbei
erwähnt, besonders durch die Haltung seiner Arme, die er, wie ein Rin-
ger im griechisch-römischen Stil, weit vor sich gestreckt hält. Dann,
nächstes Foto, singen alle vom Blatt.

Eine andere Bilderserie zeigt, bei reichlich bedecktem Himmel, den
Besitzer (Tressler) mit seinem Schäferhund (Arras) im breit gestreiften
Bademantel (oder auch ohne) und mit gerunzelter Stirn. Auf weiteren Aufnahmen korrespondiert dieses Runzeln seltsam mit seinen Bauchfalten,
wenn er eine nackte Heranwachsende mit Badekappe betrachtet, die im
seichten Wasser des Waldsees auf einem Baumstamm balanciert. Arras ist
mit einer starken Kette an eine Kiefer gebunden und lässt die Zunge hängen.

Hervorzuheben sind auch die, von mir so betitelten, Bildfolgen:
»Abschied«:
– Heftige Umarmungen zwischen bleibenden und abreisenden
  Gästen.
– Ein älteres Paar ist eben dabei, durch die aufgeklappte einzige
  Tür eine BMW-Isetta zu besteigen.
– Eine größere Gruppe, am linken Rand Dr. Fränzel, diesmal
  im schwarzen Trainingsanzug, winkt der davonbrausenden,
  staubaufwirbelnden Isetta hinterher.

»Die menschliche Pyramide«:
– Sieben Lichtfreundinnen und Lichtfreunde formen letztlich
erfolgreich eine menschliche Pyramide.
»Der Morgentanz«:
– Zwei Dutzend Nackte haben sich an den Händen gefasst
und tanzen ausgelassen über eine Wiese. Im Hintergrund
beobachtet Dr. Fränzel wohlwollend ihr Tun.

Es soll nicht verschwiegen werden, dass das fotografische Haupt-
interesse Albert Fröhlichs drei etwa 14-jährigen Mädchen – Birgit, Ruth
und Eva-Maria – gilt, die er, entgegen seiner üblichen Praxis, auf Farbfilm
bannt. Während er, wie aus den vorher beschriebenen Szenen vielleicht
ersichtlich, den spontanen Schnappschuss bevorzugt, überwiegt hier die
Pose, das künstlerisch inszenierte Bild. Drei Grazien fotografiert beim
Spiel mit dem Wurfreif; die blonde Eva-Maria an eine Birke gelehnt; Ruth,
bis zu den Knien im Planschbecken, hantiert mit einem aufgeblasenen
Gummischwan; Ruth, den Schwan immer noch in der Linken, streckt
lächelnd und schaudernd zugleich die freie Hand dem offensichtlich kalten Strahl eines Springbrunnens entgegen. Rechts oben entdeckt man,
von einem ins Bild hineinragenden Busch fast gänzlich verborgen, oben-
drein durch eine Unschärfe getarnt, aber von Albert Fröhlich durch einen
Pfeil am Rahmen gekennzeichnet, den allgegenwärtigen Dr. Fränzel.
Gehen wir einen Moment lang davon aus, Karlheinz hätte sein
Begehren, den Sommer 1958 in Glüsingen zu verbringen, in die Tat
umgesetzt – in Wirklichkeit hat ihm diese Insel nur von ferne geleuch-
tet, die Sommerautotour mit den Eltern führt in diesem Jahr aufs Neue
nach Kitzbühel –, könnt ihr euch vorstellen, wie er dort im Mittelbau
einer menschlichen Pyramide steht, der nackte Fuß von Eva-Maria ruht
dabei auf seiner Schulter? Könnt ihr euch vorstellen, ihr kennt ihn ja
mittlerweile recht gut, wie er Ringelrein tanzend, ein frohes Lied auf den
Lippen, nackend über die Wiese springt? Oder müsst ihr nicht sehr viel
weniger Phantasie aufbringen, um zu sehen, wie er sich nach kurzer, für
die kommenden Wochen vieles versprechender Bilderjagd – die Kamera
hängt von einem braunen Lederetui geschützt auf seinem weißen

Bauch – auf einem im Gras liegenden Ast den Fuß vertritt, wie er, von einer heraufziehenden Erkältung geschwächt, von Stechmücken gepeinigt, von Schäferhund Arras bedrängt, von Dr. Fränzel zur Seite genommen wird. »Lieber junger Freund«, höre ich Dr. Fränzel sagen. »Lieber junger Freund, Sie und unsere Gemeinschaft, das ist wie Feuer und Wasser, das will nicht zusammen kommen.«

Die Reise geht stattdessen nach Kitzbühel. In einen Urlaub, zu dessen Höhepunkten mehrere Sesselbahnfahrten gehören, der überschattet wird durch das Ungemach, dass es in der dortigen Unterkunft – Haus Walde, Franz-Walde-Weg 5 – »Flöhe« (dickes Ausrufezeichen), gibt und Karlheinz, im Gegensatz zu den Eltern – 17 Übernachtungen – ein anderes Quartier bezieht.

Ein Briefumschlag mit 13 Postkarten von Kitzbühel und Umgebung ist beschriftet mit: »Doppelt vorhanden, da besonders schön«.

Sofort nach der Rückkehr besucht er das FKK-Gelände im nahe Ludwigshafen gelegenen Altrip. »Achtung! Das Gelände liegt in einem Naturschutzgebiet! Keine Blumen und Wasserpflanzen pflücken oder herausreißen! Nicht nackt mit Booten oder Luftmatratzen auf den See hinauspaddeln!«

Mitte September reist er mit Papa nach Nürnberg und ersteht ein eigenes Moped, eine Viktoria Luxus in der zweifarbigen Ausführung und mit zusätzlichem dritten Gang. »Die Ersparnisse an Fahrkosten, der Gewinn an Freizeit, die Unabhängigkeit von allen öffentlichen Verkehrsmitteln und deren begrenztem Radius« sind es aber in der Hauptsache, die dem VIKTORIA-Vicky-Fahrer den Besitz seines Mopeds zur »dauernden Freude machen«.

Die mehrtägige alleinige Rund- und Rückreise – Vicky hat eine Höchstgeschwindigkeit von 40 km/h – hat neben der Burg des Götz von Berlichingen – im Archiv: Ansichtskarte der Höhengaststätte Schönblick, Jagsthausen, gestempelt September 1958, sowie ein halbes Dutzend weiterer Ansichtskarten, welche die Fahrt dokumentieren – auch den Besuch mehrerer FKK-Gelände zum Ziel.

Am 6.9.1958 weist ein blaues Postsparbuch mit der Nummer 45.646.425 ein Guthaben von 1,– DM auf. Anfang Dezember erkrankt der Besitzer des Sparbuchs an Grippe.

Auf einem undatierten Zettel der Kategorie ORDNUNG notiert Karlheinz **»Mutti nach Moped-Putzlappen fragen«**, **»lange Unterhosen reklamieren«**, **»Quick aufheben (Nitribitt-Artikel)«**. Der ungeklärte Mord an der Frankfurter Prostituierten Rosemarie Nitribitt – ein Jahr ist seitdem vergangen – war einer der großen Skandale der frühen Bundesrepublik und erregte mit seiner Mixtur aus Sex, Geld, Macht und Verbrechen nicht nur die Phantasie des bettlägerigen Studenten, dem turbulente Tage bevorstehen.

Tagebuch

Donnerstag, 11. Dezember 1958

Meine Wiedergenesung von Grippe.

Samstag, 20. Dezember 1958

In Darmstadt: Rahmenbruch meines »Triepad«-Fahrrads.
Eisenbahn: Nach Frankfurt.

Sonntag, 21. Dezember 1958

Eisenbahn: Nach Frankfurt (Kaffee, drittes mal richtig und Treffen mit Hamburger).

Montag, 22. Dezember 1958

Eisenbahn: Nach Frankfurt.

Mittwoch, 24. Dezember 1958

Eisenbahn: Von Darmstadt nach Ludwigshafen in Weihnachtsferien.

Montag, 29. Dezember 1958

In Mannheim-Industriehafen.
Treffen von Hamburger [rot unterstrichen] und auf Schiff.

Klimax! Höhepunkt!
Die Leinen sind los, die Segel sind endlich gesetzt. Ein Rahmenbruch und eine Frau. Pfefferkuchen und ein Schiff. Zum wiederholten

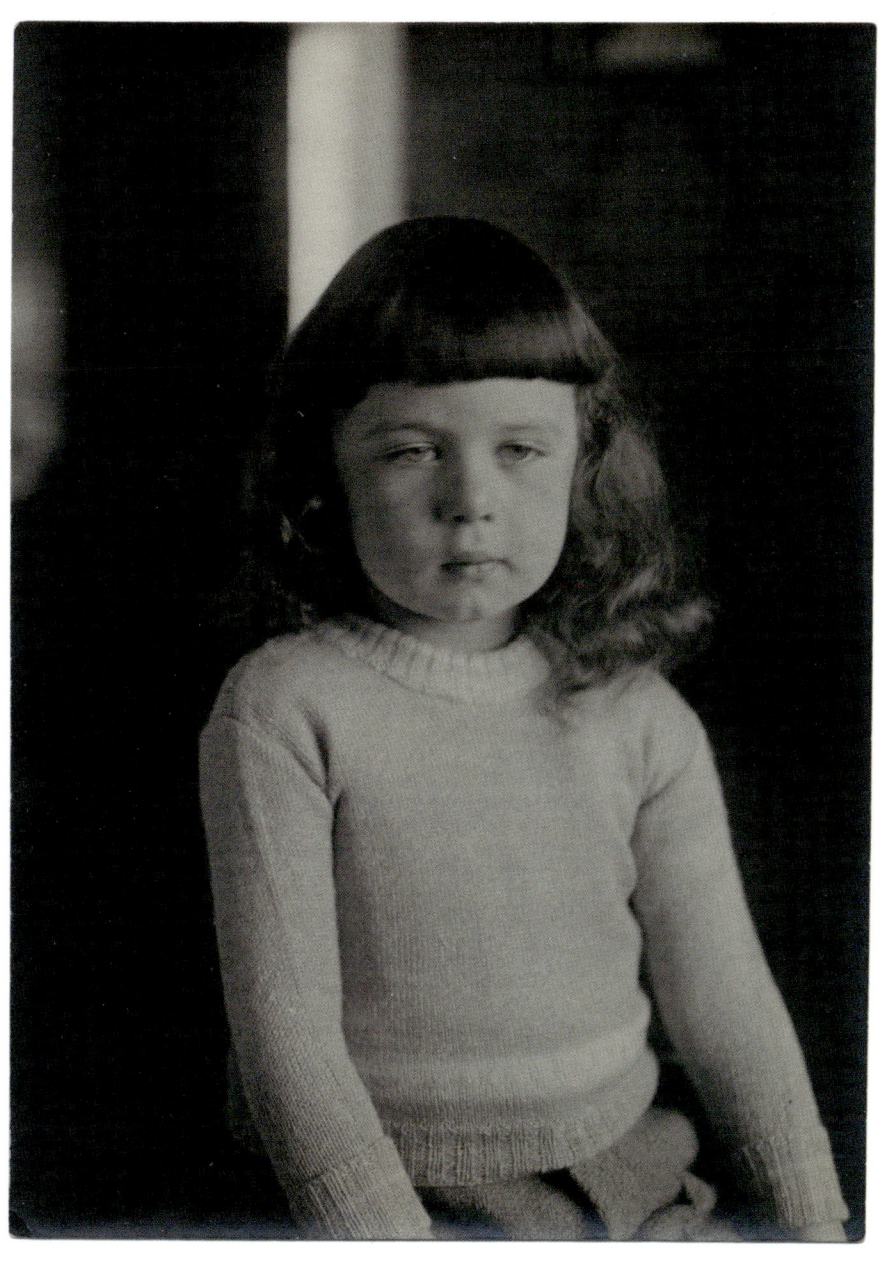

Karlheinz 1934

I

a

b

II

Mustergeflügelgut „Ludwigshöhe"
In Beantwortung Ihres
Schreibens vom 9.3. teile ich Ihnen mit, dass ein
Tausch in der angeführten Weise nicht möglich ist,
da wir alle anfallenden Eier zur Zeit zur Brut verwenden müssen. Vielleicht kommen Sie im Juni noch
einmal darauf zurück.

Rückersdorf b. Nürnberg, den 17|3.48
Station f. Pers.-Verkehr: Ludwigshöhe
Station f. Güter-Verkehr: Rückersdorf (Mittelfr.)

Hochachtungsvolldigut
„Ludwigshöhe" Rückersdorf
Telef. Nürnberg 59062

MUSTERGEFLÜGELGUT
„LUDWIGSHÖHE"
BESITZER BERNHARD NÖLKE

Anerkannte Vermehrungszucht

Leistungszucht weißer Leghorn · Obstbau
Brutanlage für 75000 Eier
Größe des Betriebes 15 Hektar

**Süddeutschlands größter
Geflügelzuchtbetrieb**

Ausgezeichnet mit der gold. Bayer. Staatsmedaille, mit
bayer. Staatsehrenpreisen u. vielen Leistungspreisen

Fernsprecher: Nürnberg 59062
Postscheckkonto: Nürnberg 311 89
Bankkonten: Deutsche Bank, Filiale Nürnberg
Bayerische Staatsbank Nürnberg

Erfüllungsort für beide Teile ist Nürnberg. Die Beschaffenheit der Ware gilt als genehmigt, wenn nicht unver-
züglich, spätestens einen Tag nach Empfang, schriftlich
Beanstandung erfolgt. Angebote und Lieferung stets frei-
bleibend. Versand unter Nachnahme. Gelieferte Waren
bleiben mein Eigentum bis zur völligen Bezahlung.

Postkarte
Herrn
Karlh.

Ludwigshafen/Rh.
Leuschnerstr. 19

c

---

a Kunstunterricht 1940

b »Papa photografiert meine elektrische Eisenbahn«

c Gescheiterter Versuch Pfälzer Wein gegen Eier zu tauschen.

III

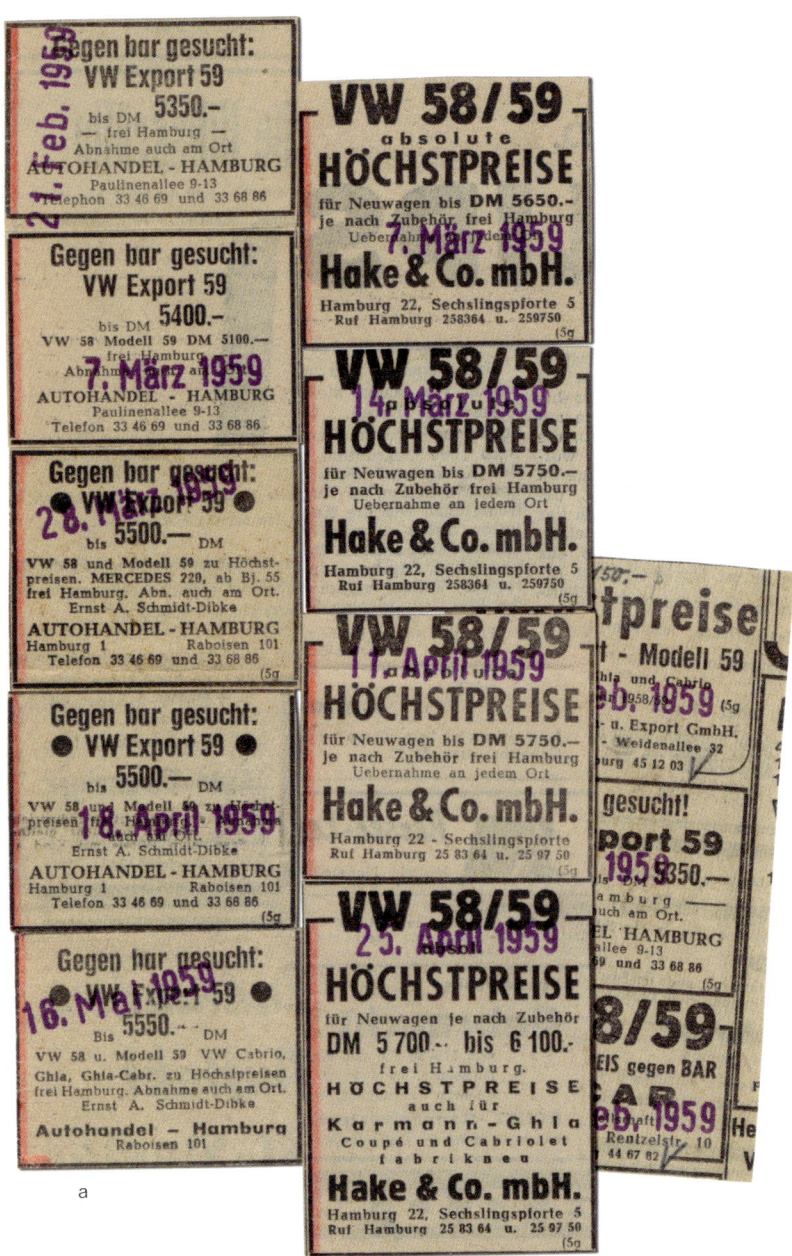

a Ein Student macht Geschäfte: »grauer Export« von VW-Käfern.
b Führerschein 1961

IV

b

V

a

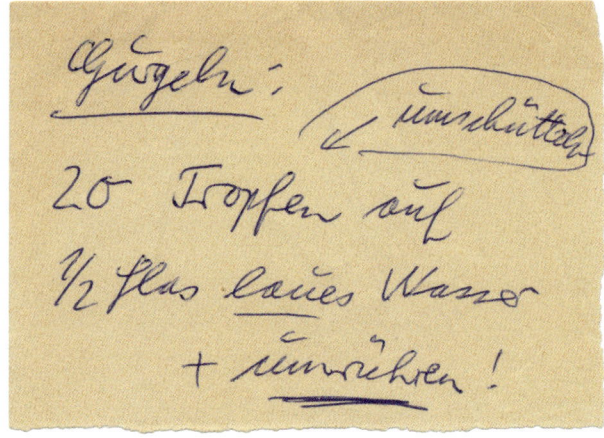

b

a   Es ist eine moralische Frage, wieviel Schonung ein Kranker bedarf.

b   Gurgeln gegen Halsschmerzen.

c   Das Rehkitz aus Terracotta neben dem Telefon ist im Archiv erhalten.

d   Taschenterminkalender 1958: »Eisenbahn: nach Frankfurt«.

VI

c

Dezember 52. Woche 355→358 52. Woche 359→361 **Dezember**

21 Sonntag 4. Advent Weihnachtsfest Donnerstag **25**

E: nach Frankfurt (→ R.; → 3, × richtig um u. Treffen von Hamburges)

SA 8²⁵ SU 16¹⁵ MA 13⁴³ MU 3²⁶

22 Montag Winteranfang 2. Weihnachtstag Freitag **26**

E: nach Frankfurt ;

23 Dienstag Sonnabend/Samstag 27

24 Mittwoch E: von Darmstadt nach
...hafen in Weihnachtsferien Notizen

DEZ

d

VII

a

a   Im Pfälzer Wald: »letzte Fahrt mit altem Opel-Auto«

b   Im Pfälzer Wald: das neue Opel-Auto

c   Jede Fahrt wird im Kalender notiert.

VIII

b

c

AUGUST 1956   34. Woche 232—235

19 Sonntag **A**: zus. ½ Pfalz üb. Autobahn
zu Wasener-Kreuz-Hütte
F: zus. dch. Tal zum Eiswoog-Weiher
(→ K.) u. zurück üb. Rote Bühl

SA 5 14 SU 19 36   MA 18 17 MU 3 09 VX

20 Montag

21 Dienstag

22 Mittwoch **A**: Urlaubsautotour zus. mit
Eltern von Ludhafen üb. Autobahn, A.-Gasth.
Bruchsal (→ M.), A.-Gasth. Gruibingen (→ K)
nach Leffingen b/Günzburg (→ A.;
1 × Üb. im Gasth. Linde)

34. Woche 236—238   1956 AUGUST

A: Urlaubsautotour weiter Donnerstag 23
auf Autobahn üb. (→ Absteher nach
Zusmarshausen) München (→ M.),
A.-Gasth. Ischenberg (→ K.), Liegsdorf,
Alpenstraße nach Ramsau b/Berchtesgaden
(→ A.; 18/4 × Üb. bei Friedrich
i/H. Adlerhorst) Freitag 24

zus. auf Zimmersuche
F: nur mit Papa, dch. Schlucht zur
Hindenburglinde (→ M.); in Ramsau (→ K)

F: zus. von Alpenstraße Freitag/Samstag 25
auf Soleleitungs-Höhenweg üb.
Zipfhäusl (→ M.), Gerstreut zum
Soldenköpfl (→ K.) u. zurück zur
Hindenburglinde

Notizen

IX

a

a   In Interlaken 1972
b   Wegwerfen war seine Sache nicht.
c   In Interlaken 1972

X

b

c

XI

P 95

Dauer-Regen

auf Ferienreisen und Ausflügen

ist halb so schlimm!

Ja, es macht sogar Spaß,
im strömenden Regen,
in Ferien- und Kurorten,
durch „Eos" geschützt,
auf die gewohnten Wanderungen
nicht verzichten zu müssen.

VB Verbraucher-Bedarf
Gisela Schmidt-Neirynck
Mannheim, M 2, 18 Tel. 23089

Wie man's macht? ▶

a

Nr. 25
„EOS"-Plastik-Damenmantel
aus P.V.C.-Folie, wasserdicht
lieferbar in vielen Farben, vorwiegend in
transparent weiß.
Auch in Streifendessins lieferbar.

Nr. 26
„EOS"-Plastik-Herrenmantel
aus P.V.C.-Folie, wasserdicht
lieferbar in verschiedenen Farben, vorwiegend transparent rauchgrau.

Nr. 23/Ki
„EOS"-Wetterumhang für Kinder
aus P.V.C.-Folie, wasserdicht
lieferbar in Längen von 50 bis 100 cm.

Farben: Weiß, rauchgrau, rosa und hellblau,
sowie in buntfarbigen Dessins.

XII

→ 1104.61
-.70   4 x Folienbeutel
-.40   2 x Telefon
3.-   Friseur
-.50   Milch → 1109.21
2.40   3 x Paßbilder
-.70   Milch
39.75 blaue Jacke
9.90   Haarschuhe
6.-   Wochenkarte → 1167.96
20.-   Essen
40.-   Urlaub Herrenalb (6/67)
29.90 Lipigeon
8.90   Regenmantel Vetter
4.90   Regenmantel Kittie
18.-   3 x Wochenkarte
6.16   Labor
3.35   Milch
3.-   Friseur → 1332.17

→ 954.71
5.60   Kleppershaube
-.20   Folie
30.-   Hemd + Stoff
zurück 15.75   Hemd
-.50   Eis
2.-   Muttertag → 1008.76
10.-   x Essen
-.30   Milch
5.90   2 x Strümpfe
zurück 15.75   kz. Hemd
35.90 Sandalen
1.25   Schürreme
-.15   Bildytg.
-.90   Kuchen → 1078.91
3.95   Strümpfe
4.90   2 x Strümpfe
6.85   2 x Strümpfe
10.-   Wochenkarte, Hefte → 1104.61

→ 1484.10
3.50   Eis
1.14   Milch → 1488.74
1.14   Milch
10.-   Essen
6.-   Wochenkarte
3.28   4 x Klopapier
2.50   Eis
2.95   Strümpfe
-.15   Bildytg. → 1514.76
2.95   Strümpfe
1.14   Milch
3.50   2 x R-Kreme
2.50   Eis
6.-   Wochenkarte → 1530.85
10.-   Essen
1.14   Milch
6.-   Wochenkarte
3.28   Klopapier → 1551.27

→ 1332.17
2.-   Strümpfe
2.50   Eis
-.20   Telefon Papa
-.15   Brezel → 1337.02
12.-   2 x Wochenkarte
10.-   Essen
5.70   Eis
1.95   Strümpfe
2.28   Milch
9.80   2 x Regenmäntel
3.-   Slip
39.50 2 x kz. Hemden → 1421.25
24.50 Hemd lg.
18.50 kz. Hemd
4.90   Regenmantel
2.95   Strümpfe
3.-   Friseur
6.-   Wochenkarte → 1484.10

b

a   Wir haben alle unsere Marotten. Karlheinz sammelt Regenmäntel.
b   Die Ausgaben für den täglichen Bedarf summieren sich von
1967–1978 auf 9972,05 DM.

XIII

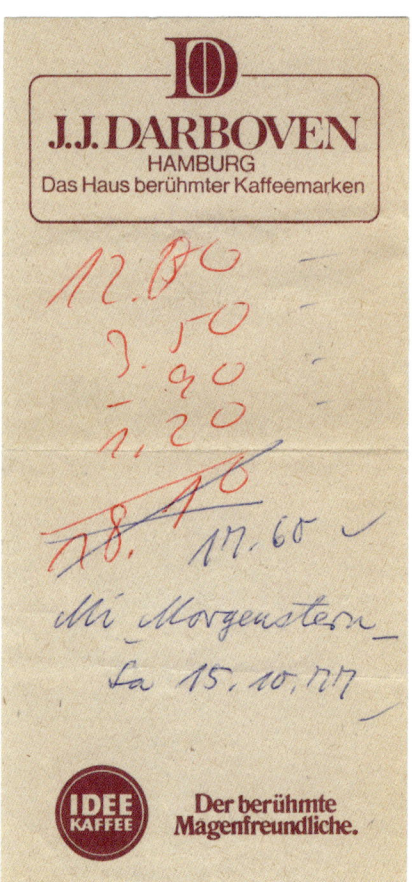

a

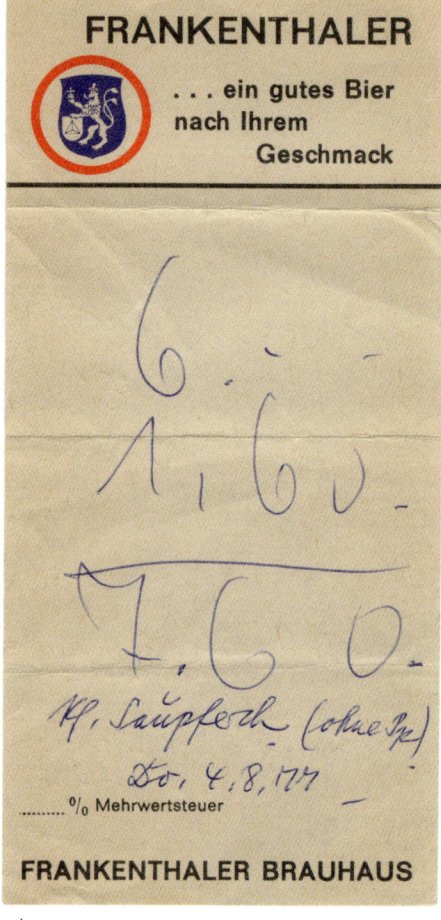

b

a   Nachrechnen rentiert sich!

b   Kaffee Saupferch: ohne Papa.

c   Die Art der Verpackung gibt zu denken.

XIV

SEXUAL
FANTASY

Frisch
aus
erster
Hand

Fleischer-Fachgeschäft

FULL COLOR · GANZ IN FARBE!

aus Ihrem Fleischer-Fachgeschäft

anno 1910
Dorwold

B. Dorwold
Fleisch und Wurst
vom Land

Unterschrift des Inhabers / Signature du titulaire / Signature of bearer

Nr. L 1452292

3

Der Personalausweis wurde im Mai 1982 beantragt.

XVI

Mal treibt sich ein Sohn aus gutem Haus im Frankfurter Milieu herum; da ist bereits sicheres, ausgekundschaftetes Terrain. Ein Bordellbesuch nach der Kaffeestunde. Zum dritten Mal richtig. Ausgestattet mit der erhalten gebliebenen Rückfahrkarte vom 21. Dezember 1958 – Darmstadt HBF nach Frankfurt HBF, sie soll uns als Legitimation dienen – schlüpfen wir endgültig in die Rolle der Voyeure. Wir beobachten Karlheinz durch beschlagene Scheiben, wie er in plüschiger Umgebung den Cognac schwenkt, ein Lebemann mit leergeräumtem Konto unter seinesgleichen. Bekanntschaften werden gemacht. Hier kann ein neuer Roman beginnen: »Karlheinz und der Unbekannte«, »Karlheinz und die Gangster«. Wir schleichen uns an den Feiertagen ein in das geschmückte Wohnzimmer daheim, sehen ihn Mutters Selbstgebackenes kauen, von den Schnapsbohnen naschen. Die Weihnachtstage müssen voll innerer Spannung gewesen sein. In der Kälte geht er über den Fluss. Industriehafen: Die Rheinschiffe sind schwarz und dampfen. Am Ufer sind Kohlehalden aufgeschüttet, dunkle Hügel mit Flecken von altem, schmutzigem Schnee. In eisiger Nacht wagt sich da einer – ein Gang über schwankende Planken – auf ein fremdes Schiff. Sein Name sei Walross. Ist da Schmuggelgut hinter Fässern verborgen? Vom Steuer her nickt ein schweigsamer Kapitän. Werden Papiere über den Tisch geschoben? Projekte gemacht? Winkt da der Arm der toten Rosemarie?

Mit der Eintragung vom 29. Dezember enden zunächst die geretteten Tagebuchaufzeichnungen. Es tut sich ein schmerzender Spalt von über einem Jahrzehnt auf, der nur schwer mit anderen Quellen geschlossen werden kann. Das Bild wird unscharf. Jetzt, da Karlheinz sein dreißigstes Lebensjahr erreicht hat, soll aber dieser formale Bruch zu einer ebenso voreiligen wie ungerechten Zwischenbilanz genutzt werden.

Energie

Bilanz ziehen heißt Nachdenken, und ich will dazu auf den kleinen Balkon treten, der an meine Küche grenzt, eine Zigarette rauchen. Ich habe von oben Blick in ein freies Karree, das von drei Dutzend Wohnhäusern umschlossen wird, bis vor kurzem wies es noch eine allerletzte vom Krieg geschlagene Lücke auf, so dass ich auf einer Mauer im nächsten Quadrat den Schriftzug »Georg Maier - Kohle und Heizöl« lesen konnte, aber der Bautrupp ist im letzten halben Jahr gut voran gekommen: die Lücke ist zu.

Im Geviert sieht man die Häuser von hinten, nicht die Schauseite: teils Backstein und alte Gauben, teils glatte Nachkriegsarchitektur; abblätternde Farben an den mit Satellitenschüsseln gespickten Wänden, ausgehängte Wäsche; durch ein offenes Dachfenster fliegen die Tauben ein: Das müsste man melden! Auf manchen Balkonen wird auch im Winter gegrillt. Kinder werden nach oben gerufen. Der fanatische Gärtner vom Nachbargrundstück – das Gesamtgelände ist durch Zäune und Mauern in ganz unregelmäßige Abschnitte zerteilt – macht sich so breit, dass er seinen Mitbewohnern, auch den Kleinen im Haus, den Garten vergällt. Auf einem Bolzplatz, der, über die Höfe, nur für die Bewohner einer einzigen Häuserreihe zugänglich ist, übt immer dieselbe Gruppe von Kindern mit Raufereien und sportlichen Wettkämpfen ihr Sozialverhalten ein.

Ich stehe hier oft, ich bin starker Raucher. Hinter den Häusern kann ich den Turm der katholischen Kirche und einen bemalten Hochbunker sehen, der nur aus meiner Perspektive so aussieht, als wäre er auf den Kopf gestellt, weil vier hohe, konisch zulaufende Betonblöcke an den Dachecken den Eindruck von Füßen erwecken (vergleichbar denen, die ich manchmal an zu restaurierenden Schränken befestige), die aber wohl zum Abgleiten von Bomben dienen sollten. Über den Bunker haben sich bis vor kurzem auch noch die obersten Geschosse und der Schachtelaufsatz des Hauptverwaltungsgebäudes der BASF gereckt.

Die Bautrupp hat im Juni im Auftrag des Investors mit den Ausschachtungen für die Tiefgarage begonnen, bis zum Ende des Jahres war der Rohbau fertiggestellt. Es sind fünf rumänische Arbeiter gewesen, die spielerisch den großen Kran über die Dächer geschwenkt, Eisengitter gebogen und Betonfertigteile nahtlos eingepasst haben. Im Sommer haben sie die Helligkeit bis zum Letzten genutzt. Als die Tage kürzer wurden, kamen Baustrahler zum Einsatz. Zu Mittag gab es ein Stück Wurst auf die Hand. Die Fähigkeiten der Bauarbeiter haben meine Bewunderung geweckt. Wie sie mit schwerem Werkzeug im Gürtel geschickt auf den Gerüsten geturnt sind, wie sie Großgeräte wie den Bagger und die Betonrüttler bedient oder später auf klassische Art die Mauern gezogen haben, war faszinierend. Im Bautrupp war keine Hierarchie zu erkennen, ich denke aber doch, dass es auch in dieser Gruppe den Einen geben muss, der durch kleine Pfiffe, Gesten und Kopfbewegungen die anderen vorantreibt. Vielleicht ist es der Jüngste, ein Endzwanziger, der sich im Sommer, mit dem Head-Set am Ohr, dann und wann in die Sonne stellt, um eine kleine Minute zu ruhen. Sein nackter Oberkörper ist muskulös, als würde er die Freizeit, die er nicht hat, in einem Studio verbringen. Muss ich noch sagen, dass von diesem modernen Körper ein sexueller Reiz ausgeht? Seine Kollegen sind schon von der Arbeit, der unausgewogenen Ernährung und den Jahren gezeichnet. Ich vermute, dass ein harter Kontrakt die Männer zwingt, die Arbeit fristgerecht zu beenden und dass sie dadurch zu dieser enormen Leistung angetrieben werden. Die amerikanische Ethnologin, die auf Grund eines gutnachbarschaftlichen Verhältnisses, obwohl Nichtraucherin, manchmal mit mir zusammen auf dem Balkon steht, widerspricht dieser Auffassung. Sie kann in der ganzen Atmosphäre, die auf der Baustelle herrscht – dass das Radio läuft, die munteren, neckenden Zurufe der Männer, die Art wie sie sich Ziegel zuwerfen –, ein größeres Maß an Selbstbestimmung erkennen, denkt, dass die Männer »*für ihre Verhältnisse*« gut bezahlt werden und dass sie – sie ist von Beruf wegen mit den Bräuchen vertraut – einfach zu Weihnachten zu Hause sein wollen, ihre Familien oder größere Anschaffungen im Sinn.

Sie stimmt aber zu, dass das, was sie tun, vom Willen des Investors gelenkt wird. Natürlich habe ich Vorbehalte gegen den Investor, schon weil er einen dieser leistungsstarken Wagen mit hohem Radstand fährt. Er erscheint oft auf der Baustelle, legt, zu meiner Überraschung, selbst Hand an, ist abends zuweilen der letzte, der geht. Er hat, das haben Erkundigungen ergeben, im Viertel weitere Objekte gekauft, die zum Teil schon bezugsfertig sind. Die Ethnologin *(»Ich setze mal rasch eine Kanne Kaffee auf«)* kategorisiert ihn leichthin als Mitglied eines Clans, eines größeren, aus einem der Länder Ex-Jugoslawiens zugewanderten Familienverbandes; sie weiß von mehreren Brüdern und will auch wis-

163

sen, dass sein Antrieb der Absicherung einer verzweigten Gruppe von Menschen gilt, die auf Grund ihrer Migrationsgeschichte ein Mehr an Leistung erbringen muss, um sich im hiesigen Bürgertum zu verankern. Da wird noch in Generationen gedacht! Möglicherweise gibt es einen Patriarchen, der allem vorsteht. Wir haben beide mehrfach mit dem Investor gesprochen, einmal ist er zu uns nach oben gekommen, um seine Liegenschaft zu betrachten. Wir haben in ihm einen jüngeren Mann kennengelernt, der seine dicken Haare zu einem Pferdeschwanz zusammengebunden hat. Ich kann ihn nicht abstoßend finden, wenn er auch sehr von seinen Projekten berauscht ist, zum Beispiel, wenn er die Meinung vertritt, dass die Nachbarschaft (wir) aus seiner gartenplanerischen Gestaltung optisch (!) Profit zieht. Der Geschmack des Investors ist individuell, und dem Geschmack der Gemeinnützigen Wohnungsbaugesellschaft, die ansonsten hier baut, klar überlegen. Seine eigenen Ansichten treten deutlich hervor. Die großen Balkone. Freiflächen. Südliche Säulen. Mit der Pflanzung eines Olivenbaums vor einem anderen Haus in der Straße hat er ein Zeichen gesetzt. Ich bin davon überzeugt, dass er sich auch bei der Fassadengestaltung alle Mühe geben wird, obwohl ihm hier durch die Dämmstoffverordnungen Grenzen gesetzt werden. Wie denkt er über die Tatsache, dass er auf viele Jahrzehnte prägend in die Struktur unseres Viertels eingreift?

Im Spätsommer ist das 1957 bezogene, als städtisches Wahrzeichen geltende Hauptverwaltungsgebäude hinter dem bunten Bunker verschwunden, ein aufwendiger Abriss, aber alte giftige Bauchemie hätte eine Sanierung zu teuer gemacht. Es war nach Friedrich Engelhorn benannt, einem rührigen Geschäftsmann, der mit viel Durchsetzungsvermögen und Energie und außerdem durch Heirat mit Grundkapital ausgestattet war, und damit, auf dem Boom der Gründerjahre reitend, zum Schöpfer der BASF wurde. Nach Auseinandersetzungen mit den Miteigentümern hat er seine Anteile schon 1885 wieder verkauft, nur die AKTIE NR. 1 (schöne Dagobert-Duck-Geschichte!) für sich behalten, die ihm zum Talisman geworden ist, der ihm nach erfolgreicher Anlagetätigkeit in den Bereichen Gummi, Zucker und Versicherungswesen, um nur einiges aus dem Portfolio zu nennen, auch zum Besitz der Firma

C. F. Boehringer verholfen hat, die nach ihrem Standort und zur Abgrenzung zu dem in Ingelheim ansässigen Konzern später Boehringer/Mannheim genannt worden ist. Keine schlechte Investition in die Zukunft, wenn man bedenkt, dass es den Engelhorn'schen Nachkommen gelingt, das materiell immer noch Großteils in Mannheim stehende, fiskalisch, wenn man so sagt, aber auf den Bermudas ansässige Unternehmen am Ende des 20. Jahrhunderts für 11 Milliarden Dollar an den Schweizer Pharmariesen Hoffmann-La-Roche zu verkaufen. Eine doch erkleckliche Summe, die zwangsläufig dazu führt, Kunstsammlungen anzulegen, Landhäuser einzurichten und Charity zu betreiben.

So viele kraftvolle Menschen!

Für meine eigene schlechte Disposition, die Müdigkeit, die mich oft überfällt, fehlt mir die rechte Erklärung. Ich schaffe mir Hilfskonstruktionen, alte Sachen: Galens Mischung der Säfte (ich sollte vielleicht weniger Fisch essen), gebrauche gern das mittelalterliche Bild von Phiole und Flamme, mein kleines Lebenslicht, das in einem Glasgefäß schwebt. Ich könnte natürlich Ärzte aufsuchen, Medikamente nehmen, mir Hormone zuführen lassen, an Testosteronspiegel und Blutdruck arbeiten, die Fortschritte im Bereich der Körperchemie sind ja unübersehbar. Ich weiß nicht …

Ich vergleiche mich mit Helmut, der so gerne die Rampensau gibt und schon früher unmittelbar nach durchtrunkener Nacht fröhlich in die Uni fuhr. Wie erklärt sich das? Erbgut? Göttliche Gabe? Seine günstige Stellung (ältester Sohn) in der Familie? Oder wie er selbst sagt: »*habe als Frontmann nur gute Erfahrungen gemacht*«. Oder die Freundin: ein Mensch der voll unter Strom steht, äußerlich sichtbar durch Wippen mit den Beinen und fahrige Bewegungen. Ihre Energie bleibt lange im Körper gefangen, es findet keine Bündelung statt, so dass sie, wenn sie sich Bahn bricht, auf wenig geplante Projekte gelenkt wird – und auf Männer.

Geht es also um Ziele? Territoriale Ausrichtung der Energie? Es genügt doch schon, den unter mir fanatisch gärtnernden Nachbarn zu beobachten, der in diesem Moment wild mit Mulch um sich wirft. Das Feld, auf das er seine Kraft konzentriert, ist hier geradezu bildlich als umzäunte Gartenparzelle präsent.

Für mich war es eine große Enttäuschung, als die fünf Männer im neuen Jahr nicht mehr zurückgekehrt sind. Ein anderer Bautrupp, auf den Innenausbau, auf Verputz, Flies- und Malerarbeiten spezialisiert, hat sie ersetzt und obwohl ich immer weniger Einblick habe, denke ich, dass er mit gebremster Kraft arbeitet, vielleicht ist man gewerkschaftlich organisiert. Ich werde den Schriftzug »Georg Maier - Kohle und Heizöl«, vermissen und die letzten Sonnenstrahlen, die abends durch die Baulücke und über das niedrige Anwesen der Kohlehandlung schlüpften.

Bilanz ziehen: Was mich angeht, so habe ich in dem Zeitraum, in dem fünf Männer kunstfertig ein viergeschossiges Wohngebäude errichtet und eine wesentlich größere Anzahl von Männern ein 25 Stockwerke hohes Hauptverwaltungsgebäude niedergerissen haben, vier oder fünf alte Kommoden restauriert und (nachgezählt!) genau eine Seite weniger geschrieben, als das Hochhaus Stockwerke hatte, und somit feststellen müssen, dass die Geschwindigkeit meiner Arbeit nicht einmal mit der städtebaulichen Entwicklung Schritt halten kann.

Der Aschenbecher auf meinem Balkontisch ist immer ekelhaft voll, und auf der blauen Schachtel steht der hässliche Satz: »Rauchen macht impotent!«

Wenn ich zu Karlheinz zurückkehre, muss ich mit Bedauern hervorheben, dass er zu den Aufbauleistungen der bundesdeutschen Nachkriegsära bislang wenig beigetragen hat. Der hoch gewachsene Nachbarsjunge, das ist freilich ein Maßstab in Übergröße, hat zu diesem Zeitpunkt bereits den Doktorgrad erlangt, ein Landtagsmandat errungen – hat Haus, hat Frau, hat Hund – und wird in wenigen Monaten neben Konrad Adenauer Redner auf einer grandiosen, von ihm selbst organisierten Wahlkampfveranstaltung in seiner Heimatstadt sein.

Karlheinzens Wünsche bleiben im Nebel.

Was treibt ihn an?

Was treibt uns an?

Die Normen, die ihn umgeben, bejaht er. Mit dem Vater gleichzuziehen, mitzumachen, das ist das Ziel. Ein anderes kann ich nirgendwo entdecken. In ein nicht enden wollendes Studium verstrickt, zu freundschaftlichen Bindungen nicht in der Lage, hat unter der Oberfläche – das

Zimmer ist aufgeräumt, die Unterlagen sind geordnet, wie wohltuend ist die frische Bergluft, dies Wirtshaus ist empfehlenswert – ein Gärungsprozess eingesetzt. Der gerade Weg führt nicht zum Erfolg. Seitenstraßen werden eingeschlagen. Abkürzungen werden gesucht.

Im Opelauto haut einer brutal den übernächsten Gang rein.

Achtes Kapitel, ··

.... **handelt**

Geschäften

schlechten

das ..... **von** ...

VW-Export Indianarot

Im Archiv:

Sammlung von dreißig Zeitungsannoncen, überwiegend rot markiert, alle mit blauem Datumsstempel versehen, beginnend mit dem 7. Februar, endend mit dem 20. September 1959; bei einigen Anzeigen handschriftliche Notizen am Rand.

Alle Annoncen versprechen Höchstpreise für fabrikneue VW-Export Limousinen, Karmann-Ghias und VW-Cabrios. Zwei Drittel der inserierenden Autohändler sind aus Hamburg.

Bei einem Langzeitstudenten (12. Semester) klingelt im Herbst und Winter 1959 auffallend häufig der Telegrammbote. »*Ankomme Freitag 10:34 bitte am Bahnhof abholen. Treffpunkt Bahnhof 16 Uhr bis 16 Uhr 30. Hole Wagen selbst wenn nicht Anruf Koeln 790069.*«

Der Student hat sich auf Geschäfte eingelassen, die sich hart am Rande der Legalität bewegen. Und das geht so: Volkswagen hat einen neuen Verkaufsschlager entwickelt, die Export-Limousine, mit 34-PS-Motor und vollsynchronisiertem Vierganggetriebe. Das Fahrzeug wird zwar auf dem deutschen Markt angeboten, ein erheblicher Teil der Produktion ist aber für den Export in die USA bestimmt, wo ein deutlich höherer Preis erzielt wird, und eine starke Nachfrage herrscht. Findige Kaufleute nutzen dieses Gefälle für einen lukrativen Zwischenhandel, und verschiffen in Deutschland gekaufte VWs in die USA. Man spricht von »grauem Export«.

Für dieses Geschäft werden private Aufkäufer benötigt, Studenten beispielsweise, die man in Frankfurter Etablissements treffen oder über Zeitungsannoncen ködern kann. Der führerscheinlose Student Naksch ersteht jedenfalls zwischen 1959 und 1960 in verschiedenen Autohäusern in Darmstadt, Ludwigshafen, Heidelberg und Mannheim mindestens fünf VW-Exportlimousinen, bevorzugt wird die Farbe Indianarot. Der Käufer tritt wahlweise als Chemiker, Chemikant und **»Chemiker an der TU Darmstadt«** in Erscheinung, was zweifelsohne ein klein wenig nach Hochstapelei riecht. Die Gewinnspannen bei seinen Geschäften liegen jeweils bei 300 bis 400 DM. Im April 1960 erleidet er erstmals eine Schlappe. Er muss einen kieselgrauen Käfer unter dem Ankaufspreis weiter veräußern. Diese Geschichte wäre längst vergessen, hätte der junge Unternehmer nicht versucht, den Kauf rückgängig zu machen, und hätte er nicht den ihn beliefernden Heidelberger Autohändler auf Schadensersatz – Streitwert 200 DM – verklagt. So kommt es zu einem Prozess, der sich über quälende acht Verhandlungstage hinzieht, Karlheinz fordert die Fahrtkostenrückerstattung für elf Besuche bei seinem Anwalt ein (*»Möchten wir Sie bitten von weiteren Besuchen bei uns abzusehen.«*), und der mit einem triumphalen Sieg für die gute Sache endet. Unser Freund kann beweisen, dass er mitnichten am grauen Export beteiligt ist, vielmehr habe er den »Volkswagen kieselgrau« für den eigenen Vater erworben, der aber auf einen indianaroten gepocht habe. Der Vater bestätigt diese Version als Zeuge. 183 Mark und 80 Pfennige können als Beute nach Hause geschleppt werden.

Ein klassischer Justizirrtum.

Nun ist dieser Kriminalfall nicht wirklich spannend und es erübrigt sich, weitere unnütze Details auszubreiten, er wirft aber ein schlechtes Licht auf den Kläger und verlockt zu Vermutungen über die familiären Verquickungen.

Wie hat Karlheinz es geschafft, Vater und Mutter – einer der Kaufverträge ist auf den Namen Emilie Naksch abgeschlossen worden – in seine Geschäfte hineinzuziehen? Sind am Wohnzimmertisch bei einem Gläschen süßem Likör die Transaktionen gemeinschaftlich geplant worden? Hat der Sohn, einmal in die Bredouille geraten, Vater und Mutter bekniet, ihm da wieder herauszuhelfen? Ich sehe ihn den Tisch umkreisen und seine Interpretation des Sachverhalts vortragen, die Argumente setzen. Er ist im Recht, wie kann es anders sein. Unverfroren ist jedenfalls sein Vorgehen. Der Richterspruch wird ihm Auftrieb gegeben haben, und er hat ihn bereit gemacht, sich auf weitere Abenteuer einzulassen.

Das fünfte Rad am Wagen

Literaturquiz:

Wie sind die »rustikal-beleuchteten« Kleiderhaken in Form von Hirschgeweihen, die aus einer Ludwigshafener Bierstube kommen, in die Wohnung der Rohrschachs in der Rue Simon-Crubellier gelangt?

Im Archiv:

Bleistiftnotizen, weißes A5-Blatt, gefaltet.

Wie bewegt sich Karlheinz? Wie klingt seine Stimme? Welchen Rang nimmt er in einer Runde von Sprechenden ein? Wie reagiert er bei Konflikten? Welche Eigenschaften können wir ihm zuordnen? Ist er aufbrausend, ängstlich, devot? Manches Mal habe ich mir eine Tonbandaufnahme gewünscht, eine kleine Super-8-Rolle oder die subjektiven Erinnerungen von Zeitzeugen, die mehr Unmittelbarkeit herstellen könnten. Seine spröden und doch schon geglätteten Aufzeichnungen nennen die Fakten. Das Setzen eines Ausrufezeichens ist Ausdruck höchster Emotionalität. Ein einziger Text weicht von dieser Vorgehensweise ab, eine spontane Notiz, in der er seinen Gefühlen freien Lauf lässt. Auslöser ist ein Vorfall aus der ersten Hälfte der 1960er Jahre: In der Wohnung in der Wittelsbachstraße ist Besuch eingetroffen. Familie Säbel aus Nürnberg und Tante Muri sind da, zumindest letztere bleibt auch über Nacht. Dazu stößt Erika Hirsch nebst Mann und Kindern. Eine Autotour wird geplant. Diesmal soll es in den Odenwald gehen. Waldhilsbach ist das Ziel. Wenn wir davon ausgehen, dass zwei Personenkraftwagen, einer davon ein Opelauto, mit jeweils fünf Sitzplätzen zur Verfügung stehen, die Zahl der zu transportierenden Personen aber elf beträgt, lässt sich der Konflikt, der sich da abzeichnet, leicht vorausahnen. Einer muss zu Hause bleiben. Einer wird Verlierer sein. Dieser eine wird, in großer zeitlicher Nähe zum Ereignis und plötzlich alleine gelassen in einer Wohnung, in der eben noch lautes Stimmengewirr herrschte, und die jetzt so still ist, dass der Pendelschlag der eichenen Standuhr in den Ohren dröhnt wie das Geläut des Doms zu Speyer, am Tisch sitzen und auf einem Blatt Papier seiner Stimmung Luft machen.

Wir lesen laut:
»Harry als Besuch bei uns zu Hause auf den Tisch gehaut, wegen Erika, um Gertrud zu verteidigen (verdient mehr ohne Abitur).
Als Besuch (!) zu Erika gesagt: »Blödes Weib«.
Harry hätte ohne Abitur in Berlin zur TU gekonnt, weil er dort jemand kannte (!!!).
Früher Harry: In Deidesheimer Weinlokal geschimpft, wegen Mutti Verteidigung.
Harry (Mai 61): »Karlheinz geht über Leichen«.
Beschimpft Gertrud am Abend, daß sie weinte.
Harry hat Gertrud beim Jacken-Anziehen nicht geholfen.
Gertrud sagte im Lokal laut: »Ihr seid so Kavaliere«.
Harry haut vor Gertrud, Muri etc. auf den Tisch.
Harry entscheidet ob ich mitfahre (das kann nur Papa entscheiden!).
Ich soll (als Onkel) zu Hause bleiben wegen der Kinder (Fahrt nach Waldhilsbach und zurück).
Ist zu Besuch gekommen um zu streiten!
Die Kinder sagen vorher zu Harry: »Sags mal, Sags mal«, das heißt, er bestimmt, ob ich mitgehe.
Ich lasse mir von Harry nicht diktieren, er kann zu Hause diktieren.
Harry war früher bei der SS-Polizei!
Muri sagt: »Wo sollen die Kinder hin, für Karlheinz ist kein Platz« (also soll ich zu Hause bleiben).
Ich am Klosett, Muri drängt, sagt: »Weiter, weiter«.
Papa sagt: »Führt sich furchtbar auf vor Klosett«.
Abends: Ich schlafe woanders, wenn Muri in meinem Bett schläft, daß ich sagen kann, Muri hat mich aus dem Bett vertrieben.
Harry: »Coca-Cola herzustellen sollte verboten werden!«
Erika hat mich vor Harry »Armloch« genannt und »Dreckskerl«.

Schluss! Die Standuhr schlägt fünfe.
Kein Kommentar zu Coca-Cola und SS-Polizei.
So soll es stehen bleiben.

Volksaktien

Im Archiv:

Ein Fahrberechtigungsausweis der HEAG (Hessische Elektrizitäts AG.) Verkehrsbetriebe. Gefalteter, fester, blauer Karton mit eingeklebtem Innenblatt, das in zwölf Kästchen unterteilt ist, in die briefmarkenartige Monatskarten einzukleben sind. Im vorliegenden Fall ist das nur mit einer einzigen gelben Marke, mit dem schwarzen Aufdruck »Novbr. 1961«, geschehen. Auf einer der Außenseiten des Ausweises befindet sich ein Lichtbild von Karlheinz. Hier in dunklem Anzug, weißem Hemd und Kunstfaserkrawatte, die mit kleinen Quadraten und Rauten bedruckt ist. Er trägt die Haare stark nach hinten gekämmt, was ihm einen gewissen Rockabilly-Touch gibt. Seit der letzten erhaltenen Fotografie ist er stark gealtert und hat an Gewicht zugelegt. Die Haare sind an den Schläfen schon etwas dünn (»**bei Hautarzt Schmidt wegen Haarausfall**«), die Wangen wirken wie aufgeblasen, als litte er unter Ziegenpeter oder entzündeten Zähnen.

Im Sommer 1961 bricht er aus unbekannten Gründen das Chemiestudium ein für allemal ab, und wechselt an die Fakultät für Bauingenieurwesen.

Das nächste Projekt, das er nach den positiven Erfahrungen mit den Export-VWs angeht, ist ebenfalls mit dem Volkswagenkonzern verbunden. Die Volkswagenwerk GmbH ist im August 1960 nach der Preussag als zweites großes Bundesunternehmen privatisiert worden und heißt von nun an »Volkswagenwerk Aktiengesellschaft«. 60 Prozent des VW-Stammkapitals werden in Form von Volksaktien im Gesamtnennwert von 360 Millionen DM ausgegeben. 40 Prozent bleiben unter öffentlicher Kontrolle. Die Aktien sollen breit gestreut werden. Privatanlegern wird es gestattet, VW-Aktien bis zu einem Nennwert von höchstens 500,– DM mit einem Nachlass zu erwerben. Es darf nur ein einziger Antrag eingereicht werden. Bei Verkauf lässt sich, nach Ablauf einer Sperrfrist, ein beträchtlicher Gewinn erzielen. Am 14. und 15. März 1961 geht ein junger Geschäftsmann in Darmstadt von Bank zu Bank und beantragt die Zuteilung von insgesamt zwanzig VW-Aktien zum Nennwert von jeweils 100,– DM. Im folgenden Jahr, am 9. März 1962, wird Karlheinz Naksch vom Amtsgericht Darmstadt wegen fortgesetzten Betrugs zu einer Geldstrafe von 300,– DM, oder ersatzweise zu 30 Tagen Gefängnis verurteilt.

Das Urteil fällt milde aus, »*weil der Angeklagte nicht mit erkennbarer starker verbrecherischer Intensität gehandelt hat, sondern hier eine Chance ausnutzte, die in strafrechtlicher Beziehung bisher keine klare Deutung erfahren hat.*«

Im Archiv:

Zeitungsausschnitt »Mannheimer Morgen«, 29. November 1961

Rentner erwarb 200 VW-Aktien
Hof/Saale (UPI). Durch betrügerische Machenschaften beim Kauf von VW-Aktien hat der 46jährige Rentner Adolf Spindler aus Naila (Landkreis Hof/Saale) einen Kursgewinn von 100 000 Mark erzielt (...).

Opel-Rekord

Wer will, kann in dem tragischen Ende des ersten Opelautos – erinnert euch daran, wie es in Heidelberg umgeworfen wurde – ein Symbol für die generelle Krise, in die die Familie geraten ist, entdecken. Kaum vier Wochen zuvor ist Karlheinz wegen Betrugs verurteilt worden. Zudem sind die Aktien des Vaters unter Druck geraten und die finanzielle Gesamtsituation gerät aus den Fugen.

Trotzdem wird rasch ein neuer Opel angeschafft.

Es ist ein heller – man bleibt bei der Farbe beige –, viertüriger Opel-Rekord. Eine sogenannte P2-Limousine mit 55 PS und einer Höchstgeschwindigkeit von 135 km/h. Ein Fahrzeug der oberen Mittelklasse. Obwohl Anfang der 1960er Jahre gebaut, dominiert noch die barocke Formensprache der 1950er Jahre. Wulstige Kotflügel und Heckflossen prägen das Design.

Von diesem zweiten Opel (»*Ein Wagen, mit dem man sich sehen lassen kann*«, meint die Werbung) – seine große Zeit fällt in die Jahre der verloren gegangenen Tagebücher – gibt es ein bemerkenswertes Abschiedsfoto. Aber bis zu dem Tag, an dem Karlheinz auf den Auslöser seiner Kamera drücken wird, wird noch viel Wasser den Rhein hinunterfließen.

Eine Pause, die wir sinnvoll nutzen können. Beispielsweise, um den allgemeinen Bewegungsradius der Familie zu vermessen. Dazu nehmen wir Zirkel und Lineal zur Hand.

Wenn wir ein Diagramm erstellen, das die ausgedehnten Bewegungen von Vater, Mutter und Sohn zeigt, ergibt sich ein Linienbündel, das in südöstliche Richtung führt, und daneben einen kurzen, aber kräftigen Ausschlag nach Westen macht, der die Ausflugfahrten in die Pfalz beschreibt. Frankreich, kaum eine Fahrstunde weiter, wurde nach Vaters vermuteten Eskapaden im Ersten Weltkrieg nie wieder erreicht. Nach Norden/Nordosten führen einige Linien zu Karlheinz' Studienort Darmstadt, keine geht über das 100 km entfernte Frankfurt hinaus. Dominant hebt sich der Südosten ab, die Odenwaldtouren, die Fahrten zur Verwandtschaft in Franken, Osterfahrten in den Schwarzwald, die Urlaube in Bayern, Österreich und der Schweiz. Fügt man der Routenexponente eine Zeitachse hinzu, nimmt man also den gesamten beobachteten Zeitraum von den 1920ern bis zu den 1980er Jahren, so weist die Familie zu Beginn der Aufzeichnungen eine hochgradige Mobilität auf. Die Eltern sind wahre touristische Pioniere. Um 1925 bezwingen sie mit dem Motorradgespann sogar Alpenpässe. Auch die Mutter hat, seit Kriegsende nachweisbar, den Führerschein. Die Ziele ihrer Exkursionen verändern sich aber nicht mehr, sie bleiben über Jahrzehnte gleichförmig. Diese Beobachtung muss ins Verhältnis mit der in dieser Zeit wachsenden Mobilität der westdeutschen Bevölkerung gesetzt werden. Stellt euch wieder Karlheinz vor, der, von einer Grippe heimgesucht, regungslos durch das Fenster seines Zimmers auf die Straße starrt: die

von der Schicht strömenden Chemiewerker verwandeln sich von Fuß-
gängern zu Radfahrern und zu Automobilisten, die im späten Sommer
noch die Bräune aus transalpinen Ferienorten tragen.

Karlheinz übernimmt das Bewegungsmuster seiner Eltern und
geht nicht über die von ihnen gesetzten Koordinaten hinaus. Nach der
Urlaubsreise von 1973, sie führt zum wiederholten und letzten Mal in
die Schweiz, gibt es keinen Beleg dafür, dass er die nähere Umgebung
jemals wieder verlassen hat.

Absturz

Das Polizeipräsidium Mannheim liegt im Quadrat L6, nur einen
Steinwurf vom kurfürstlichen Schloss entfernt.

Am 5. März 1963 ist dort einer *»in Gewahrsam genommen«* worden. Was an diesem Tag geschehen ist, hat sich nicht in Erfahrung bringen lassen, in den Aufzeichnungen wird darauf kein Bezug genommen.
Es bleibt ein weißer Fleck, ein unbekanntes Ereignis, das aber eine Zäsur
setzt, ein Leben dreht.

Es gibt diesen einen Augenblick, diese eine Handlung, durch die
alles, was Karlheinz zu sein glaubt, negiert wird. Ein Vorfall, der ihn
außerhalb der Gesellschaft stellt. Hat er in einer Bank randaliert, sich in
einem Park entblößt? Ist er, toll geworden, durch die Straßen gerannt und
hat Mercedes-Sterne im Dutzend abgeknickt, am helllichten Tag? Ist er
als orientierungslose Person aufgegriffen worden? Ich weiß es nicht. Die
einzige lächerlich kleine Zusatzinformation, die ich beisteuern kann, ist
die, dass sein Organismus von einer eben überstandenen Kieferhöhlen-
vereiterung geschwächt war.

Ein ins Polizeipräsidium gerufener Arzt konstatiert eine akute psychische Störung. *»Eine vernünftige Verständigung mit dem Patienten ist
nicht möglich. Patient ist unter Umständen für sich oder seine Umgebung eine Gefahr. Eine Unterbringung in einer geschlossenen Anstalt
ist unbedingt erforderlich.«*

Die folgenden zwei Monate verbringt er in der pfälzischen Lan-
desnervenklinik in Landeck. Die Kosten für die Behandlung muss die

Familie selbst tragen. Die Hilfskasse der Universität Darmstadt lehnt eine Kostenübernahme bei »*geistiger und seelischer Abartigkeit*« ab. Der Vater verkauft seinen Anteil an einem Grundstück in Schwabach.

Mit dem dunklen Ereignis dieses Tages – nennt es Zusammenbruch, Flucht oder Aufstand – endet K's Leben als junger Mann. Dreimal in kurzer Zeit ist der Diercke Weltatlas auf seinen Kopf geschmettert worden. Er bricht jetzt auch bald das Studium ab oder wird relegiert. Relegiert und verurteilt und irre. Es wird an jenem Tag festgeschrieben, dass er niemals den Doktortitel erringen oder Erfindungen zum Patent anmelden wird. Es wird festgeschrieben, dass Vaters Schuhe zu groß sind und der Sohn seinen eigenen Weg hinaus in die Welt nicht finden wird. Er wird daheimbleiben. In seinem Zimmer, in der Wohnung der Eltern, bei uns in Ludwigshafen.

In den kommenden beiden Jahren wird er auf richterliche Anordnung hin – der Volksaktien-Prozess geht 1965 in die Berufung – wiederholt in Landeck ärztlich untersucht. Gut möglich, dass er auf diesem Weg einer letztgültigen juristischen Bestrafung doch noch entgangen ist.

Im Archiv:

Postkarte einer Freundin an die Mutter (ohne Datum)

Denke oft an dich und an das Schwere das auf dir lastet. Doch der Sonnenschein kommt nach dem Regen.

Im Archiv:

Postkarte an die Familie 1965

Ganz besonders und von Herzen hat mich gefreut, daß es dem lieben Karlheinz wieder besser geht.

Neuntes Kapitel, ··

Labor

Wir begegnen ihm erst einige Jahre später wieder. Mit weiter gelichtetem Haar und mit gespitzten Lippen – ich muss an einen Enterich denken – erhebt er im heimischen Wohnzimmer sein Glas. Ein älterer Junggeselle, ein Hagestolz.

Dank der gemeinsamen Anstrengungen von Familie und Psychiatrie ist er zurückgekehrt in die Welt der halbwegs funktionierenden. Er ist gesund. Neu eingekleidet und im privaten Technikum vorbereitet, arbeitet er im Labor. Er ist untergekommen.

Jetzt schneidet er seine Notizzettel aus einseitig bedruckten Geschäftspapieren der Firma Boehringer/Mannheim (Pharma-Produkte) zurecht. Im Archiv liegt seine mit Messingschnallen bestückte Aktentasche aus genarbtem braunem Leder, darin eine ovale Brotdose aus Aluminium. Sein Tagesablauf ist geregelt. Eine weitere Perspektive bietet sich nicht. *»Wir bestätigen hiermit, daß Herr Karlheinz Naksch seit 18.07.1966 ununterbrochen in unserem Betrieb als Laborangestellter arbeitet.«* Unklar ist auch, ob der Arm des Vaters nicht mehr hinreichte, ihn in der BASF unterzubringen oder ob man ihn absichtlich aus der Schusslinie genommen hat. *»Das ist der seltsame Sohn von Dr. Naksch (ehemals Stickstofffabrik)«*, soll besser niemand sagen.

Die Straßenbahn der Linie 3, Umsteigen am Berliner Platz. In den Siebzigern Grüppchen von Schülern in Parkas, die vor Unterrichtsbeginn »Schwarzer Krauser« drehen. Hier und später vor dem Betrieb einsame Verkäufer der Kommunistischen Volkszeitung. Knutschende Pärchen. Im Sommer liegt die Jugend gegenüber dem kreisrunden Kaufhofgebäude auf der Wiese. Linie 3 bis Mannheim-Schönau. Karlheinz ist keiner, neben den man sich in der Straßenbahn gerne setzt. Sein Gesichtsausdruck sagt, dass ihm eigentlich zwei Sitzplätze zustehen. Ich glaube, dass es ihm rasch gelungen ist, einen gewissen Zwischenfall zu verdrängen, dass er im Blick auf sich selbst bald wieder Oberwasser gewonnen hat.

Der Begriff »Labor« – »**Jacke für Labor gekauft**« – wird von nun an zu einem der Karlheinzchen Hauptwörter, wie »**Opelauto**« und »**Sommer-**

autotour«. Wir dürfen davon ausgehen, dass er die folgenden 25 Jahre als Laborant unauffällig verbracht hat, dass sich Fehlzeiten durch Krankheiten und Gerichtstermine in den durch die Personalabteilung erstellten Tabellen zwar im oberen Drittel bewegten, ein bestimmtes Limit aber nicht überschritten haben, dass er pflichtbewusst gearbeitet hat: Er kommt pünktlich (im Archiv sind fünf mechanische Wecker erhalten). Er nimmt die Proben genauer als alle anderen. Er ist einer, dem keine Fehler nachzuweisen sind. Ein wirkliches Interesse, ein Engagement ist bei der Arbeit, wie zuvor beim Studium, nicht zu erkennen. Die Musik spielt woanders: Wanderrouten sind zu planen, Urlaubstouren zu organisieren, Aktiengeschäfte zu tätigen.

Seine persönlichen Kontakte im Betrieb bleiben, allem Anschein nach, auf das absolute Minimum beschränkt. Einige Male vermerkt er mit einem Geburtstagssternchen (*) neben dem Wort **»Labor«** besondere Ausgaben, die fünf Deutsche Mark nicht überschreiten. Entweder sind sie als festgelegte Beträge in Gemeinschaftsgeschenke investiert oder am eigenen Wiegenfest für kleine Überraschungen für die Kollegen vergeudet worden. Herumreichen einer Schachtel mit Konfekt oder Katzenzungen. Warm wird er mit niemandem. Er erzählt bestenfalls einen zuvor aus der Quick ausgeschnittenen Witz: **»Kommt ein Patient zum Arzt ...«.** Regelmäßig nimmt er an den Weihnachtsfeiern des Labors teil (einmal wird gekegelt), und er wird dabei ebenso regelmäßig von einem Dr. Hübner in dessen Auto, wie natürlich extra erwähnt wird, mitgenommen. Mit demselben Dr. Hübner unternimmt er auch einmal, während des Laborausflugs, der Ende November 1976 (ab 14 Uhr) die Weihnachtsfeier ersetzt, eine Rundwanderung **»zu Fuß«. »Mit Chefin gefahren!«,** schreibt er ein anderes Mal stolz. Man orientiert sich nach oben.

1968 kauft Karlheinz fünf Regenmäntel und einmal die Bildzeitung (15 Pfennige).

Unter den etwa 150 erhaltenen privaten Postkarten und kurzen Briefen, die an die Familie gerichtet sind – fast ausschließlich handelt es sich dabei um Urlaubsgrüße, gute Wünsche zu Geburtstagen und Weihnachten –, befinden sich drei, die an Karlheinz selbst adressiert wurden:

181

Ein Geburtstagsgruß der Großmutter, erwähnt wird ein »*Angebinde von 20,– DM*«, die vom Vater gesandte Karte ohne jeden Text, die auf der Vorderseite die neue Alizarinanlage der BASF zeigt, und hinten durch den Sonderstempel »100 Jahre BASF« aufgewertet worden ist, und eine Urlaubskarte der Eltern aus dem Jahr 1961 – er musste zu Hause bleiben –, von der Mutter verfasst und vom am Stand der Aktien interessierten Vater mit der harschen Anweisung versehen: »**Dmark-Aufwertung beobachten!**« Ansonsten ist Karlheinz derjenige, dem man ganz unten noch eine kleine Anmerkung widmet: »*Gruß an Karlheinz.*«

Hochstraßensystem

Liebe Ludwigshafener in aller Welt, liebe Freunde unserer Stadt.
Die Langspielplatte ›Erinnerungen an Ludwigshafen, an die Pfalz‹, fand großen Anklang. Von überall her erhielt ich Karten und Briefe voll des Lobes und des Dankes. Das zustimmende Echo aus allen Teilen dieser Erde veranlasst uns nochmals einen klingenden Gruß zu ihnen zu schicken. Mögen ihnen wiederum die Worte und Klänge aus der Heimat Freude bereiten.
Ludwigshafen ist inzwischen noch schöner und moderner geworden, die Weichen für eine erfolgreiche Zukunft sind gestellt. Die Kurt-Schuhmacher-Brücke überspannt seit Mitte des Jahres als zweite Brücke zwischen Mannheim und Ludwigshafen den Rhein, am Hauptbahnhof werden alsbald zwei neue Hotels eröffnet, auf dem Gelände des alten Bahnhofs entsteht ein imposantes Einkaufs- und Wohnzentrum (...). Ansprache Dr. Werner Ludwig.
Erinnerungen an Ludwigshafen und die Pfalz, LP 1973.

Eine große, eiserne Birne zerschlägt die alten Bahnhofsgebäude. Im benachbarten Carl-Bosch-Gymnasium beben die Wände, auch noch später, als eine Ramme die Schalungen für die Fundamente der Hochstraßenpfeiler einhämmert. Die Birne nimmt langsam Schwung auf und donnert dann krachend gegen die Mauern, so dass mächtig Staub aufsteigt. Ich nehme sie als Glocke, die eine neue Zeit einläutet. Um uns herum ist eine Beschleunigung zu verspüren.

Es werden auch die letzten alten Industrieanlagen der innenstadtnahen Fabriken von Benckiser und Grünzweig & Hartmann zerlegt, das Eisenbahnviadukt wird abgetragen, das gusseiserne Geländer wird in handliche Teile zerschnitten, die bis heute in den Vororten Türeingangsbereiche und Vorgärten schmücken. Wie allerorten entstehen Fußgängerzonen und draußen an der Peripherie fehlgeplante Trabantenstädte. Aber hier bei uns wird aus dem Vollen geschöpft. Der Triumph der Petro-Chemie spült das Geld in die Kassen. Es geht die Rede um, Ludwigshafen sei die reichste Stadt Deutschlands. Wo ist in kürzerer Zeit mehr Beton verarbeitet worden? Theater und Museum werden gebaut. Hoch über dem abseits gelegenen neuen, ganz kurzfristig modernsten Bahnhof Europas verläuft der Straßenverkehr. Vor der Fertigstellung steht die andere, nördliche Hochstraße, die sich über dem alten Gleisbett schwingt. Einmal bin ich, nachdem ich Marihuana geraucht habe, vom »Genesis« aus über die Schuhmacherbrücke gelaufen und, nach Abkürzungen suchend, über eine Absperrung geklettert und auf einen unfertigen Zubringer geraten. Dort ging es 20 Meter in die Tiefe. Es wäre ein früher Tod gewesen. Aber irgendwie habe ich es rechtzeitig bemerkt.

Eine der von mir gesammelten Veröffentlichungen der Stadtverwaltung heißt »Von der Industriestadt zur Metropole« (Presseamt der Stadt Ludwigshafen, 1967). Ein Quäntchen Wahn ist zu verspüren, wenn man die alten Broschüren durchblättert: eine einzige unterirdisch gelegene Straßenbahnhaltestelle wird mit einem blauen U-Bahn-»U« gekennzeichnet. Es ist keine Frage, wir werden Universitäten bauen; Mannheim wird bald überholt werden.

Seltsamerweise geht diese städtebauliche Hybris mit der Grundstimmung der rebellierenden jungen Generation einher. Alles ist machbar! Nichts bleibt, wie es ist.

Karlheinz überdenkt zu dieser Zeit die Möglichkeit – Prospekte werden angefordert und mit dem Stempel datiert –, einen Sommerurlaub an der italienischen Riviera zu verbringen. Eine Anzeige, die für ein rotes Motorboot wirbt, wird abgeheftet.

Die BASF zählt mittlerweile in Ludwigshafen 52.000 Beschäftigte.

Versuch, die Chemie zu begreifen

Tagebuch

Freitag, 6. Mai 1955

Papa zum letzten Mal in und sein Abschied von der B.A.S.F. infolge seiner Pensionierung.

Mehr als ein halbes Jahrhundert ist vergangen, seit Papa Naksch in den Ruhestand getreten ist. Ich sitze an einem schwülen Nachmittag im August – die Luft steht immer etwas in unserer Gegend – mit Freunden im Biergarten der am Fluss gelegenen Orderstation auf der Mannheimer Rheinseite. Zuvor sind wir ein wenig stromabwärts gegangen, bis zu der Stelle, an der ein Altrheinarm sich öffnet, haben auf den Steinen gehockt. Beide Punkte erlauben einen guten Blick über den silbrigen und wie wir selbst heute müden Rhein – hinüber auf die große Fabrik in der Höhe von Oppau. Luftlinie sind es nur ein paar hundert Meter bis zur Trichterstraße, an der die Explosion von 1921 einen riesigen Krater gerissen hat. *»Wusstet ihr, dass die BASF quasi weltweiter Monopolist des Kaugummigrundstoffs ist, kann man auch zum Abdichten von Fenstern nehmen«*, sagt einer, *»Polyisobutene«*, ein anderer, *»Oppanol«* ein Dritter, der sich auskennt.

Die Historiker beschreiben in der Gegenwart das Werk als organisches Gebilde. Nicht mehr die Geschichte bedeutender Chemiker, die Geschichte der Arbeiterklasse, die Geschichte der deutschen Chemie oder »Große Unternehmerfamilien im Rhein-Neckarraum« stehen im Mittelpunkt ihrer Betrachtungen, sondern das Unternehmen selbst: die monströse Mischung aus Röhrensystemen, Säuren und Laugen, Aktienbilanzen, Gasgeschäften, zur Schicht strömenden Arbeitern, Absatzmärkten, Planungsgruppen, Zielvorgaben. Ein scheinbares Ganzes, aus sich selbst lebend, brodelnd, Eigengesetzlichkeiten entwickelnd.

Chronologisch betrachtet sind grob folgende Etappen der Entwicklung auszumachen: die Anilinfarben und die Indigosynthese, die Ammoniaksynthese (Dünger und Sprengstoff), Leuna, BUNA und die frühen Kunststoffe, der Siegeslauf der Petro-Chemie nach dem Krieg, schließlich das geschlossene System, bei dem mit wenigen Grundstoffen und beinahe ohne Verlust einfach alles hergestellt wird, und das Agieren als Weltkonzern.

Es reizt mich, Aufbau und Krise, Ordnung, Zerstörung und Wiederaufbau der Fabrik zu betrachten, und die Phasen ihrer Entwicklung mit der Prägung der mittelbar und unmittelbar von ihr Abhängigen zu vergleichen. Sind Archetypen auszumachen?

Bringt das Werk in der prosperierenden Phase der Petro-Chemie den Häuslebauer der Vorortsiedlungen hervor, der ein kariertes Hemd, ein beiges oder taubenblaues Anilinerjäckchen trägt, ein steifes Vorarbeiterhütchen aus Kunstleder? Gebären die Produktionsbedingungen in den letzten Jahrzehnten des vorvergangenen Jahrhunderts ein ungezügeltes Proletariat, das sich allmählich formiert, und dessen Ordnung sich wiederfindet im Wohnungsbau der dem Unternehmen anhängenden Stadt?

In der Kneipe am Strom haben wir ein zweites Weizenbier getrunken. Ein Funkeln und Flirren von Wasser und Licht liegt auf dem Rhein. Wieder kommt ein Schiff gefahren. Die unteren Teile der Anlagen drüben – Backstein, Beton, graues und schwarzes Metall – verschwimmen. Das Werk, Basis des größten Chemieunternehmens der Welt, scheint nicht mehr fest auf den Grundmauern zu stehen. Ein drittes Bier in der Hitze und es wird abheben, vom ersten aufkommenden Wind weggetragen werden und davonsegeln nach China oder zu den russischen Erdgasgebieten.

Jemand warnt vor einem heraufziehenden Gewitter – wir sind mit den Fahrrädern unterwegs.

Karlheinz ist ein Mensch des Übergangs, ein Mann aus BUNA und Bakelit oder, um einen anderen Technologiezweig heranzuziehen, ein Mann des Röhrenradios, nicht des Fernsehers.

In einer hölzernen Zigarrenkiste werden Haushaltsgummis gesammelt, die auf Grund von Überlagerung – beim Öffnen der Kiste kurzes Zögern – zu tausend kleinen roten Würmern zerfallen sind.

Zu seinem Hausstand gehören: Der Gummi-Ei-Behälter, der Plastik-beutel »Hansa«, die Cellon-Dose für den Quark, der Woolworth-Plexiglas-becher, der Conti-Hermetikschlauch, die Plastik-Motorrad-Kopfhaube, das schwarze Gepäckträgergummi, die Perlon-Schuhpendel (Ringelzack hell).

Die Segnungen der modernen Chemie kommen seinem Hang zum Ordnen und Verpacken entgegen. Es existiert kaum ein Merkzettel, auf dem nicht an den Kauf von Folienbeuteln und dicken Passhüllen in verschiedenen Größen erinnert wird. Krawattenstäbchen werden aus altem Celluloid geschnitten, gekauft wird eine zweite Hülle für die Krawattenstäbchenhülle. Was wichtig ist, wird in eine Plastikfolie eingebunden. In eine Baskenmütze wird eine Folie als Nässeschutz eingebracht. Zwischenbeutel und neue rote Beutel für die Regenmäntel werden angeschafft. Im Garn seiner Kleidung wachsen über die Jahre die Anteile von Polyester, Polyamiden und Polyacrilnitril (**später: lange Dralon-Sommerhose kaufen**). Perlon wurde schon 1938 von I.G. Farben entwickelt. Das Kunstfasergeschäft verlief für BASF nicht zufriedenstellend.

Es ist der Regenschutz, bei dem sich der Übergang von Gummi zum Plastik am deutlichsten abzeichnet. Ihr kennt diese Marotte ja schon, diesen ständigen Kauf von Regenmänteln in immer anderen Qualitäten, ein Spleen, der auf die häufigen Erkältungen zurückgehen mag und auf die Erfahrung von plötzlichen Regengüssen bei Wanderungen in den Bergen (Mittwoch, 4. August 1954: »**In Füssen, starkes Eishagelgewitter**«). In seinem Besitz befinden sich neben anderen Modellen: Der Kleppermantel aus Wachstuch, der Eos-Regenmantel, der Hutchinson-Fahrradmantel, die Regenjacke aus dem Schöpflin-Katalog, der Arlon-Regenumhang, der Nylon-Regenmantel.

»Der Eos-Plastikherrenmantel aus PVC-Folie, wasserdicht, ist lieferbar in verschiedenen Farben, vorwiegend transparent rauchgrau. Die tausendfach bewährte Eos-Plastik-Regenbekleidung bietet ihnen eine ›prämienfreie Regenversicherung‹ von Kopf bis Fuß. Bedenken Sie: Alles bleibt dank »Eos« sauber, trocken und glatt – wie neu!«

Ich stelle mir vor, wie Karlheinz vor dem Spiegel im Schlafzimmer der Eltern Modenschau hält, wie er hineinschlüpft in anthrazitfarbene, schweißtreibende Hüllen.

Nach dem bierseligen Nachmittag am Rhein sind wir doch ins Gewitter geraten, nass bis auf die Knochen sind wir unter der Brücke gestanden. Hagelkörner in Haselnussgröße.

Das wird in der Pfalz den Wein zerschlagen!

Regenmäntel müssten wir haben!

A Klasse Nord

Später im Jahr: Ich gehe mit Helmut sonntags zuweilen zu Spielen der A Klasse Nord.

Der neue Kunstrasen schimmert. Das Flutlicht ist an, es naht schon der Winter. Der Platz liegt in den Kleingärten, nicht weit von den Weihern. Im Osten ist sichtbar: Steamcracker 1. Zuschauerzahl heute: 150.

Mit dem Fußball ist es bei uns nicht zum Besten bestellt. Das Stadion im Süden der Stadt, »aus den Trümmern erbaut«, ist verrottet, einst haben dort Zehntausende Kaiserslautern und den Waldhof gesehen. Es fehlt für den Sprung in die oberen Ligen, soviel ist klar, die Werksmannschaft eines Großunternehmens; es fehlt das richtige Geld. Die BASF bietet nur wenig für den direkten Verbraucher, sie hat kein Aspirin zu verkaufen. So wirkt sie nach außen bescheiden. Logo und Branding sind seriös. Nichts für die Massen. Pech für die Werber. Pech für den Sportfan. Deswegen: A Klasse Nord.

Wir stehen mit der Hand in der Tasche. Das Rauchen ist wegen der Furcht, dass die Kippe ein Loch in den Kunstrasen brennt, neuerdings nicht mehr erlaubt. Das Gespräch unter Männern, das uns umgibt, wird teils in schwerem Dialekt geführt (Ich mag das Idiom: »Bischd du moije do, Michel? Isch bin moije do!«), zum anderen in der verkürzten Sprache, mit der oft zu Migranten gesprochen wird. Es geht um die Arbeit.

Ein älterer Mann, karlheinziger Typ, zieht eine kalte Pfeife heraus, und zeigt mit ihr gegen Steamcracker 1. Er sei schon seit zwei Jahren draußen [»drauss«]. Wir würden ihn auch ohne die Geste verstehen. In den nördlichen Stadtteilen kann »drinnen« und »draußen« nur das eine bedeuten.

Nächster: »Hätten wir keine Kinder, wäre ich gar nicht da rein [noi].«

Auf dem Spielfeld: Angriff der unsren. Überzahl!

»Schieß, Erkan! Schieß!« Hundertprozentige Chance.

»Deswegen stehen sie da, wo sie stehen!«

Erzählt wird von erstaunlichen Karrieren. Der alte Grieche in der Abteilung ist allen sympathisch. Hat als Mess- und Regelschlosser begonnen. Beide Söhne studiert. Der eine im Ausland. Mexiko.

Erzählt wird von Unsicherheit.

»Bist du fest [feschd] oder Fremdfirma?«

Der Laden: *»Nicht mehr so wie früher [nimmie].«* Innerbetriebliche Umschulungen. Stress. Nur noch vier Mann auf der Messwarte.

»Den Meister könnt ich …, die Sau!«

Im Sechzehner bilden die Spieler ein Knäuel. Es gibt Rot für den Torwart. Regenschirme werden drohend gereckt.

»Zuschauer runter vom Platz!«

Ganz schön was los in der A Klasse Nord.

Nach der Pause – wir trinken Kaffee *(»Sag mal, hat die Milch einen Stich?«)* – geht es um anderes. Ein Kollege, *»der Narr«*, habe sich einen Porsche geholt. *»Wollte er immer schon haben [hawwe].«*

»Steht nur in der Garage [Garasch]!«

A-Klasse-Impressionen. Postfordistische Stimmungsmelange. Männergespräche. Ihre Frauen, weiß ich, arbeiten halbtags in Praxen.

»Eigentumswohnung gekauft.«

TUS Eppstein gewinnt. Wir haben verloren.

»Was machen wir noch?« In der Vereinskneipe gibt es heute *»alle Schnitzel auch von der Pute«*. Helmut mag es lieber vegan.

Der tägliche Bedarf

Aus den Karlheinz'schen Aufzeichnungen geht an keiner Stelle hervor, ob und wie weit sich der erwachsene Sohn an der Miete und den anderen fixen Haushaltskosten der Familie beteiligt hat.

Eine schwarzrote Blechzigarrenkiste Rittmeester Regio (20 Zigarren) enthält dagegen 20 auf der Rückseite beschriftete Kalenderblätter, auf denen er die Ausgaben für seinen eigenen täglichen Bedarf in den Jahren

1967 und 1968 notiert. Sämtliche Ausgaben sind nach Zwischenrechnungen auf jeder Seite aufaddiert. Sie beginnen mit 8,50 DM (Schulternetz) und enden mit der Summe von 2604,34 DM – letzter Eintrag 4,50 DM für »**kurze Hose kürzen**«.

Eine weitere Blechzigarrenkiste – Schimmelpenninck – enthält zehn Blätter im DIN-A6-Format, auf denen die Ausgaben für das Jahr 1978 festgehalten werden. Die Addition ist seit 1967 ununterbrochen fortgeführt worden und hat den Gesamtbetrag von 9972,05 DM erreicht.

Im Sommer trägt Karlheinz Netzunterhemden, im Winter lange Unterhosen schwerster Qualität. Er bevorzugt einen Gürtel aus Gummi. Hemden werden häufig gekauft und beinahe ebenso häufig umgetauscht (»**minus 19,75 für Hemd zurück**«). Ein Bügelfaltenapparat (»*5 bis 10 Mal länger halten Ihre Bügelfalten mit FALBU dem elektrischen Bügelfalt-Apparat*«) wird angeschafft. Er benutzt Stofftaschentücher mit dünnem blauen, roten und grünen Rand – einige sind im Archiv erhalten. Regelmäßig liest er eine Autozeitschrift. 48,35 DM verschlingen die Zeitungsannoncen, die 1969 ein Vicky-Luxus Moped zum Kauf anbieten. 1978 bringt er sehr viel häufiger Lebensmittel – Wurstwaren, Käse und Obst – mit nach Hause, das tägliche Einholen fiel zuvor in den Zuständigkeitsbereich des pensionierten Chemikers.

Karlheinz gönnt sich im Sommer einmal die Woche ein großes Eis. Gerne isst er eine Brezel.

Prinzenkirch

Geschenke für Papa und Mutti 1968–1972

Notizzettel, ca. 7,5 × 10,5 cm

10,– Geburtstag 68 Papa und Mutti (je ½)
10,– Weihnachten 68 Papa
 5,– Weihnachten 68 Mutti
20,– Geburtstag 69 Papa
30,– Weihnachten 69 Papa
20,– Geburtstag 70 Papa
20,– Weihnachten 70 Papa

13,– Geburtstage 69 + 70 und Weihnachten 70 Mutti
20,– Weihnachten 71 Papa
20,– Geburtstag 72 Papa
40,– Weihnachten 72 Papa und Mutti (je ½)

_____

208,–

30,– Geburtstag 73 Papa
 5,– Geburtstag 73 Mutti
20,– Weihnachten 73 Mutti
 4,– Geburtstag 74 Papa (20,– minus 16,– für 4 × Regenmäntel)
 5,– Weihnachten 74 Mutti

Es ist eine deutsche Sitte, an Weihnachten Familienfotos zu machen. Von meiner Tochter existiert eine bedrückende Fotoserie, die ein aufwachsendes blondes Kind zwischen dem dritten und zehnten Lebensjahr immer wieder in der gleichen Pose vor dem Weihnachtsbaum der Großeltern zeigt.

Drei erhaltene Fotos der Familie Naksch sind auf der Rückseite mit Dezember 70, Dezember 71 und Dezember 72 bestempelt und zusätzlich mit Bleistift beschriftet: »**In Ludwigshafen, Wittelsbachstr. 82, in Ludwigshafen, Wittelsbachstraße 82, in Ludwigshafen, Weihnachten**«. Wenigstens die letzte Beschriftung erweist sich als überflüssig, zeigt doch ein zwischen Wohnzimmerbüffet und Weihnachtsbaum an der Wand hängender Kalenderblock, der auf einem mit Einlegearbeiten verzierten Brettchen befestigt ist, jeweils den 24. Dezember an. Der Fotograf ist hinter den Schreibtisch getreten, um Frau und Sohn am Esstisch – darauf an allen drei Tagen die gute, mit einem durchsichtigen Plastiküberzug geschützte Decke – ablichten zu können. Am Weihnachtsbaum brennen die Kerzen. Üppig ist mit roten Kugeln und silbernem Lametta (Im Archiv: eine Packung Brillant-Eislametta, das bereits benutzt und wieder glattgestrichen wurde) geschmückt worden. Auch auf dem Büffet ist eine Kerzenreihe aufgestellt, in zwei von drei Fällen hat das Rehkitz aus Terrakotta deswegen seinen angestammten Platz neben dem grauen Telefon räumen müssen und hat Asyl zwischen der nackten Tänzerin und dem Porzellanvögelchen gefunden.

Auf dem Tisch steht in diesen Jahren eine Flasche mit einem dunklen Likör der Marke »Prinzenkirsch«, daneben liegen stets zwei Packungen Sprengel-Pralinen. Die Sortenbezeichnung ist nicht zu erkennen, aber die Abbildungen auf den Deckeln legen nahe, dass es sich um Weinbrandbohnen handelt. Ich habe meine eigene Meinung darüber, wer der Spender dieser so originell ausgesuchten Präsente gewesen ist. Karlheinz trägt jeweils ein weißes Hemd und dieselbe weinrote Weste. Auf zwei Bildern prostet er – ich bin, auch wenn man dem eigenen Helden nie in den Rücken fallen sollte, versucht zu sagen, etwas debil – der Mutter oder dem Fotografen mit einem Gläschen Prinzenkirsch zu. Die Augen hat er halb geschlossen, vielleicht die Folge einer Blitzlichtaufnahme. Auf dem dritten Abzug sind die Augen offen, die Hände hat er zwischen den Knien verschränkt, die dünnen Haare sind mit dem nassen Kamm nach hinten gekämmt.

Einen besonderen Umgang mit dem Medium Fotografie hat Karlheinz nicht erlernt. Er nimmt nie eine bedeutsame Haltung ein, zieht nicht den Bauch ein, reckt nicht das Kinn. Ich dagegen bin fast immer mit breitem Lachen zu sehen, ein falscher Gesichtsausdruck, den ich mir zurechtgelegt habe, und der meist nichts mit meiner Stimmung zu tun hat.

Aus dem Jahr 1974 ist nur ein Foto erhalten, das nicht die klassische Prosit-Szene zeigt. Vater und Mutter sitzen neben dem Weihnachtsbaum auf dem Sofa. Am Baumständer lehnt ein sehr alter, aus heller Watte und Flies gefertigter Weihnachtsmann – nur das Gesicht besteht aus bemaltem Gips –, den ich jetzt auch schon seit einigen Jahren, soweit einer vorhanden, an meinem eigenen Christbaum drapiere. Ursprünglich gefertigt, um ihn aufzuhängen, hat er mittlerweile so stark an Stabilität verloren, dass er, ohne Beschädigungen zu riskieren, nicht mehr aus seinem Karton genommen werden darf.

Am Heiligen Abend des Jahres 1970 kommen Schweinebraten, Kartoffelknödel und Soße auf den Tisch, dazu aus einer Glasschüssel etwas,

was ich als Kompott identifiziere, es kann sich aber ebenso gut um eine exotische Gemüsezubereitung handeln. (Im Archiv: Farbfotografie 12,5 × 9 cm, gestempelt Dezember 1970, mit Bleistift beschriftet: Ludwigshafen, Wittelsbachstraße 82.)

Notizzettel ohne Datum

Speisen die gut schmecken:
Spagetti, Hackbraten, Fleischküchle, Sauerkraut, Spinat, Apfelstrudel, Grießauflauf mit Äpfeln, Reispudding, Grießklöse mit Dörrobst, Faschingskrapfen, runde Apfelschnitten, Frankfurter Würstchen.

Fleischertüten

Im Archiv:

Drei weiße Papiertüten, ca. 17 × 30 cm

Rot und schwarz bedruckt: »*Frisch aus erster Hand aus ihrem Fleischer-Fachgeschäft.*« Graphische Darstellung eines Tellers mit verschiedenen Würsten und Schinken. Zwei rautenförmige Logos des Fleischerei-Fachhandels und das Logo der Firma G. Vorwold (Fleisch und Wurst vom Land).
Darin: Insgesamt fünf pornographische Magazine (A5-Format, Vierfarbdruck). Rosy-Film – Das internationale Film-Magazin. Color-Scala (Zwei Exemplare). Sexual Fantasy. Und Rammler: »Ficken rund um die Uhr. Porno in Color.«
Die Magazine stammen aus den Siebzigerjahren. »Rammler« trägt einen Aufkleber: »Gesamtpreis für Artikel und Kino DM 7,–.«

Die kuriose Verpackung diente offensichtlich dazu, die Hefte vor den Augen der Eltern oder vor den eigenen Augen zu verbergen.
Pornographisches Material wurde früher, das ist die Erfahrung vieler Entrümpelungen, gerne in der Tiefe männlicher Bastelkeller vergraben, zwischen Sandpapierstapeln und hinten im Werkzeugschrank. Ihr

Männer, wenn ihr auf Nachruhm spekuliert oder wenn ihr die Meinung eurer Freunde und Verwandten über den Tod hinaus manipulieren wollt, vernichtet eure Pornos, bevor die Entrümpler kommen! Aktualisiert: Löscht den Verlauf!

Zwei Briefumschläge mit Materialien skandinavischer Pornovertriebe.

Scape Export Malmö Schweden mit dem Poststempel vom 3.4.1969 wirbt für 22 verschiedene Bildserien mit je acht Bildern im Format 9 × 12 cm. Jede Reihe kostet 30,– DM. Aus den Serien ist jeweils ein briefmarkengroßer Ausschnitt abgedruckt. Mit einem Bleistift hat Karlheinz die Serie »Aina und Jan 1« angekreuzt. Gezeigt wird, unter Auslassung weiterer Körperpartien, ein männliches in einem weiblichen Geschlechtsteil.

Das zweite Prospekt einer anonymen Postbox in Kopenhagen (Umschlag gestempelt am 16.9.72), ist an Vater Naksch adressiert – die Oberhoheit über den Postverkehr des nun 80-Jährigen hat der Sohn längst übernommen –, und wirbt für einige Super-8-Filme mit Titeln wie »New York bei Nacht«, »Die Entführung«, »Spezial-Hospital« oder »Die schwarze Verkäuferin«.

Beide Briefumschläge wurden in einem gefalteten Blatt der »Bunte Illustrierte« aufbewahrt, das am Rand mit »6.7.72« beschriftet worden ist und auf einer Seite über Sommerdirndl berichtet – »*Zum Anbeißen appetitlich*« –, während die andere von einer Anzeige der Bundeszentrale für gesundheitliche Aufklärung beherrscht wird, die über zeitgenössische Methoden der Empfängnisverhütung informiert.

Sx-Flm (1a)

Bei Augenarzt: 6. Kurzwellen-Bestrahlung,
Sx-Flm (1b).

Das Unglücksauto

Ungefähr ein Jahr, nachdem der Sohn einen Sexfilm mit 1b bewertet hat, fordert das Straßenverkehrsamt Ludwigshafen Dr. Naksch auf, sich einer amtsärztlichen Untersuchung zur Feststellung der Fahrtüchtigkeit zu unterziehen, nachdem er innerhalb weniger Monate dreimal mit Geldbußen wegen Verstößen gegen die Straßenverkehrsordnung belegt worden war.

In einem rührenden Brief antwortet der Vater:

»(...) Ich wollte Ihnen daher folgenden Vorschlag machen: Ich fahre vorerst meinen Wagen weiter und zwar besonders vorsichtig, da das Autofahren mein Hoppy ist, zumal ich nicht mehr so gut auf den Beinen bin und ich möglichst oft wegen der Ludwigshafener Luft in den Odenwald oder die Haardt kommen will um mich dort zu erfrischen. Ich werde besonders vorsichtig fahren, daß keine Kollision passiert. Sollte trotzdem durch mein Verschulden etwas passieren werde ich Ihnen meinen Führerschein sofort zurückgeben.«

Taschenkalender

Dienstag, 15. Mai 1973

Papas letzte Autofahrt, seinen Führerschein abgeliefert.

Sonntag, 1. Juli 1973

In KehrdichanNichts (Kaffee); zu Fuß: in Richtung Lambertskreuz; letzte Autofahrt mit altem Opel-Auto.

Mit dem Abgang des alten Fahrers ist auch die Zeit für das Auto abgelaufen. Die großartige, im fotografischen Gesamtwerk der Familie herausragende Aufnahme vom 1. Juli 1973 **»Auf Parkplatz bei Kehrdichannichts. Letzte Autofahrt mit altem Opelauto«** (Beschriftung auf der Rückseite) zeigt den nun führerscheinlosen Vater dennoch am Lenkrad des Fahrzeugs. »Autofahren war sein Alles«, wird Karlheinz einmal notieren. Auf dem roten Waldboden der Pfalz steht der zweite Opel mit verrosteter Karosserie, schlecht retouchierten Spachtelstellen und einem Stück abgespreiztem Blech zwischen Vorderrad und Fahrertür.

Am 2. Juli 1973 kaufen Karlheinz und Dr. Naksch gemeinsam das dritte und letzte Opel-Auto, einen neuen Opel Rekord-Automatik (*»Die breite Spur gibt Sicherheit.«*). Es wird ein Ratenvertrag mit der Opel Kredit Bank vereinbart. Der Gesamtpreis beträgt 16.600,– DM.

Tagebuch

Mittwoch, 4. Juli 1973

½ Tag frei; unser neues Opel-Auto übernommen; altes Opel-Auto bei Einig abgeliefert; 1. Autofahrt mit neuem Opelauto.

Freitag, 6. Juli 1973

Frei. Bei Auto-Einig: Licht-Reparatur; Eisschrank-Reparatur. Auto: Erste Auto-Ausfahrt mit neuem Opelauto zum Isenach-Weiher (Kaffee); zu Fuß: rund um Weiher.

Samstag, 7. Juli 1973

neues Opel-Auto einfahren.

Eine Farbfotografie vom 31. Juli 1973 (»Auf Urlaubsreise in die Schweiz – auf Autobahnrastplatz bei Balsthal – neues Auto«) zeigt Vater und Mutter sitzend an einem Tisch aus Beton. Auf ihm befinden sich ein Kofferradio, eine rote Thermosflasche und die Netzmütze mit dem grünen Schirm des Vaters. Sie ist im Archiv erhalten. Der Plastikschirm ist später eingerissen und wurde mit einigen Streifen Tesa geklebt. Hinter den Eltern ist das Opelauto geparkt. Die Qualität der Aufnahme leidet ein wenig durch den Abfalleimer, der sich direkt vor dem Fahrzeug ins Bild schiebt.

195

»Auf Höhe von Kortelshütte«

Eine rotstichige Aufnahme: hinter dem neuen Fahrzeug steht eine aus Rundhölzern errichtete Schutzhütte. Der Vater ist auf den Beifahrersitz gerückt. Ein anderer hat das Steuer übernommen, er hat die Fahrertür offen stehen lassen, um diesen Schnappschuss zu machen.

Tagebuch

Montag, 12. November 1973

Unser neues Opel-Auto zur 5000 km Inspektion; linke hintere Tür neu gespritzt.
Bei Dr. Kunz, Mhm. (nur Rezept).

Das Schicksal meint es nicht gut mit dem Teilhaber und nun alleinigen Fahrer des Autos. In Gestalt der ersten Ölkrise (zwölf Dollar das Barrel!) und den damit verbundenen drastischen Benzinpreiserhöhungen, schlägt es erbarmungslos zu und trifft Karlheinz an der empfindlichsten Stelle. Stoisch notiert er an den Ausflug-Wochenenden:

Sonntag, 25. November 1973

Zu Hause: 1. Sonntags-Fahrverbot.

Sonntag, 2. Dezember 1973

Zu Hause: 2. Sonntags-Fahrverbot.

Sonntag, 9. Dezember 1973

Zu Hause: 3. Sonntags-Fahrverbot.

Sonntag, 16. Dezember 1973

Zu Hause. 4. Sonntags-Fahrverbot.

Vom 2.1.1974 bis zum 27.6.1975 wird das Fahrzeug stillgelegt. Mit beängstigender Routine führen die Sonntagsausflüge anderthalb

Jahre lang zu Fuß über den Rhein in den nahen Mannheimer Stadt-park.

Taschenkalender

Freitag, 27. Juni 1975

Wiederzulassung unseres Opel-Autos (nach 1½ Jahren Stil-legung).

Taschenkalender

Sonntag, 26. September 1976

Auto geputzt.

Als wir die Wohnung in der Wittelsbachstraße räumen, steht in der Garage im Hof ein alter beiger Opel, den unsere Auftraggeberin »**das Unglücksauto**« nennt.

Soziales

Tagebuch

Mittwoch, 27. Oktober 1976

Frei.
Im Hallenbad/Nord.

Helmuts Stadtführung – er hat ihr traditionelles Motto »*Städtebau-liche Fehlleistungen Ludwigshafener Sozialdemokraten*« infolge neuer Mehrheitsverhältnisse im Stadtrat in das weniger poetische, zudem vom Stadtmarketing bereits besetzte »*Sag Du zu LU*« geändert, die fortlau-fende Nummerierung aber beibehalten – macht Halt am ehemaligen Hal-lenbad/Nord. Es ist die 84. Führung (jeden zweiten Samstag im Monat), und obwohl kein »runder Geburtstag«, wie man so sagt, hat er in einer geblümten Kühltasche »Getränke für Alle« dabei. Wir sind zuvor am ehemaligen Hauptverwaltungsgebäude der Fabrik (Baugrube) gewesen, in einer ehemaligen Fußgängerzone und am ehemaligen Kaufhofgebäude. Tempus fugit! Es ist ein bisschen nass heute.

197

Während Helmut, in freier Rede, ohne auf das lästige Regelwerk der Grammatik zu achten, sein Programm herunterspult, einerseits, wie oft, wir kennen uns lange, allzu sehr in Zahlen verliebt: 1956 habe die BASF das Bad – modernstes Gebäude seiner Art – in nachgeholter Schenkung siebenstellig (!) mitfinanziert und [bereits jetzt lässt er sich lässig treiben, und schweift zu einem aktuellen Problem im Freibadebereich ab] mit den Kosten eines anstehenden Straßenbauprojekts gegengerechnet, eines dieser Megaprojekte, die in anderen Regionen zu Aufständen führen, könne eine vakante Bademeisterstelle – saisonale Arbeit – besetzt und 20.000 Jahre lang bezahlt werden, rentenversichert; 20.000 Jahre – das sind historische Dimensionen, da muss man ganz von vorne beginnen: Paläolithikum, Horde, die Keilschrift wurde erst vor 5000 Jahren entwickelt, das siebentorige Theben erst jüngst, im 14. Jahrhundert vor Christus, erbaut, Faktisches also, andererseits aber auch Stimmungen, ferne Klänge, heraufbeschwörend: die Fischmosaike, die Form der Griffe der Leiter, an denen man sich aus dem Becken zog, der Chlorgeruch, wie das Wasser in der Rinne schwappte, schmatzend, und Anekdotisches weiterkolportierend: dass der Kanzler hier in der Sauna mit seinen schwitzenden Gesellen die Einheit geplant habe, dies nun ein Bild der Zeitenwende, Circus und Therme, römisch und groß; weiterhin habe es nach Trockenlegung der Becken an gleicher Stelle, nach langem Gerangel mit der Bäderabteilung, feuerpolizeilichen Bestimmungen, Sicherungen mit rotweißem Absperrband etc., einige Kulturereignisse gegeben, einmal eine gewagte Interpretation des Singspiels »Im Weißen Rössl am Wolfgangsee«, ein im Foyer auf dem Rücken liegendes, von einem Naturkundemuseum für überzählig erklärtes Pferd (Schimmel), sei damals ein phänomenaler Blickfang gewesen und kurz darauf ein Entsorgungsproblem; es sei außerdem im Windfang des Foyers [unbewusste Assoziation] am 12.10.1978 zu einer handgreiflichen Auseinandersetzung zwischen dem eigentlich für die Beheizung der Kessel zuständigen Maschinenmeister Karl Haagmann und dem renitenten Gehwegreiniger Schäfer [ohne Vornamen] gekommen, Nebenprodukte der Tierhaltung und den Aufgabenbereich des Letzteren betreffend, wobei sowohl mehrere städtische Mitarbeiter im

Inneren des Gebäudes [vermutlich sind Mitarbeiterinnen gemeint, die Frauen im Kassenbereich] erschrocken aufgehorcht hätten, als auch in Privatwohnungen auf der gegenüberliegenden Straßenseite [er dreht sich theatralisch um] mehrere Fenster geöffnet worden seien, er selbst habe im »Weißen Rössl« mitgewirkt, einen dickleibigen deutschen Touristen gespielt, und [die Rede ähnelt einer dieser unverständlichen, neogeometrischen Formen, einem Möbiusband oder so], was die Möglichkeiten der Wiedereröffnung des Bades betrifft, die städtische Verschuldung würde bereits 1,3 Milliarden Euro betragen, Milliarden! Euro! – pro Kopf seien das grob gerechnet 8000 Euro, Rang sieben zwar nur in der Statistik bundesdeutscher Prokopf-Verschuldungen, auf das Kommunale bezogen, aber Tendenz steigend, steigend (…).

Und während Helmut das alles erzählt – horae volant! –, selbstverliebt jedes Detail hervorkehrend, und man muss ihm an sich beipflichten, an sich, dass diese Details für das Zusammenleben des Individuums mit der Gesellschaft von großer Bedeutung sind, dass man teilnehmen muss am Badebetrieb, dass man sich einmischen muss in die kommunalen Finanzen, und währenddessen die Blätter der umstehenden (na was schon) Platanen braun werden und ihren Halt an den Zweigen verlieren, denke ich:

Hier hat mich mein Vater das Schwimmen gelehrt.

Karlheinz und ich, wir sind im selben Wasser geschwommen.

Weil, fällt mir ein: Mittwochs war immer Warmbadetag.

Im Archiv (Abteilung Sonstiges):

Eine Kachel (Ersatzkachel), des ehemaligen Hallenbad/Nord, sowie mehrere dienstliche Meldungen, die die langjährige Auseinandersetzung zweier Mitarbeiter der Badeanstalt dokumentieren. Entnommen einem verwaisten Büroraum dortselbst am 20.8.2004 und treuhänderisch aufbewahrt bis zum Tag des Jüngsten Gerichts.

Helmut mahnt: »*Wir müssen dann weiter zum ehemaligen Hauptbahnhof!*«

199

In Hammelbach

Mit dem zunehmenden Alter von Vater und Mutter verschiebt sich der Schwerpunkt der Ausflüge und Autotouren auf rechtsrheinisches Gebiet. Der Opel durchquert nun häufiger das liebliche Tal des Neckars, erklimmt die sonnigen Hänge des Odenwalds. Die Anstiege sind sanfter als in der Pfalz, lichter der Wald, immer wieder durchbrochen von Wiesen, weniger derb ist auch die Mundart der Bewohner. Auf den Speisekarten der Lokale fehlt der Saumagen, dafür findet sich milder Kochkäse und ein saurer Apfelwein. Karlheinz lässt bei den Wanderungen die Eltern öfters im Café zurück, unternimmt allein eine Tour, geht noch ein Stückchen weiter. Schon früher wird er die Führung übernommen haben. Da muss es die Wanderung gegeben haben, bei der der Vater erstmals zurückfiel, der vorausgeeilte Sohn, ich denke an einige Fotos aus dem Gebirge, die das Elternpaar weit unterhalb, in beträchtlicher Entfernung, zeigen, wartet gnädig an Wegkreuzungen, Ruhebänken oder Brunnen, probiert das Echo aus.

Das Hinweisschild auf dem Parkplatz am Rand von Hammelbach gibt die Dauer des Fußwegs zum Waldcafé Bauer mit 25 Minuten an, eine gutmütige Übertreibung, die ein Zugeständnis an die ältere Kundschaft ist. Nach einigen hundert Metern auf befestigtem Weg, der durch Nadelwald führt, geht es schon die leicht abfallende Wiese hinunter ins Gassbachtal. Das Café Bauer hat die Adresse »Außerhalb 1«. Eine kleine Allee aus mittlerweile über 10 Meter hohen Tannen – zwischen ihnen kann geparkt werden – leitet die Wanderer zur Terrasse. Das Gebäude, um 1970 gebaut, ist weitgehend unverändert. Im Außenbereich ist die ursprüngliche Bestuhlung durch modernere aus Aluminium ersetzt worden. Die Inneneinrichtung besteht wie ehedem aus Polsterecken, Kakteen stehen auf den Fensterbänken, die mächtige Kuchenvitrine offeriert Hausgemachtes und an der Decke befindet sich eine bemerkenswerte Sammlung unterschiedlichster Kaffeetassen. »*Unser Bestreben seit über 35 Jahren*«, steht auf der Karte. »*Feinste Konditoreierzeugnisse: nicht billig um jeden Preis, sondern: Beste Qualität zum günstigen Preis.*«

Die Servierdame, vermutlich selbst ein Mitglied der Konditorenfamilie, versorgt »*seit über 34 Jahren*«, wie sie uns sagt, die gut besuchte

Terrasse alleine, schafft mit schnellen Schritten die Diplomatentorte, die Agnes-Bernauer-Cremetorte, die Apfel Charlotte à la Russe heran, die Schweinsohren, Mandelknacker und Mohrenköpfe, kredenzt behände Kaffee im Kännchen, an kühlen Tagen auch Bauers Friesenpunsch oder die Hot Lokomotive nach Hausrezept. Es ist dieselbe Frau, die schon Karlheinz einen Riesenwindbeutel mit deutschen Erdbeeren gebracht hat und Dr. Naksch einen Aschenbecher für die Zigarre.

Es wäre bei dieser Gelegenheit ein Leichtes, die Bilder der Familie hervorzuziehen, die ich, zusammen mit der alten Landkarte, die uns hergeführt hat, bei diesem Besuch in einer Plastikhülle bei mir trage. Ich bin mir sicher, sie hätte die Stammgäste wiedererkannt. Karlheinz ist zwischen 1976 und 1981 wieder und wieder hier gewesen. Diese eine Frage hätte aber ein neues methodisches Problem aufgeworfen, hätte die Schleusen geöffnet für viele weitere Fragen, die an Schulkameraden, den ehemaligen Kanzler der Republik, Kollegen und Nachbarn zu richten wären. So lasse ich diese Chance verstreichen, bin aber eingenommen von dem Kontakt, von dem historischen Ort und kann kaum die Augen von dem gefärbten roten Haar der Frau lassen und von ihren Händen.

»Wandern rund um Hammelbach bringt Dir Freude hundertfach«, propagiert der Internetauftritt der Gemeinde. Es ist ein ordentliches Stück Weg von hier bis hinüber zur Tromm (577 m), einer »herbschönen Höhe«, so der Wanderführer, »des Odenwalds«, die sich bequemer mit dem Automobil ansteuern lässt.

Im Mai 1972 und am 16. September 1972 fotografiert Karlheinz die Eltern auf dem Scheitel der Tromm. Sie stehen jeweils links und rechts eines beachtlichen Natursteins, in den eine Gedenkplatte eingesetzt ist, dahinter öffnet sich die Aussicht ins Birkenauer Tal. Vater und Mutter haben ihre Spazierstöcke in den Boden gestemmt. Papas Körper steckt eingeschrumpft im weiten, mittelgrauen Anzug. Im September hat er die geliebte Netzmütze mit dem grünen Plastikschirm durch einen steifen Hut ersetzt. Die Mutter ist einmal im dunkelblauen, einmal im schwarzen Kostüm zu sehen.

Im Herbst tragen die Fichten und Tannen ein satteres Grün.

Auto: Zusammen auf Königstuhl; meine Bergbahnfahrt alleine zur Molkenkur und von hier (zu Fuß) auf Königstuhl. In Waldhilsbach (Mittagessen). Zu Fuß: Auf Mückenlocher Höhe zu Bänken.
Papas Schwächeanfall (fällt nach vorne um und kann nicht mehr gehen).

Kapitalanlage

Ein Greis hält täglich um Viertel vor drei das Ohr an das Grundig-Radio, aus dem der Sprecher des Hessischen Rundfunks die alten deutschen Aktienkurse verliest; es klingt uns Nachgeborenen wie ein konkretes Gedicht, das den Niedergang der Industriegesellschaft zum Thema macht:

»Klöckner Humboldt Deutz.
Gute Hoffnung Hütte.
Heidelberger Zement.
Anschließend die Pegelstände des Rheins:
Gefallen vier,
Gefallen sieben.«

An heißen Tagen zieht der alte Mann ein Tuch über sein Gesicht – das Licht schmerzt in den Augen.

Vaters Hobby ist, neben dem Autofahren, von jungen Jahren an der gelegentliche Handel mit Aktien gewesen. Mag sein, dass er dabei nicht immer das Glück an seiner Seite hatte. Die allgemeinen Vermögensverhältnisse der Familie sind zwar im Groben geordnet, große Werte werden aber nicht angehäuft. Das Geld wird ausgegeben. Man lässt es sich gut gehen.

Die Zusammensetzung des Aktiendepots beginnt sich zu verändern, als der jüngere Naksch, als hilfreiche rechte Hand des Vaters, mehr und mehr Einfluss nimmt. BASF wird verkauft, Daimler-Benz wird abgestoßen. Ich stelle mir ein symbiotisches Verhältnis zwischen Vater und Sohn vor. Der letztere hat nie den Konflikt gesucht, noch hat er die Flucht ergriffen. Er hat nie ein unabhängiges starkes Selbst ausgeprägt, sondern das Gegebene – Opel und Aktien, Alpen und Chemie – adaptiert. Den ererbten Stolz seiner Klasse trägt er wie eine Weste. Dennoch muss es zu einem leisen Ringen gekommen sein, einer archaischen Form des Kampfes, bei dem der alte Bauer den Hof nicht übergeben will. Die Zeit, der allmähliche körperliche und geistige Verfall des Alten, arbeitet für den Jungen, der langsam und stet die Dinge in die eigenen Hände nimmt.

Die Geschäftsidee, auf die Karlheinz verfällt, besteht darin, mit geliehenem Geld, für das der Vater am Tisch mit dem Schonbezug die Unterschrift leistet, Aktien zu kaufen und darauf zu wetten, dass die Spekulationsgewinne mehr einbringen, als die Zinsen auffressen. Das übliche Verfahren (basiert darauf nicht zu einem Gutteil unsere Gesellschaft?) und ein riskantes Spiel, für das die Zugewinngemeinschaft, Vater und Sohn, nicht unbedingt prädestiniert ist, und das immer mehr zu einem gefährlichen Balanceakt mit vielen Konten und bedrohlich heranrückenden Stichtagen wird. Die Gänge zu den Banken, für jeden anderen würden sie bitter sein, unternimmt Karlheinz indes unverdrossen.

Zum Zeitpunkt seines Verschwindens verfügt er über ein knappes Dutzend Konten und Sparbücher. Alle weisen sie ein Guthaben von jeweils einer deutschen Mark auf. In einigen von ihnen ist Münzgeld – Ein- und Zweimarkstücke – deponiert. Spielgeld, mit dem der bankrotte Herrscher über ein Imperium abgeräumter Konten jongliert hat.

Es ist nicht meine Absicht, Karlheinzens Schuld an der sich ausbreitenden finanziellen Misere der Familie nachzuweisen, eher suche ich Argumente und Indizien für seine Unschuld, akzeptiere seine Entschuldigungen. »Ich war nur der Bote.«

Er ist ein guter Sohn gewesen, einer der immer da war, und sich dadurch die Nachfolge verdient hat.

»Ich habe von nichts gewusst. Ich habe mich nie um etwas gekümmert. Der Christian wird es schon richtig gemacht haben.« (Stellungnahme der Mutter in einem der Erbschaftsprozesse.)

Weißblechdose Attaché

Die Abrechnung, auf der Karlheinz, getrennt vom täglichen Bedarf, ausschließlich seine Ausgaben für die Ausflüge in Pfälzer Wald und Odenwald zusammenstellt, besteht aus 48 mit Kugelschreiber beschrifteten Notizblättern, überwiegend wurden wieder die Rückseiten von Betriebsunterlagen der Firma Boehringer/Mannheim benutzt. Die Blätter wurden auf das Format einer Weißblechdose (Attaché, 20 feine Zigarillos) zurechtgeschnitten, die zu ihrer Aufbewahrung diente und immer noch dient.

Angesteuert wurden die immer wiederkehrenden, euch schon bekannten Ausflugsziele: Isenachweiher, Tannenblick, Buschmühle, Schwarzsohl, Morgenstern, Totenkopf, Café Bauer.

Die Abrechnung beginnt am 17. Januar 1976 (»**Mittagessen Weidenthal 17,10 DM**«) beim Stand von 962,80 DM und endet am 16. August 1981 (»**Kaffee Elmstein 12,40 DM**«) mit einer Summe von 8683 DM und 60 Pfennigen.

Sie wird ein einziges Mal unterbrochen, eine Lücke von drei Wochen klafft zwischen Samstag 16. Juli 1977 (»**Kaffee Tannenblick 11 DM, Zwischensumme 3276,50 DM**«) und Donnerstag 4. August 1977 (»**Kaffee Saupferch 7,60 DM**«).

In diese Lücke notiert Karlheinz: »**Papa gestorben.**«

Im Archiv:

Farbfotografie, ca. 9 × 13 cm

Der Vater raucht seine letzte Zigarre. Der ehemalige Chemiker sitzt tief im alten Sessel, der neben den Gummibaum an das Balkonfenster nach Süden gerückt ist. Er trägt ein kurzarmiges weißes Hemd, eine graubraune Hose, die mit Hosenträgern gehalten wird und braune Schuhe. Neben ihm der Rauchtisch – eine dicke Lupe liegt auf der Zeitung. Er wirkt sehr hinfällig und geistesabwesend. Das Foto ist rückseitig mit Kugelschreiber beschriftet: »**im Wohnzimmer. Sa. 16. Juli 1977**« und noch einmal »**Sa. 16. Juli 1977.**« [Die zweite Datierung ist mit rotem Filzschreiber nachgezogen worden.]

Im Archiv:

Farbfotografie, ca. 9 × 13 cm

Auf dem Friedhof. Einige Kränze und Blumengebinde sind zu einem kleinen Hügel aufgehäuft worden, auf dessen Kuppe provisorisch ein hölzernes Schild mit dem Namen des Vaters platziert worden ist. Im Hintergrund Gräber und Bäume. Rückseitig beschriftet. »**Mi. 3. August 1977. Papas Grab.**«

Nach dem Tod des Vaters ist Karlheinz häufig alleine unterwegs. Fahren im geschlossenen Gehäuse des Autos – ein Gefühl der Sicherheit. Autobahn. Wiese. Wald.

Ein Gefühl der Macht über sechzig PS.

Er kündigt die Ludwigshafener Zeitung »Die Rheinpfalz« und abonniert den »Mannheimer Morgen« und die »Frankfurter Allgemeine Zeitung«.

Zehntes Kapitel,..

Ende

nimmt

ein schreckliches

alles

in dem natürlich

Der Partyfreund

Tagebuch

Donnerstag, 15. Mai 1973

Bei Zahnarzt Bardens.
Alleine im Ebertpark.
Erstmalig bei 301.
[301 eingekringelt]

Mittwoch, 17. September 1975

In Collini-Center (Brgtt 1×).

Das Collini-Center ist ein, zu diesem Zeitpunkt neu errichteter, Appartementkomplex am Mannheimer Neckarufer. Da klingelt er an einer Tür, 46 Jahre alt, Bauch, mit Schweiß auf der Oberlippe und sorgfältig abgezählten Geldscheinen in der Brieftasche.

Eines von Karlheinz' Heften aus den Fleischertüten hat den Titel »Sexual Fantasy« und ist auf das Jahr 1977 datiert. In einem Raum, der mit roten und orangefarbenen Sitzelementen bestückt ist, haben die Produzenten der Bilderserie mindestens ein Dutzend Personen versammelt. An den Wänden, der Dekorateur ist mit viel Freude zum Detail ans Werk gegangen, hängen zwei poppige Plastikfische, eine pseudo-afrikanische Maske und dazu passend das Schild eines Kriegers, ein geflochtener Korb, ein Windspiel aus dünnen hellblauen Aluminiumröhrchen, ein schwarzes Kunstobjekt aus Metall, eine getöpferte und bunt glasierte Werwolfmaske und zwei sehr farbenfrohe Ethnodecken. Herzstück dieser Installation und auf Grund des sich unmittelbar darunter abspielenden Geschehens besonders häufig zu sehen, ist eines der überdimensionalen Salatbestecke aus dunklem Holz – ein vergleichbares, das ich zur Ergänzung des Archivs angeschafft habe, hat die Aufschrift »Cottage Product. Handmade in the Philippines« –, die in der Stilgeschichte der 1970er Jahre den bösen Widerpart zu den Stühlen Verner Pantons bilden.

Auf einem niedrigen schwarzen Plastiktisch stehen einige Flaschen Pepsi, sowie drei Kerzenständer, zwei in Orange, einer in Blau.

Die Mehrzahl der Darsteller, die Vermutung liegt nahe, dass es sich bei den Bildern um Abfallprodukte einer Filmproduktion handelt, tragen Stirnbänder oder haben bunte Tücher in die auch bei den Männern langen Haare geschlungen. In der Eröffnungsszene beginnen sie mit Flöten und Rasseln zu musizieren. Eine der Frauen imitiert den Genuss von Haschisch mit einem Gerät, das, wenn ich mich recht erinnere, Shillum genannt wird. Ausgelassen erheben sich einige, um zu tanzen, und legen dabei Teile ihrer Kleidung ab. Ein bärtiger Mann mit rotem Stirnband rasselt wie verrückt mit zwei Kongas und beginnt, ein barbusiges Mädchen mit den Rasseln zu bedrängen, indem er es von hinten umfasst. Die Fotografen versuchen, den Eindruck zu erwecken, dass durch Drogen, Musik und Pepsi-Cola eine stark sexualisierte Stimmung in dem Raum erzeugt wird, die auf den folgenden Seiten in einen wilden kollektiven sexuellen Akt, ich möchte sagen, eine Kettenreaktion, übergeht.

Im Archiv:

Zeitungsausriss vom (handschriftlich) 7. Oktober 1978

Rubrik: Die menschliche Brücke
Exklusiver, privater und aufgeschlossener Partykreis, sucht
noch einige adäquate Paare und Einzelpersonen. Auskunft
an Partyfreunde mit Niveau.
Zuschriften unter Z 5712690 an den Verlag.

In den Jahren 1978 und 1979 antwortet Karlheinz auf die Anzeigen von Partykreisen und Partnervermittlungen in den Tageszeitungen. Frei, offen und unkonventionell soll der Umgang miteinander sein. Teilweise scheint es sich um frühe Swinger-Clubs gehandelt zu haben, teilweise gewiss auch um Abzocke ohne Gegenleistung. Es gibt Vordrucke, auf denen handschriftlich »*Hallo Karlheinz*« eingetragen wurde. Vor dem ersten Treffen soll einmal ein Jahresbeitrag von 150,– DM überwiesen werden. »*Es wäre gut wenn du einen kleinen Obolus von 10,– oder 20,– DM beilegen könntest. Du hörst dann wieder von uns*«, heißt es in einem anderen Brief. Ich glaube nicht, dass Karlheinz über die Anfangskontakte hinausgegangen ist. Schwer kann ich ihn mir hinter den zugezogenen Vorhängen eines zum privaten Club umgebauten Einfamilienhauses am Stadtrand vorstellen. Wie er dort auf einem Flokatiteppich kniet.

In einer der Zuschriften wird um telefonische Rücksprache gebeten. Der Partyfreund notiert frustriert am Ende des Briefs: **»Kein Anschluss unter dieser Nummer.«**

Der Erbe

Die sechs Jahre, die auf den Tod des Vaters folgen, verschwendet Karlheinz mit mehreren Prozessen, in denen er abwechselnd als Beklagter und als Kläger auftritt und die das Erbe zwischen ihm und der Schwester regeln sollen. Aus dieser Zeit sind keine anderen Dokumente vorhanden, als eine gewaltige Menge von Prozessakten: Der allerletzte Koffer aus der Hinterlassenschaft ist damit aufgeklappt.

Es ergibt sich das Bild von einem, der mit aller Verbissenheit für sein vermeintliches Recht kämpft. Auf Klage folgt Gegenklage, Wiederaufnahme und nächste Instanz. Die freie Zeit ist angefüllt mit Anwaltsbesuchen, Vorsprachen bei den Banken und dem Durcharbeiten der Akten. Im Kern der Auseinandersetzung geht es um die Suche nach einem verschwundenen Vermögen, um den Vorwurf, Karlheinz habe den Besitz der Eltern verspielt, aufgesogen oder heimlich zur Seite geschafft. Nachgespürt wird den Geschäften von Vater und Sohn und der Frage nach der Geschäftsfähigkeit des verstorbenen Alten. Unsere Seite ist dabei bemüht, dessen Rüstigkeit zu beweisen, führt seine Fähigkeit, Kreuzworträtsel zu lösen, an, legt als Beweismittel auch ein ausgefülltes Rätselheft vor, beschwört sein Interesse, die 15-Uhr-Börsennachrichten zu hören – **»sein ganzes Leben lang gehört«** –, bringt auch Fotografien bei, die den rüstigen Greis im Jahr 1973 auf einer Bergstation – es ist die Kleine Scheidegg in der Schweiz, im Hintergrund die Eigernordwand – zeigt. Die Gegenseite argumentiert mit Vergesslichkeit, falsch eingekauften Lebensmitteln (»bringt Salz statt Zucker, bringt Käse statt Brot«) und motorischer Schwäche (»braucht Stock«). Wir hingegen wissen: **»Papa immer Stock benutzt!«**

Die Tätigkeit der beiden Aktionäre zeigt am Ende eine traurige Bilanz. Einem Depot von BMW-Aktien im Wert von 50.000 DM steht eine Schuld bei der Bank von 49.000 DM gegenüber. Die Prozessgegner, es geht ums Prinzip, opfern dagegen ein kleines Vermögen für Anwalts- und Gerichtskosten.

Es bleibt als einziges Streitobjekt von Wert ein schon nicht mehr ganz frisches, in Teilhaberschaft erworbenes Opelauto.

Eigenes Erbe

Von den Urgroßeltern weiß ich nur von der väterlichen Linie die Namen. Es sind von den Eltern des Großvaters (Bauernfamilie) zwei oder drei Fotos erhalten, von denen der Großmutter (Beamtenhaushalt): ein Dutzend.

An Dingen sind erhalten: Ein bäuerlicher Milchkrug aus Mettlach. Eine goldene Brille. Ein versilberter Krug: *»Dem lieben Kollegen zum 40 jähr. Dienstjubiläum gewidmet vom Verein der Telegr. Oberbauführer u. Bauführer i. Bayern.«*

Von den Großeltern mütterlicherseits ist übriggeblieben, an Dingen: nichts.

Vom Großvater väterlicherseits: Drei scharfe Messer. Ein Wetzstahl. Eine Taschenuhr. Ein Orden aus dem ersten Krieg.

Von der Großmutter: Das gute Geschirr.

Es gibt noch: Einen knappen Hektar Land, das der Urgroßvater mit Pferd und Pflug bestellt hat und ein paar Geschichten, die nicht mehr weitererzählt werden.

Das ist ein schmales, zufälliges Erbe. Das von Karlheinz habe ich mir verdient. Ihr werft mir vielleicht vor, diese ganze Karlheinz-Geschichte sei eine unmoralische Angelegenheit, Leichenfledderei an einem Unbekannten. Ihr müsst aber anerkennen, dass ich mir Mühe gegeben habe, zu verstehen. Der Abstand, den ich zu wahren versucht habe, hat sich immer weiter verringert. Ich habe seinen Regenmantel getragen. Ich habe ihn eingeholt. Er ist zu einem seltsamen, gleichaltrigen Vater geworden, mit dem ich ohne die Ohnmacht des aufblickenden Kindes auf einer Ebene kommuniziere. Und ich entdecke nicht nur die Unterschiede, sondern auch die Gemeinsamkeiten.

Es wäre nun vielleicht möglich, auch den, dem ich immer ähnlicher werde, so sagen die Leute, dieses und jenes zu fragen. Nach dem Onkel ohne Beine, der im Krieg nach Hause gebracht wird, nach dem Onkel, der etwas tun sollte, was mit der Formulierung umschrieben wird »*einen Zug zusammenstellen*«. Dieses und jenes und alles zu klären. Der, dem ich immer ähnlicher werde, kann nicht mehr sprechen. Folge eines kleinen Schlags. So ist das. Kein Friede.

Mutter

Merkbuch der Mutter:

16.4.1949 Ostersamstag.
Frühkaffee: Brot, Brezel mit Butter und Gelee.
Mittagessen: Suppe, eingemachtes Kalbfleisch mit Reis,
Salzkartoffel mit Sauce und Kürbis.
Nachtisch: Brotpudding mit Himbeersauce.
Abendessen: Suppe, 2 Bratwürste mit Röstkartoffeln
und Kopfsalat

Im Archiv:

Eine Damenhandtasche aus schwarzem Leder mit goldfarbenen Schließen: Darin eine in Folge meiner unsachgemäßen Lagerung zerbrochene Brille, eine weiße Zierborde von circa 50 cm Länge, ein Taschenspiegel, eine kleine, rot und gelb bedruckte Blechbüchse »Silargetten. Zur Adsorpriv-Desinfektion der Mund und Rachenhöhle« mit sieben Zuckerwürfeln, ein Zigaretten-Sammelbild der Austria GmbH München, Serie Zauberscherze, Nr. 95. Abgedruckt ist der Trick »Gefesselt und nicht gefesselt«.

Mein Bild der Mutter bleibt blass. Sie neigt nicht, wie Mann und Sohn, zum Niederschreiben und Festhalten. Und ich bin es auch selbst, der eine dieser uralten Vater-Sohn-Geschichten will, und die Fährte der Mutter weniger hartnäckig verfolgt.

Auf einem weißen Fächer aus ihrer Jugendzeit haben sich ihre Tanzpartner mit leicht frivolen Sprüchen verewigt. Ein gerahmtes Foto zeigt die Abschlussklasse einer Mädchenschule. Erhalten sind drei Dutzend notierte Rezepte, darunter etliche, die sich mit der Verarbeitung von Gurken beschäftigen. Da gibt es noch die Arztrechnung über die Behandlung eines gebrochenen Arms in einem Winterurlaub der 1960er Jahre und herausgerissene Kalenderblätter mit lyrischen Zitaten. »*Der Dornen viel und wenig Blüten hat mir gebracht des Lebens Mai, und ohne Blitz und Sturmeswüten zog auch mein Sommer nicht vorbei.*«

Ich stelle mir vor, dass sie an einer Pferdekoppel den Tieren auf der flachen Hand Zuckerwürfel gereicht hat.

Im Archiv:

Postkarte von Erika Hirsch an die Mutter im Krankenhaus

Poststempel vom 25. März 1978

Da ich nicht weiß, liebe Mutti, wie Du meinen persönlichen Besuch aufnehmen, d.h. dich vielleicht sogar darüber evtl. aufregen würdest – in Anbetracht der so schweren Differenzen mit Deinem Sohn – und das möchte ich auf jeden Fall vermeiden, so möchte ich Dir auf diesem Weg die herzlichsten Wünsche für eine recht baldige Genesung senden, verbunden mit einem lieben Blumengruß. Deine Erika.

Postkarte einer Freundin an die Mutter (1982)

(...) Auch wenn man noch einigermaßen fit ist merkt man das Alter. Alljährlich verliert man einige liebe Freunde und wünscht dann, daß man auch an der Reihe ist. Du hast noch für den Sohn zu haushalten, eine gute Aufgabe. (...)

Emilie Naksch stirbt in hohem Alter in der zweiten Hälfte der 1980er Jahre. Den Sohn hat sie bis zum Ende Bubi genannt. Sie hat sich immer auf seine Seite geschlagen.

Mann mit Einkaufstasche

Einige, mit denen ich geredet habe, sagen, der späte Karlheinz sei eine öffentliche Person gewesen; einer von denen, die man in der Stadt an ganz bestimmten Orten immer wieder trifft. Wie den Griechen, der mit seiner Mutter auf einer Bank im Rathauscenter sitzt. Er soll ein ehemaliger Boxer sein, der es in den Achtzigerjahren in Mannheim einmal mit sieben Polizisten aufgenommen hat. Wie die unergründliche kleine Frau, die mit einer Zeitung unter dem Arm durch die Stadt streift und zu jeder Jahreszeit denselben Mantel trägt – im Winter hält sie ihn über der Brust mit der Hand zusammen. Wie die Trinker auf dem Carl-Wurster-Platz. Wie die diskutierenden Rentner am Tchibo-Ausschank in der Bismarckstraße. Helmut nennt ihn »*den Mann mit der braunen Einkaufstasche*«. Er glaubt, ihn häufig gesehen zu haben, wie er vor den Aushängen der Banken die Kurse studiert hat und vor dem Haupteingang von Horten, kurz vor Ladenöffnung.

Ich habe auf der Suche nach weiteren Spuren sämtliche Bildbände über unsere Stadt – »Stadt der Chemie«, » Eine Großstadt im Wandel«, »Von der Industriestadt zur Metropole« –, unzählige Broschüren von Vereinen und Parteien durchforstet, mit der starken Lupe des verstorbenen Chemikers gearbeitet, in der Hoffnung *ihn* irgendwo zu entdecken: Karlheinz in der applaudierenden Menschenmenge als Oberbürgermeister Ludwig, als Schaffner kostümiert, im Januar 1974 der letzten Straßenbahn voranschreitet, die über das kurz darauf niedergerissene Viadukt fährt. Karlheinz gar in Kontakt, im Gespräch mit einem Fremden auf der Terrasse des Pfalzbau-Restaurants, vor ihm ein zur Hälfte gelöffelter Eisbecher.

Fehlanzeige. Ergebnis Null.

Immerhin habe ich andere Funde gemacht. Mein alter Genosse Pablo im gestreiften Dutschke-Pullover bei einer Demonstration der IG Chemie 1977 hinter dem Transparent: »*Für ehrliche Arbeit – ehrliche Löhne und Gehälter!*« Der Tarifabschluss lag dann bei sieben Prozent. Drei meiner Klassenkameraden, die riesige Schultaschen aus dem neu eröffneten Hauptbahnhof heraus in Richtung Carl-Bosch-Gymnasium schleppen und schließlich – Überraschung – Helmut selbst. Mit seinem

Bruder läuft er auf einem breiten Wanderweg im Maudacher Bruch, abgebildet in einer Veröffentlichung des Grünflächenamts.

Wenn wir Ende der 1980er Jahre Karlheinz noch einmal auf einem Gang durch die Stadt begleiten, Anlass soll der Umtausch eines Regenmantels sein, mag sich für einen Augenblick Zufriedenheit einstellen. Wie frisch geputzt liegt sie da. Wir steigen zusammen einige Stufen der Treppe am Rathauscenter hinauf und lassen den Blick schweifen. In künstlichen Teichen schwimmen die Entlein. Die Fußgängerzonen sind die guten Stuben unserer Stadt; möbliert mit Pilzdächern und doppeltmannshohen gelben Tonnen, auf denen Grünzeug sprießt. Blassgelbe Kunststofffassaden wechseln mit dunkelgrauen aus poliertem Stein. Brünnlein springen. Für das dringende Bedürfnis laden sich selbst reinigende Toilettenhäuschen ein. Museum und Philharmonie sind vollendet; fast könnte man denken, der Architekt habe den Bauherren eben den Schlüssel übergeben.

Wir, mit dem geschärften Blick der Weiterlebenden, Karlheinz hat sich ein wenig zur Seite gedreht, wissen, dass diese Sicht trügerisch ist. Wir vermerken die ersten Risse im Beton der Hochstraßen – modernstes Hochstraßensystem Europas – die ausgelegten Rattenköder in den Grünanlagen, umgeworfene Einkaufswagen, die Ersteröffnung von Rudis Resterampe. Vor einem Kaufhaus stellt ein Bettler im Stil der Zwanzigerjahre seinen Beinstumpf aus. Die postindustrielle Ära ist längst eingeläutet und in zwei, drei Jahrzehnten wird die BASF die Zahl ihrer Beschäftigten um ein schlankes Drittel reduziert haben. Sie tut in der Zukunft vieles für Stadt und Region, aber an die Stelle angemessener Steuern tritt, wie in lange vergangenen Zeiten, unternehmerische Wohlfahrt.

Heimatmuseum

Das Museum, das ich mit Freundin und Freund in meiner Freizeit betreibe – ihr parkt am bequemsten auf dem Goerdelerplatz –, ist das kleinste der Welt. Es versteckt sich in einem Ladenlokal, das zuvor als Koranschule gedient hat. Im Hauptraum, auf einer Balkenkonstruktion unter der Decke – wir haben die düstere Zwischendecke entfernt – lagern die Koffer aus den Nachlässen. Es gibt in unserem Museum leider nur wenig zu sehen. Wir lehnen Sachspenden ab.

Die seltenen Besucher, wenn ich euch nun auch hereinbitten dürfte, finden einige Stadtpläne aus dem letzten Jahrhundert. Eine Karte der Reichsbahn, auf der wir mit Kreuzen die Standorte von vier BUNA-Werken eingezeichnet haben. Die gerahmte Einlasskarte Nr. 316, die den Zugang zum Luftschutzbunker 99 im Werksabschnitt 14 garantiert. Ein Magnetophonband der BASF mit einer Aufzeichnung einer Karnevalssitzung von 1962. Eine Sammlung von Spazierstöcken von Pfälzerwald-Wanderern, reich beschlagen mit den bunten Plaketten; der von Karlheinz hat sich in der Masse verloren. Das sind Dinge, die anderswo keinen Ort gefunden haben.

Unser Ansatz ist einfach. Die ideologischen Trends, in politischer Theorie, Philosophie oder den Künsten, erreichen die Provinz, trotz der permanenten Verfügbarkeit jeglicher Information, mit Verzögerung. Wenn sie ankommen, ist ihre Energie schon erlahmt. Es fehlen ihnen hier der Nährboden, die Andockstellen, das Magnetfeld, das in den Zentren durch die Debatten und Bedürfnisse einer akademischen Jugend und dem Wohlwollen des liberalen Bürgertums entsteht. Würde ich versuchen, das, was wir tun, zu einer Theorie zu erheben, dann wäre sie mikrokosmisch und konkret. Gasförmiges hat sich verflüchtigt. Am Versuchsstäbchen hängen Kristalle: Die Welt lässt sich am klarsten von Ludwigshafen aus sehen! Das ist eine unvollkommene, eine wirklich schlechte Methode, die ich den noch schlechteren vorziehe.

Ein kleiner Raum im Museum ist für Karlheinz reserviert. Dort hängen fünfzehn Objektkästen aus Holz, die durch Fahrradglühbirnen beleuchtet werden. Erster Eindruck: Modellbauatmosphäre; nicht maßstabgerecht. In jeden Kasten habe ich eine Spielzeugfigur montiert, als Rohmaterial hat – Ironie – »Actionman« aus der McDonalds-Tüte gedient, den ich mit dem Rotex beschliffen, mit Masse beklebt und neu bemalt habe. Ich verwende zum Basteln das Mobiliar aus der Puppenstube meiner Tochter. Ich zerschneide Urlaubsprospekte und Ansichtskarten. Gezeigt werden Szenen aus dem Leben von Karlheinz. Er sitzt im Café. Er fährt mit dem Boot. Er steht mitten im Wald. Statische kleine

Welten. Ich habe darauf geachtet, in jedes Kästchen ein Originalstück, zum Beispiel einen Fetzen seiner Kleidung zu geben. Ihr könnt in Vitrinen die erhaltenen Dinge betrachten: Sein Rasierzeug, die Wecker, die Gasmaske, das Rehkitz, das Lebkuchenherz. Personaldokumente. Unmengen Papier. Einige hochgezogene Bilder. »*Von regionalem Interesse*«, sagt der Mann aus der Schweiz.

Den ausgesoffenen Pfalzwein habe ich durch Flaschen aus einer anderen Entrümpelung ersetzt und sie als Kopien markiert. Es ist so, dass ich dem Hang zur Fälschung, zum Fake, nur schwer widerstehen kann; alles zieht in die Richtung. Wenigstens ein rostiges Entermesser sollte an die Wand. Ich will damit sagen, dass ich euch seine Geschichte gerne anders erzählt hätte. Von sinkenden Schiffen. Von einstürzenden Brücken. Von Blut. Ich bedaure, dass ich euch gelangweilt habe.

Immerhin, obgleich meine Erzählung, abschließender Teil eines langen Projekts, auf tatsächlich Geschehenem gründet und alle Versuche unternommen worden sind, dieses tatsächlich Geschehene durch eine Anhäufung von Fakten und Dokumenten zu belegen, enthält sie doch so viele Vermutungen, Irrtümer, Einwürfe und Fehler, dass ich euch bitten muss, sie als eine Art Roman zu verstehen.

Der Rhein

Der alte graue Personalausweis der BRD ist durch eine sternförmige Lochung ungültig gemacht. Sein ehemaliger Besitzer hat sich einen neuen, maschinenlesbaren, der sauber in Plastik eingeschweißt ist, besorgt. Das Passfoto, der Ausweis ist im Mai 1982 beantragt worden, zeigt einen über seine Zeit hinaus gealterten Mann mit hängenden Schultern und dicken Tränensäcken unter den Augen. Die Haare sind wie stets nach hinten gekämmt. Schwarze Jacke. Hemd. Krawatte.

Der Mensch ist mir nicht angenehm. Ich will, das wird in euren Ohren jetzt ziemlich absurd klingen, ich will diese Person lieber nicht kennenlernen.

In unserem Laden häufen sich Kartons mit Gläsern und Nippes, Porzellan und altem Weihnachtsschmuck, Steingut aus Wächtersbach und Karlsruher Majolika, bunte Muranogläser, Kaffeemühlen und Küchenuhren.

In unserer Geschichte, an deren Ausgangspunkt wir nun zurückkehren müssen, beginnt am Ende der 1980er Jahre das große Sterben und damit die Blütezeit der Entrümpelungen. Es gehen dahin der Architekt Schmidt und der Hobbyfotograf Fröhlich. Es werden im Keller eines Hauses, das er nie selbst bewohnt hat, die Briefe von Walter Sonntag geborgen.

Die Wohnung in der Wittelsbachstraße ist leer. Was auf dem Boden liegt, wird noch zusammengefegt. Rosafarbene Einzahlungsbelege, abgesplittertes Holz von den zerschlagenen Möbeln, verkrümmte Blätter vom eingegangenen Gummibaum.

Am Ende war Karlheinz allein. Bald nach dem Tod der Mutter muss er aufgegeben haben. Vom Hörensagen, den mageren Mitteilungen unserer Auftraggeberin, wissen wir, die Wohnung sei ihm gekündigt worden, das Anrecht auf eine Werkswohnung sei mit dem Tod beider Eltern erloschen. Man habe ihn tot im Rhein gefunden, so die abschließende, nur widerwillig preisgegebene Auskunft. Ich bin davon überzeugt, dass das Hauptanliegen dieser nicht unsympathischen Frau – Bestandteil der Formation **»drei kleine Kinder«** – gewesen ist, die Erinnerung an Karlheinz vollständig zu löschen.

Das Fehlen von Mutters Rente wird seine finanziellen Verhältnisse weiter zerrüttet haben – ausweglose Situation, Pfändung, irreparable Schäden. Nicht unwahrscheinlich ist, dass er angeeckt ist durch Beschwerden und Eingaben, auffällig hat er sich den Nachbarn gegenüber auch durch das Aufhäufen von vielen Jahrgängen der Lokalzeitung auf Balkon und Loggia gemacht – und die vielen nicht bezahlten Rechnungen. Ich kann der Bedrohung nachspüren, die er empfand. Diesen Zufluchtsort verlieren – **»mein Zimmer in unserer Wohnung bei uns in Ludwigshafen«**. An etwas muss sich der Mensch doch klammern können.

Der genaue Ort, der Zeitpunkt und die näheren Umstände seines Todes sind mir nicht bekannt und ich habe mich nicht bemüht, ihnen nachzugehen. Er ist ins Wasser gegangen im Herbst vor jetzt 25 Jahren, das ist meine Wahrheit. Natürlich ist das eine letzte Spekulation. Ihr

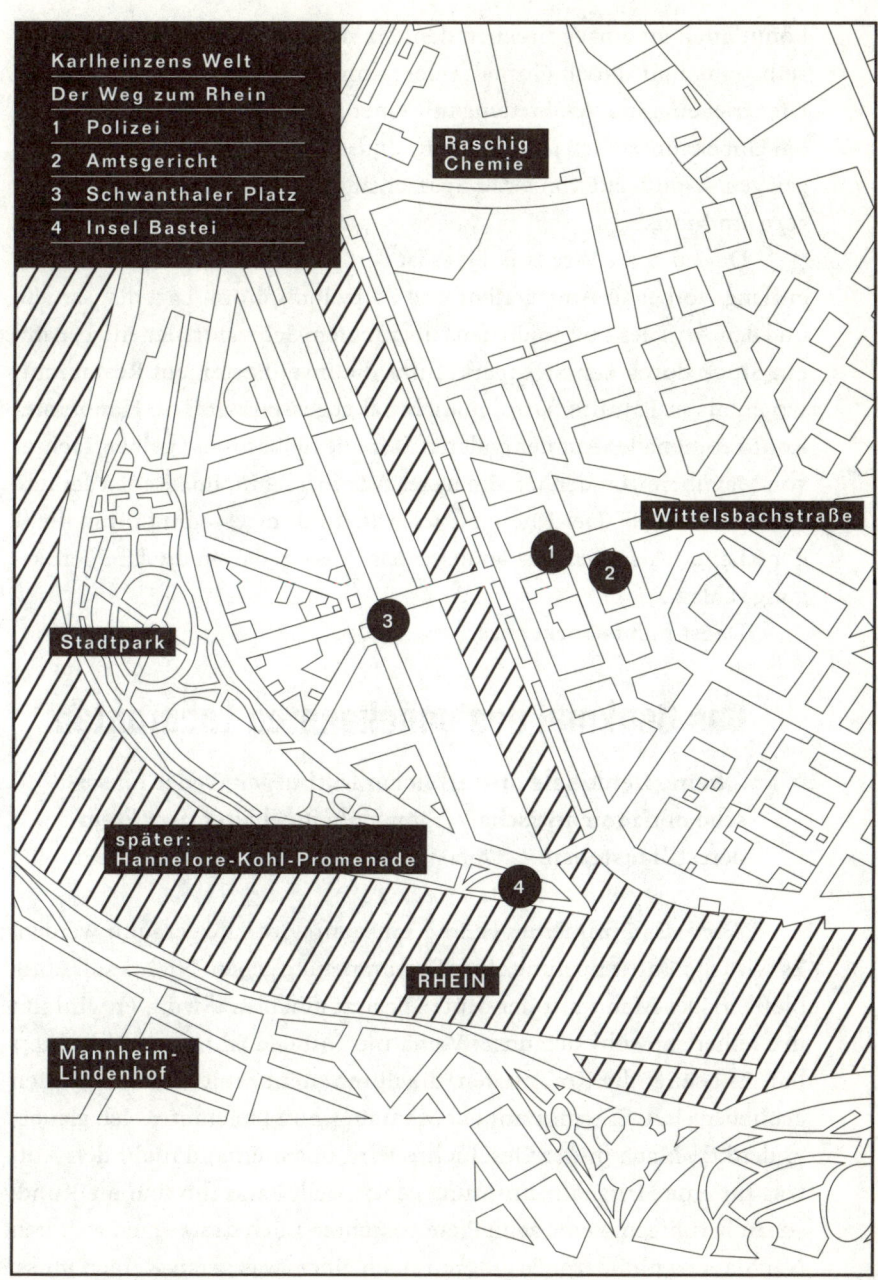

Karlheinzens Welt
Der Weg zum Rhein
1 Polizei
2 Amtsgericht
3 Schwanthaler Platz
4 Insel Bastei

Raschig
Chemie

Wittelsbachstraße

Stadtpark

später:
Hannelore-Kohl-Promenade

RHEIN

Mannheim-
Lindenhof

219

könnt auch an ein Verbrechen denken, dessen Hintergründe ihr euch selbst ausmalt. Noch einmal Telegramme aus Hamburg, die ihn ans Ufer trieben. Eine Verabredung mit einer Hure oder dem geheimnisvollen Unbekannten. Ich sehe ihn aufgedunsen angeschwemmt – hat lange gelegen –, entdeckt von einer Spaziergängerin mit Hund oder von Joggern am Morgen.

Der kürzeste Weg zum Fluss ist der: Die Wittelsbachstraße immer entlang, vorbei an Amtsgericht und Polizeipräsidium; Lagerhausstraße und den Arm des Luitpoldhafens überqueren, Schwanthaler Allee, dann ein Stück durch den Stadtpark, links die Insel-Bastei, ein Restaurant, wo er, als er Familie hatte, manchmal gegessen hat. Die Hannelore-Kohl-Promenade. Auf der anderen Seite des Flusses die gelben Lichter von Mannheim/Lindenhof. Ein leeres Ausflugsschiff. Im Norden der rote Schein der BASF. Der Rhein ist schwarz und träge – »und ruhig fließt der Rhein«. Als einziges Geräusch das Wasser, das an die Uferbefestigung schlägt.

Da ist nichts Lockendes.

Das Denkmal des unbekannten Laboranten

... keine Denkmale unsterblicher Mitbürger, weder klassische noch romantische Vergangenheit gebietet dem Fremden stillzustehen. Adam Ritzhaupt: In Sonne und Rauch

Auch das Zimmer im Heimatmuseum wird bald geräumt werden. Es wird die Entrümpelung einer Entrümpelung geben. Nichts soll übrig bleiben. Der Mann mit der Mütze besitzt einen Reißwolf, er wird ihn mir leihen, obwohl sich unser Verhältnis mit den Jahren verschlechtert hat. Er beäugt die Kommoden, die durch mein Projekt ungeschliffen geblieben sind. Er winkt mit der Mahnung vom Lieferanten. Ich glaube, er denkt: »Nach dieser Geschichte wird uns niemand mehr den Auftrag für eine Haushaltsauflösung geben.« Ich kann ihn und die Kundschaft beruhigen, keine zehn Pferde brächten mich dazu, einen weiteren Nachlass zu plündern. Es gibt nur noch eines, was getan werden muss:

ABSTRAKTION! – das Verteilen der Last auf ganz viele Schultern, dann ist für mich Schluss mit Karlheinz.

Ich schlage vor, ihm ein Denkmal zu setzen. Das ist ein durch und durch seriöser und ernstgemeinter, ein nicht-literarischer Vorschlag. Ein Spendenkonto wird eingerichtet. Sponsoren, ich habe den größten örtlichen Arbeitgeber im Sinn, werden gesucht.

Die offizielle kulturelle Praxis unserer Stadt setzt auf das Konstruktive und das Kybernetische. Im Gegensatz dazu wird das Karlheinz-Monument, das wir unten am Rheinufer errichten, eine Mischung aus den Objekten Duane Hansons und Claes Oldenburgs werden und in farbigem Polyester oder einem vergleichbaren künstlichen Material gehalten sein; kolossal jedenfalls, da darf nicht gekleckert werden. Wenigstens der Kopf sollte wie ein Schwellkopf der Mainzer Fastnacht vorwitzig über das Niveau der Hochstraße hinausragen.

Ein Monument der Mittelmäßigkeit und der Einsamkeit wird es werden, aber ebenso ein großartiges, ein größenwahnsinniges Ding, ein Wal, ein Heidelberger Fass, das zu Abbremsungen auf den Brücken führen wird. Am Fuß des Denkmals treffen sich Verliebte. Hier werden Hochzeitsfotos gemacht. Hierhin führt das Vorstandsmitglied die chinesische Delegation. Ein touristischer Magnet wird das Denkmal sein. Nach Ludwigshafen, um Karlheinz zu sehen!

Da steht er in blauer Jacke und roter Weste, in der Hand die braune Aktentasche, blickt über seine Stadt – ein versonnener Gesichtsausdruck, als würde er an die Sonderangebote im Rewe-Markt denken, wobei die erhobene freie Hand, wie bei alten Automaten, wie bei den Weihnachtsdekorationen in den Spielzeugabteilungen der Kaufhäuser, sich ruckartig hin und her bewegt. Eine Geste, die sowohl als Gruß an die vorüberfahrenden Opelfahrer, wie auch als Hilferuf des Ertrinkenden interpretiert werden kann; letzteres ein destruktives Zeichen – zugegeben.

Dazu läuft leise in einer Endlosschleife – erinnert euch an die Geräusche einer alten Spieluhr – das unsterbliche Lied, das Joachim und Niels für die CD zum Bundestreffen der Christlichen Arbeiterjugend (Ludwigshafen 1997) geschaffen haben:

**Ich seh dich wieder in Ludwigshafen,
hast du zum Abschied leis zu mir gesagt.
Ich kann nachts vor Sehnsucht nicht
   mehr schlafen,
an Ludwigshafen, denk ich jeden Tag.**

Editorische Notiz:

Einige Namen in diesem Text wurden aus moralischen und juristischen Gründen verändert. Sofern aus den im Nachlass gefundenen Schriften zitiert wurde, wurde die alte Rechtschreibung beibehalten. Rechtschreibfehler in den Aufzeichnungen wurden nicht korrigiert.

Impressum · · · · ·

Impressum

ISBN 978-3-8493-0106-4

1. Auflage 2015

© WALDE+GRAF bei METROLIT
Metrolit Verlag GmbH & Co. KG, Berlin
Alle Rechte vorbehalten. Weiterverwendung
und Vervielfältigung nur mit ausdrücklicher
Genehmigung des Verlages gestattet.

Gestaltung & Satz: 2xGoldstein+Fronczek
Druck & Bindung: CPI books GmbH, Ebner &
Spiegel, Ulm

www.metrolit.de